国家社会科学基金"十二五"规划2011年度教育学一般项目（BJA110083）

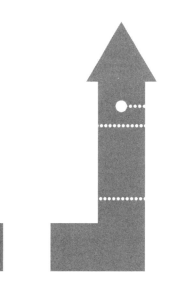

高职院校
高技能人才培养的
绩效评估及应对策略

李小娟　胡跃茜　虞乔铅　等著

ZHEJIANG UNIVERSITY PRESS
浙江大学出版社

图书在版编目（CIP）数据

高职院校高技能人才培养的绩效评估及应对策略 /
李小娟等著. —杭州：浙江大学出版社,2017.6
ISBN 978-7-308-16857-1

Ⅰ.①高… Ⅱ.①李… Ⅲ.①高等职业教育－人才培
养－研究－中国 Ⅳ.①G718.5

中国版本图书馆 CIP 数据核字（2017）第 092575 号

高职院校高技能人才培养的绩效评估及应对策略

李小娟　　胡跃茜　　虞希铅　等著

策划编辑	宋旭华
责任编辑	杨利军　　沈巧华
责任校对	丁沛岚　　闻晓虹
封面设计	杭州林智广告有限公司
出版发行	浙江大学出版社
	（杭州市天目山路 148 号　邮政编码 310007）
	（网址：http://www.zjupress.com）
排　　版	杭州中大图文设计有限公司
印　　刷	杭州杭新印务有限公司
开　　本	710mm×1000mm　1/16
印　　张	18.25
字　　数	328 千
版 印 次	2017 年 6 月第 1 版　2017 年 6 月第 1 次印刷
书　　号	ISBN 978-7-308-16857-1
定　　价	68.00 元

前　言

当前,我国正处于产业转型升级和经济实现战略性调整的关键时期,迫切需要一大批高素质的劳动者和高技能人才。中共中央、国务院高度重视高技能人才队伍建设,将其纳入人才强国战略。2010 年,中共中央、国务院颁布了《国家中长期人才发展规划纲要(2010—2020 年)》(简称《纲要》)。《纲要》站在历史的新高度,对今后一个时期我国的人才发展工作做出了全面规划和部署,明确指出高技能人才是人才队伍的重要组成部分,是推动经济发展和社会进步的重要力量。2011 年,中组部、人社部颁发《高技能人才队伍建设中长期规划(2010—2020 年)》,明确了 2010—2020 年我国高技能人才队伍建设的指导思想和发展目标、主要任务、重点措施等,为高技能人才队伍建设指明了方向。2013年,十八届三中全会提出"加快现代职业教育体系建设,深化产教融合、校企合作,培养高素质劳动者和技能型人才"。2014 年 2 月 26 日,国务院总理李克强主持召开国务院常务会议,会议提出要让职业教育为国家和社会源源不断地创造人才红利。要以改革的思路办好职业教育,要充分调动社会力量,吸引更多资源向职业教育汇聚,培养数以亿计的工程师、高级技工和高素质职业人才,为广大年轻人打开通向成功成才的大门。紧接着,5 月 2 日,国务院印发了《关于加快发展现代职业教育的决定》,这对于深入实施创新驱动发展战略,创造更大人才红利,加快转方式、调结构、促升级具有十分重要的意义。6 月 23 至 24 日,全国职业教育工作会议在北京隆重召开,国家主席习近平在会上指出,要着力提高人才培养质量,努力培养数以亿计的高素质劳动者和技术技能人才。他要求各级党委和政府要把加快发展现代职业教育摆在更加突出的位置,更好地支持和帮助职业教育发展。国务院副总理刘延东在会上指出,要进一步突出职业教育战略地位,构建以就业为导向、体现终身教育理念、面向人人的现代职业教育体系,促进职业教育与其他类型教育有机衔接,畅通人才多元化成长渠道。

可见,国家层面已将职业教育和高技能人才队伍建设的工作摆在了前所未有的重要位置。高等职业教育(简称高职教育)是高等教育的重要组成部分,是实现高等教育大众化、普及化的重要力量。同时,又是职业教育的高级阶段,是高技能人才培养的核心主体和基础环节。在过去的十多年中,我国高职教育以培养高素质的技术技能型人才为己任,面向社会、生产和服务第一线,培养了大批具有专业理论知识、熟练操作技能、良好职业道德的高素质的劳动者,为国家的现代化进程和区域经济发展发挥了不可替代的作用。与此同时,高职教育自身也得到了长足的发展,已然成为中国高等教育的"半壁江山",高职毕业生人才数量不断增加,成了未来高技能人才的主要来源。然而,在整个高等教育体系中,高职教育的职业教育地位和社会认可度并不高。除受传统思想观念影响外,关键原因是高职院校人才的培养质量并不乐观,培养的学生往往是"应用型人才不实用,技术型人才没技术",既没有达到高技能人才的技术知识要求,也没有达到技能要求,没有形成高技能人才的"准状态"。生源出现危机,人才供求匹配度低下,人才培养绩效受到质疑,高职院校人才培养质量亟待科学、客观的评价。因此,关注高职教育人才培养质量、关注需求导向、关注学生的可持续发展,已然成为时代赋予高职院校的重要使命。国际著名职业教育专家福斯特曾说过,"受训者在劳动力市场中的就业机会和就业后的发展前景,是职业教育发展的关键因素"。因此,高职院校培养的学生是否满足劳动力市场对人才的要求,在高职院校三年的学习对学生今后的职业流动是否起作用,是否具有可持续发展已成为评价高职院校改革和发展成效的重要内容。

那么,社会究竟需要什么样的人才?高职院校培养出来的学生是否达到人才培养的目标?是否满足社会需要?是否满足人的可持续发展?这需要通过对受教育群体进行科学、客观地评价找到答案。评价具有导向、诊断、甄别、选拔和推动发展的作用,教育教学改革的成功需要通过建立良好的评价体系来保障。教育部颁布的《关于全面提高高等职业教育教学质量的若干意见》指出:"高等职业院校要强化质量意识,尤其要加强质量管理体系建设,重视过程监控,吸收用人单位参与教学质量评价,逐步完善以学校为核心、教育行政部门引导、社会参与的教学质量保障体系。"2010年,教育部发布的《关于推进高等职业教育改革发展的若干意见(征求意见稿)》明确提出,"加快完善人才培养质量保障体系,吸收行业企业参与人才培养质量评价,将毕业生就业率、就业质量、企业满意度作为衡量人才培养质量的核心指标",要建立"以学习能力、职业能力和综合素质为导向的科学化、社会化的评价体系"。《国家中长期教育改革和发展规划纲要(2010—2020年)》明确指出,要"改进管理模式,引入竞争机制,实行绩效评估,进行动态管理",要全面提高高等教育质量,特别是提高人才培养质量。同时,要改革教育质量评价和人才评价制度,开展由政府、学校、社会各方面共同参与的教育质量评价活动。

由此可见,国家已经将高职人才培养的质量和评价摆在了前所未有的重要位置,强调要在高职教育培养目标和规律的指导下,完善人才培养质量评价标准。很显然,高职人才培养质量评价已成为新形势下教育行政部门和高职院校的共识,是高职教育发展的必然趋势。

从现有研究看,由于高职院校发展历史较强,除了政府或上级教育主管部门组织的类似教学工作水平评估以外,学校内部组织的评估不多。而且不管是教育行政部门开展的高职高专人才培养工作水平评估,还是高职院校内部组织的人才培养质量评价,基本都是从学校角度出发,侧重于评价学校教学过程和办学构成要素,主要以办学状况、教学水平、教学设备、师资队伍建设等作为评价的主体因素评价高等教育教学质量和教学水平,是一种"绝对量评估",评价的目的主要是促进高职院校深化内涵建设、提高办学水平和办学质量,忽视了学生、教师两个直接参与主体对人才培养绩效的感知。正如博格•霍尔所说:"在所有人中,毕业生本应是最有资格评价所在大学服务的,并且能够提出建议使其改进服务。"学生作为人才培养最直接、最深入的参与者,对教学质量的感知在教育绩效评价中不容忽视,教师亦是如此。从学生或教师等参与主体视角进行人才培养绩效评价,有利于引导高职院校进行教育教学改革、摆脱办学趋同现象,走向多样化、特色化、个性化办学正途。本研究试图突破从管理过程出发进行绩效评价的一贯做法,以学生与教师为调查对象,从参与主体的视角出发,以其关注的焦点为指标对高职院校的人才培养绩效进行实际测评,观察学生与教师对高职教育绩效的实际感知,从而正确了解和把握我国高职院校高技能人才培养的现状,发现问题、找出差距,引导学校深化内涵建设,提高人才培养的有效性,引导学校更好地从学生的综合素质入手、从学生职业的长远发展入手,培养符合社会需要的合格人才。

作者

2017 年 1 月

目 录

背 景 篇

理 论 篇

实　证　篇

对　策　篇

背景篇

第一章 绪 论

第一节 研究背景

一、基于高技能人才培养的时代需求

当前,我国正致力于创新型国家的建设、经济增长方式的转变、产业结构的调整和升级、社会主义新农村建设的推进等,这一切都需要一大批高素质的劳动者和高水平的技术技能型人才。一方面,随着工业化、信息化、城镇化、国际化进程的加快以及现代农业和战略性新兴产业的发展,行业企业在生产和服务过程中的科技含量不断提高,许多新技术含量高的产业必将加快发展。广大中小企业必将走出产业链的低端,其迫切需要大量的技能型、技术应用型人才作为劳动力支持,因而社会对高技能人才的需求增长比例大幅度超过普通劳动者总量增长。另一方面,能源涨价、原材料涨价、劳动力成本提高、国外消费市场疲软、高素质人才短缺……一系列不利因素的聚合叠加,使我国经济发展中的结构性、素质性矛盾进一步凸显,特别是人力资源的缺乏严重影响企业的产业升级、结构调整和发展方式转变。同时,党和政府为了加快经济发展方式转变,实现经济平稳较快发展,明确提出要促进我国经济增长由主要依靠投资、出口拉动向依靠消费、投资、出口协调拉动转变,由主要依靠第二产业带动向依靠第一、第二、第三产业协同带动转变,由主要依靠增加物质资源消耗向主要依靠科技进步、劳动者素质提高、管理创新转变。要实现这些转变势必需要坚强的人才支持和智力保障。

高技能人才是指在生产、运输和服务等领域的岗位一线从业者中,具备精湛的专业技能、关键环节发挥作用、能够解决生产操作难题的人员,主要包括技能劳动者中取得高级技工、技师和高级技师职业资格及相应职级的人员。高技能人才是技术工作队伍的核心骨干,是我国人才队伍的重要组成部分,在加快产业优化升级、提高企业竞争力、推动技术创新和科技成果转化等方面具有不

可替代的作用。为了加快培养造就一支技术精湛、结构合理、素质优良的高技能人才队伍,十多年来,我国国家层面先后在高技能人才队伍建设方面出台了一系列政策和措施。

2003年,中共中央、国务院召开了全国人才工作会议,会议明确提出了高技能人才是国家人才队伍的重要组成部分,并将高技能人才队伍建设纳入国家人才队伍建设总体规划,做出了一系列具有战略意义的安排部署。

2005年,全国职业教育工作会议召开,温家宝总理在会上指出,我国目前在生产一线的劳动者素质偏低和技能型人才紧缺问题十分突出。我国虽是制造业大国,但还不是制造业强国,"必须培养大批掌握新技术、能操作最新机床、有创新精神的高技能人才"。此后,学界进入了有关创新型高技能人才培养问题的积极探索和讨论阶段。

2006年,中共中央办公厅、国务院办公厅发布《关于进一步加强高技能人才工作的意见》(简称《意见》)。《意见》充分肯定了新的历史发展时期高技能人才的地位和作用,并将高技能人才队伍建设纳入实施人才强国战略的总体部署,进一步明确了做好高技能人才工作的指导思想、目标任务、政策措施和工作要求。

2010年,第二次全国人才工作会议召开,中共中央、国务院随即颁布了《国家中长期人才发展规划纲要(2010—2020年)》(简称《纲要》)。《纲要》站在历史的新高度上,对2010—2020年我国的人才发展工作做出了全面规划和部署,提出统筹推进以高层次人才和高技能人才为重点的各类人才队伍建设的目标任务。

2011年,中组部、人社部印发《高技能人才队伍建设中长期规划(2010—2020年)》(简称《规划》),提出以国家高技能人才振兴计划为龙头,以加强高级技师培训为重点,通过大力加强高技能人才培训基地建设和技能大师工作室建设等推动高技能人才总量稳步增长,素质大幅度提高,使用效能明显增强。《规划》要求:到2015年全国技能劳动者总量达到1.25亿人,其中高级工以上的高技能人才达到3400万人(高级技师140万人,技师630万人,高级工2630万人),占技能劳动者的比例达到27.2%左右。到2020年,全国技能劳动者总量达到1.4亿人,其中高级工以上的高技能人才达到3900万人(高级技师180万人,技师820万人,高级工2900万人),占技能劳动者的比例达到28%左右。可见,《规划》明确了2010—2020年我国高技能人才队伍建设的指导思想和发展目标、主要任务、重点措施等,为高技能人才队伍建设指明了方向。

2012年,国务院办公厅转发人社部、财政部、国资委《关于加强企业技能人才队伍建设意见的通知》,明确提出要加强企业技能人才队伍建设,要从企业技能人才培养、评价、激励三个环节完善政策,形成企业初级、中级、高级技能劳动者队伍梯次发展和比例结构基本合理的格局,使技能人才规模、结构、素质更好地满足产业结构优化升级和企业发展需求。

2016 年,人社部、财政部印发《关于深入推进国家高技能人才振兴计划的通知》,提出"十三五"期间,国家高技能人才振兴计划要紧紧围绕人才优先发展战略和创新驱动发展战略,为推进供给侧结构性改革和《中国制造 2025》提供技能人才支撑。要紧密结合先进制造业、战略性新兴产业、现代服务业发展需要,重点实施高技能人才培训基地建设项目、技能大师工作室建设项目和技师培训项目,培养造就一大批具有高超技艺、精湛技能和工匠精神的高技能人才,稳步提升我国产业工人队伍的整体素质。

可以看出,培养造就一大批具有高超技艺和精湛技能的高技能人才,为产业升级和产业链提升提供重要的人力资源保证,增强我国核心竞争力和自主创新能力已经成为全社会的共识。实现中长期规划的目标,使高技能人才数量同经济和社会发展目标基本相适应,高技能人才结构和素质同产业、行业发展需求基本相适应,在"十二五"的战略机遇期抓住发展机会,增强技能人才优势,让中国从制造业大国变成制造业强国,已然成为时代赋予各高职院校的当务之急和重要使命。

二、基于我国高技能人才短缺需面临的挑战

国家从宏观政策层面到微观操作层面都对高技能人才队伍建设进行了明确的规定。各级党委、政府高度重视高技能人才队伍的建设工作并采取了相应的措施,高技能人才的培养和建设方面取得了显著成绩,人才队伍不断发展壮大。

2013 年年底,全国技能劳动者总量达 1.5 亿人,其中高技能人才 3762.4 万人(其中高级技师 126.2 万人,技师 569.5 万人,高级工 3066.7 万人),高技能人才占技能劳动者总量的比例达 25.1%。高技能人才在服务经济社会发展和促进就业中发挥了积极作用。2014 年年底,全国技能劳动者总量达 1.57 亿人,其中高技能人才 4136 万人,占技能劳动者总量的 26.3%。2015 年年底,全国技能劳动者总量达 1.67 亿人,其中高技能人才 4501 万人,占技能劳动者总量的 27.0%。高技能人才在产业结构调整和经济社会发展中发挥了重要作用。

然而,我国的高技能人才依然供不应求。2012 年起,中国人力资源市场信息监测中心分季度一年四次对 100 个左右的城市的劳动力供求信息进行了统计分析。最近的 2015 年第四季度检测报告数据显示,市场对具有技术等级和专业技术职称劳动者的需求均大于供给。从技术等级的供求对比来看,各技术等级的岗位空缺与求职人数的比例均大于1,岗位空缺与求职人数的比例相对较高的是高级工程师、技师和高级技师,其岗位空缺与求职人数的比例分别为1.99∶1、1.9∶1、1.89∶1。与2014年同期相比,除对技师(+9.1%)的用人需求有所增长外,对其他各类技术等级的用人需求均有所减少。对初级(-29.7%)、中级(-9.1%)、高级(-8%)专业技术职称的用人需求下降幅度均较大。与第三季度相比,除对高级技师(+3.6%)的用人需求有所增长外,对其他各类技术等级的用人需求均有所减少。对初级(-7.9%)、中级(-10.8%)、高级(-1.4%)专业技术职称的用人需求均有所下降。

在年龄结构和分布方面,我国现有的高技能人才队伍普遍存在高龄化趋势,青年高技能人才严重短缺。例如,目前在我国机械行业中,高级技师平均年龄为48.9岁,50岁及以上的占了将近一半;技师平均年龄为45.6岁,50岁及以上的占1/3;高级技工平均年龄为41.3岁,其中40岁及以上的占57.5%,人才断档问题比较突出。从分布来看,我国高技能人才分布在国有大中型企业的多,民企和中小企业的少;分布在传统加工类工种的多,新型产业和现代制造业的少。随着经济全球化趋势的深入发展和我国加入世贸组织,以及经济体制改革的深入和产业结构调整的不断加快,高技能人才出现短缺,特别是制造、加工等传统产业和电子信息、航空航天等高新技术产业以及现代服务业领域,高技能人才尤为短缺。电子信息产业中技师、高级技师占技术工人的比例仅为3.2%,而发达国家一般在20%～40%,差距较大。人社部和国家统计局对全国制造业职工队伍素质的调查显示:企业技能人才技术等级偏低、技能单一,高级技能人才年龄偏高,技师、高级技师严重短缺,创新能力较弱等。可以说,我国高技能人才队伍呈现的数量不足、质量偏低、素质结构和年龄结构不合理等现象,势必影响我国由"中国制造"向"中国创造"的转型历程。高技能人才队伍建设面临严峻挑战,需进一步加大工作力度。

三、基于高职教育的发展和高职高技能人才培养的目标定位

党的十八届三中全会提出"加快现代职业教育体系建设,深化产教融合、校企合作,培养高素质劳动者和技能型人才",这为职业教育的改革指明了方向。2014年2月26日,国务院总理李克强主持召开国务院常务会议,部署加快发展现代职业教育。会议提出要让职业教育为国家和社会源源不断地创造人才红利,要以改革的思路办好职业教育,要充分调动社会力量,吸引更多资源向职业教育汇聚,培养数以亿计的工程师、高级技工和高素质职业人才,为广大年轻人打开通向成功成才的大门。同年5月2日,国务院印发了《关于加快发展现代职业教育的决定》,这是中共中央、国务院做出的重大战略部署,对于深入实施

创新驱动发展战略,创造更大人才红利,加快转方式、调结构、促升级具有十分重要的意义。同年 6 月 23 日至 24 日,全国职业教育工作会议在北京隆重召开,国家主席习近平在会上指出,要着力提高人才培养质量,努力培养数以亿计的高素质劳动者和技术技能人才。他要求各级党委和政府要把加快发展现代职业教育摆在更加突出的位置,更好地支持和帮助职业教育发展。至此,职业教育迎来了前所未有的机遇和挑战。

高职教育是职业教育的高级阶段。教育部前部长周济指出,高职教育培养的学生"既要能动脑,更要能动手,经过实践的锻炼,能够迅速成长为高技能人才,成为国家建设不可缺少的重要力量"。这赋予了高职院校高技能人才培养的重任,将高职教育推向了高技能人才培养的前沿。在国家大力支持下、在改革的推动下,十多年来,高职(高专)院校数从 1998 年的 431 所增长到 2015 年的 1341 所,占全国普通高等学校的 52.4%。高职教育在规模上早已成了高等教育的"半壁江山",为高等教育进入大众化历史阶段发挥了重要的基础性作用。

那么,高职教育究竟为社会输送什么样的毕业生?其培养的目标是什么?如何实现培养目标?这些问题一直缺乏比较清晰的界定,特别是其培养目标定位在不同的历史时期,由于社会需求、教育发展处于不同阶段因而呈现出一定的差异。先后出现过高职教育培养"高级操作人员""高层次实用人才""高等应用型人才""高等技术应用性专门人才"等表述上的变化,之后教育部发布的《关于以就业为导向,深化高等职业教育改革的若干意见》明确指出,高职教育要"培养面向生产、建设、管理、服务第一线需要的'下得去、留得住、用得上',实践能力强,具有良好职业道德的高技能人才"。至此,职教界和社会开始广泛认同"高职教育培养高技能人才"的目标定位。2012 年 7 月,国家教育事业"十二五"规划结合经济社会发展需要,提出高等职业教育要重点培养产业转型升级和企业技术创新需要的发展型、复合型和创新型的技术技能人才。纵观我国高职教育人才培养目标的发展变化,我们发现,经济的发展、社会的变革以及高职教育自身的不断发展促使高职人才培养目标也发生相应改变。但不管高职人才培养目标在表述上有什么不同,高职教育作为高等教育的重要组成部分和职业教育的高层次教育,决定了其培养的人才既与培养研究型、设计型、学科型人才的普通高等教育有所区别,又与单纯培养操作型人才的中等职业教育有所不同。其培养的是为经济社会发展服务,为现代化建设服务的高素质技术技能型人才,这些人才不但要具有某一单项能力,而且要拥有某一领域、某一岗位群所需要的综合能力,是高技能人才先期培养和持续提高的基础。

回顾我国高职教育的发展历程,特别是最近十多年,高职教育经历了从思变到求变,从规模扩张到质量提升、内涵发展的关键阶段。2005 年,国务院发布的《关于大力发展职业教育的决定》提出重点建设 100 所示范性高等职业院校,要求高水平地培养高素质技能型人才。由此拉开了我国新时期高职教育人才培养模式改革的序幕。国家示范性高职院校建设计划实施后,在党和政府的高度重视下,高职教育进入以质量提升、内涵建设为主的阶段,在办学模式和人才培养模式的改革上不断取得新的突破。2006 年,教育部颁发的《关于全面提高高等职业教育教学质量的若干意见》明确指出,"高等职业教育作为高等教育发展中的一个类型",要"切实把工作重点放在提高质量上",要"强化质量意识,尤其要加强质量管理体系建设,重视过程监控,吸收用人单位参与教学质量评价,逐步完善以学校为核心、教育行政部门引导、社会参与的教学质量保障体系",并提出了一系列提高教学质量的原则性、方向性的改革创新要求与重要举措。可以说,《关于全面提高高等职业教育教学质量的若干意见》将高职院校人才培养的质量和质量评价工作摆在了前所未有的重要位置,揭开了我国高等职业教育发展历史上的崭新一页。

随着高职教育的迅猛发展,如何深化高职院校的教育教学改革、激发办学活力、提升内涵建设,如何更好地服务社会、办出特色、增强核心竞争能力等已成为摆在绝大多数高职院校面前迫切需要解决的问题。在这样的背景下,2008年 4 月,教育部发布了《高等职业院校人才培养工作评估方案》,该方案的出台对促进高等职业院校加强内涵建设,深化校企合作、工学结合的人才培养模式,以及带动师资队伍、专业、课程、实践教学等的建设与改革,促进管理理念、管理水平的提高等方面起到了积极的导向作用。

可见,在过去的十多年中,我国高职教育以培养高素质的技术技能型人才为己任,面向社会、生产和服务第一线,培养了大批具有专业理论知识、熟练操作技能、良好职业道德的高素质劳动者。教育部为了进一步提升高职教育质量,促进高职教育发展,采取了一系列措施:先后实行国家示范高职院校建设计划、高职人才培养工作水平评估、师资队伍建设、实训基地建设、国家精品课程建设和专业教学资源建设等,从宏观的体制机制改革到微观的人才培养与课程改革等都取得了很大的成效。然而,在整个高等教育体系中,高职院校作为高技能人才培养的核心主体,由于人才培养目标定位模糊,人才培养沿用学科型教育模式,实践教学薄弱,双师素质教师短缺,校企合作机制不健全,资金短缺,教学方法落后,课程与国家职业标准结合不紧密,学生技能训练不足等,高职院校培养的学生往往"能考不能干,能干不会考",既没有达到高技能人才的技术知识要求,也没有达到技能要求,没有形成高技能人才的准状态,与目前对高技能人才的界定还有一定距离。

因此,在新的历史条件下,高职院校如何根据社会经济发展对高技能人才需求的变化,准确定位技能培养目标,促进高技能人才的培养工作,成为必须面对和亟须解决的问题。

四、基于高职院校高技能人才培养绩效评价研究的缺乏

长期以来,社会和高职院校在对学生认可度上存在较大差异,学校认为合格的学生对社会来说可能还达不到其要求,学校认为优秀的学生进入社会却没有发展后劲,而学校认为学业一般的学生进入社会后往往更出色。造成这种现象的根本原因是高职院校人才培养的评价问题。

评价是人类社会中一项极为重要的认识活动。在日常生活中经常会遇到这样那样的判断问题,比如哪个学生的素质高?哪个高等院校的声望高?这些问题都需要依据一定的标准进行科学、客观地评价,从而加以解决。评价具有导向、诊断、甄别、选拔和发展的功能,教育教学改革的成功最终通过评价来保障。

高校评价对高校健康发展具有不可替代的重要意义。比如,通过评价可以反映高校的教育资源利用情况,为高校调整与配置办学资源提供参考;可以为政府实施高校绩效拨款提供依据;也有利于引导学生根据自身的实际情况和工作要求选择适合自己学习的学校。从目前广泛采用的评价方式来看,大多是依据高校既有存量进行的绝对评价,重视高校投入或产出的绝对产量,这种评价方式将会在很长时期内继续发挥其提高高校办学实力的作用。但绝对评价的缺陷是非常明显的,它不关注高校发展的条件和发展的效益,没有从学校育人的视角去考量教育教学的实际效果,无法真正实现实质意义上的引导学校教育教学质量改进的作用。中央教育科学研究所 2009 年对 72 所教育部直属高校进行的绩效评价研究表明,绝对评价得分高的学校绩效评价不一定高,绝对评价得分低的学校绩效评价不一定低。可见丰富高校评价内容和方式、合理配置高校资源具有重大意义。

当前很多高职院校在配备教室、教师、图书馆和互联网设施等方面不遗余力,为学生提供大量的学习机会,但学校对期待学生学到什么及学生的学习质量能否满足社会需求等几乎没有一个清晰的阐释。大部分高职院校不知道,并且也不打算查明到底有多少学习活动在进行。他们将完成规定数量的课程作为对学生学习的确证,其实很多学生完成了课业,却没有掌握必需的知识和技能。由于很少或根本无法获取关于学生学习成果的真正信息,家长甚至连高校自己都不得不假定:高校的名望越高,其在传授知识和技能上也将越有成效。而高校的名望较量,很大程度上取决于教师在学术研究上的成绩、招生的录取

分数、学校的吸引力以及教育资源等。而高职院校由于历史较短，办学条件较差，人才培养的规模、结构和质量还不能适应经济社会发展的要求，高职教育在整个高等教育体系中还处于薄弱环节，社会认可度还比较低。

那么高职院校人才培养的真正效果究竟如何？高职教育培养出来的学生是否能达到人才培养的目标？是否满足社会需要？是否满足人的可持续发展？这需要通过对受教育群体进行科学、客观地评价找到答案。由于高职院校发展较强，除了政府或上级教育主管部门组织的类似教学工作水平评估以外，学校内部组织的评估不多。而且不管是教育行政部门开展的高职高专人才培养工作水平评估，还是高职院校内部组织的人才培养质量评价，基本都从学校角度出发，侧重于评价学校的教学过程和办学构成要素，主要以办学状况、教学水平、教学设备、师资队伍建设等作为评价的主体因素评价高等教育的教学质量和教学水平，是一种绝对量评估，评价的主要目的是促进高等院校深化内涵建设，提高办学水平和办学质量。而从对学生的学习负责的角度出发，对以学生为主体的受教育者的教育成效的评价严重不足，这使得高职高技能人才培养缺乏导向及保障机制。

2010年，教育部在《关于推进高等职业教育改革发展的若干意见（征求意见稿）》中提出，要"根据高等职业教育培养目标和人才理念，建立适应高素质技能型专门人才培养要求的评价标准"，"遵循高素质技能型专门人才成长规律，建立适应社会需要和高素质技能型专门人才培养要求的质量评价标准和保障体系"。要"改革学生学业考核与评价办法"，"进一步完善高等职业院校人才培养工作评估制度，吸收行业企业参与人才培养质量评价活动，将毕业生就业率、就业质量、企业满意度、创业成效等作为衡量人才培养质量的核心指标，逐步形成以学校为核心、教育行政部门为引导、社会参与的教学质量保障体系"。由此可见，高职人才培养质量评价已成为新形势下教育行政部门和高职院校的共识，这是高职教育发展的必然趋势。绩效评估作为当今较为流行的评估方式也慢慢适用于学校管理，赋予了高职院校人才培养工作更加深刻的意义。因此，有必要从学生的全面发展以及学生的整个职业生涯规划出发，研究设计科学、合理的高职高技能人才培养绩效评价体系，对高职学生的实际教育成效进行评价，以更好地了解和把握高职院校人才培养的实际状况，发现问题、找出差距，鞭策高职院校深化教学改革，引导学校更好地从学生的价值观入手，从学生职业的长远发展入手，培养符合社会需要的合格人才，从而增强高职院校的吸引力，提高办学绩效，提高教育教学改革的效益。

第二节　研究目标和意义

一、研究目标

鉴于我国高技能人才队伍建设所面临的严峻问题，以及高职院校高技能人才绩效评价理论研究的不足，课题组结合现实问题，借鉴已有的研究成果，努力完成以下研究目标：

（1）明确高职高技能人才培养绩效评价研究的理论意义与现实意义。通过梳理国内外已有研究，分析高技能人才培养绩效评价研究的研究现状和意义，找出研究的关键点，为后续研究奠定基础。

（2）研究建立具有较高信度和效度的高职院校高技能人才培养的绩效评估指标体系。通过对 21 所高职院校高技能人才培养的绩效水平进行实际测评与比较分析，获取第一手资料和数据，探寻影响高职院校高技能人才培养绩效的相关因素，并对影响因素进行实证分析。

（3）总结高职院校高技能人才培养的经验、问题及不足，制定提高高职院校高技能人才培养绩效的应对策略。

为了达到上述研究目标，本书主要解决以下五个问题：

①如何确立高职院校高技能人才培养绩效评价的结构要素？

②如何构建高职院校高技能人才培养绩效评价的指标体系？

③如何运用科学有效的测评工具对选择的样本进行统计分析？

④如何分析高职院校高技能人才培养绩效的影响因素与影响机理？

⑤如何合理制定高职院校高技能人才培养的应对策略？

为解决以上问题，本书将从以下几个方面进行研究探讨：

（1）基础理论研究：研究高职院校高技能人才培养绩效的概念构思，从高技能人才的学习、素质、能力和实操四个维度，构建高职院校高技能人才培养绩效评价的四要素结构模型。

（2）绩效评价研究：提出高职高技能人才培养绩效评价的理论指标，采用隶属度分析、相关性分析、辨别力分析等方法对理论指标进行实际筛选，构建具有较高信度和效度的高职院校高技能人才培养的绩效评估指标体系，并运用该评估指标体系，选择有一定代表性的 21 所高职院校对高职高技能人才培养绩效进行实际评估与比较分析。

（3）影响因素研究：采用利克特五点量表法，从教育理念、教师素质、生源质量、课程设计、教学方法、教学设施等六个维度,设计一份高职院校高技能人才培养绩效影响因素的问卷调查表,并进行实证调查。运用 SPSS 软件,采用因素分析法、多元线性回归分析法等对高职院校高技能人才培养绩效影响因素进行统计分析,提取影响高职院校高技能人才培养绩效的关键性因素。

(4)培养路径研究:从教育理念、教师素质、生源质量、课程设计、教学方法、教学设施等六个维度,研究制定具有较强前瞻性和可操作性的高职院校高技能人才培养绩效的应对策略。

二、研究意义

(一)理论意义

通过对高职高技能人才培养绩效评价的研究,可以丰富对高职教育及其人才培养绩效评价的理论认识。与发达国家相对成熟的高职教育相比,我国的高职教育由于发展历史较短,无论在理论方面还是在实践方面都存在一定差距。当前,我国高职教育正处于一个大发展时期,然而对于高职教育的研究比较欠缺,特别是高职教育人才培养绩效评价方面的研究尚在摸索起步阶段。本文拟通过研究高职学生经过三年的高职教育后,与进入高职院校之初相比,其学习、素质、能力、实操等各方面的提高程度,来评价高职高技能人才培养的绩效。这有利于拓展和深化我国高职院校教育绩效评价研究,完善我国高职院校教育绩效评价指标体系,弥补高职院校高技能人才培养绩效评价的理论空白,是高技能人才研究领域的理论补充。

(二)实践意义

目前对高职院校的评估大多数是政府主导的行政性问责评估,为了获取政府的更多资源、避免评估结果影响学校声誉与招生,多数院校致力于使其办学绩效符合评估所规定的各项指标,缺少学校的自我定位与特色等内容,使自我评估形式出现同质化。而基于学生视角的高职高技能人才培养绩效评估以学生为中心,以学生实际发生的变化来透视学校教育教学的质量,有助于学校了解学生的学习成果及发展情况,了解学校人才培养中诸多环节的成功与不足,从而找出影响学生学习成效的主要因素,为下一步的学习提供指导。可见,科学运用高职院校高技能人才培养的绩效评估指标体系对高职教育培养的学生进行评价,并对影响高职高技能人才培养绩效的学校相关因素进行理论分析与实证检验,有利于高职院校以此为参照,从自身实际出发寻找不足,完善学校教育教学,优化高职院校高技能人才培养方案,使职业教育改革和发展更具有科学性、前瞻性,促进高技能人才队伍的建设和发展。

第三节 研究方法

研究方法是人们解决科学问题时所采取的一些基本手段、途径和规则,任何一项研究都离不开方法的支撑。而每种研究方法既有其优点,也有其不足之处。因此,研究方法的多寡优劣及应用水平,直接影响着科学研究的效果、效率、效能。本研究将定量研究与定性研究相结合,实证研究与规范研究相结合,通过回顾文献和总结国内外现有的研究成果,初步提出需要解决的主要问题和基本构想,采用多种研究方法对我国高职高技能人才培养绩效的概念内涵、评估指标、实际测量及影响因素进行研究,多角度、多层次地对我国高职高技能人才培养绩效评估工作进行分析,以期得到科学的结论。

一、资料收集方法

(一)文献调研

文献调研是对历史文献资料进行搜集、整理、归纳、统计、分析、研究,形成对事物的科学认识的方法。在研究过程中,课题组通过温州职业技术学院购买的期刊数据库、图书馆文献等查阅了大量关于高职高技能人才队伍建设、高职高技能人才培养目标、高校绩效评价等方面的文献资料,通过对文献的系统调研和比较分析,总结国内外高职高技能人才培养绩效评价研究的进展和不足,为本研究提供参考。

(二)深度访谈

深度访谈是通过研究者与被研究者直接接触、面对面谈话的方式收集资料的研究方法。它是一种无结构的、直接的、一对一的访问形式。访问过程中,由掌握高级访谈技巧的调查员对调查对象进行深入访问,以揭示调查对象对某一问题的潜在动机、态度和情感,最常应用于探测性调查。课题组针对高职高技能人才培养绩效的概念内涵、结构要素、评估指标、影响因素以及优化和完善我国高职高技能人才培养绩效的相关策略等关键性方面,有选择地邀请了相关领域内的专家进行深度访谈,旨在了解专家们对于高职高技能人才培养绩效内涵及要素构成、高职教育绩效测评指标及其影响因素的总体看法及基本判断,为本研究积累了大量的材料,从而获得了较好的感性认识。

(三)问卷调查

问卷调查是为了了解调查对象对某一事物的看法或意见,向调查对象发放问题表格,然后回收、整理和分析的研究方法。本课题组严格按照量表编制的理论、方法与程序,编制"高职高技能人才培养绩效实证调查问卷",并按照分层随机抽样原则,以 21 所高职院校的学生和老师为基本范围进行问卷调查,搜集第一手资料,为本研究奠定了坚实的基础。

1.研究过程和研究被试

本研究分两个阶段。第一阶段,对被试问卷进行因子分析、信度检验和效度检验。以温州职业技术学院八个系的学生作为被试对象,共发放问卷 160份,收回问卷 149 份,问卷回收率 93.1%,其中有效问卷 131 份,有效问卷回收率 81.9%,对数据进行分析和检验。第二阶段,在第一阶段的基础上,按照分层随机抽样原则,选择了 21 所高职院校,对它们的学生和老师进行问卷调查。这一阶段共发放问卷 1820 份(教师问卷 510 份,学生问卷 1310 份)。回收问卷1608 份(教师问卷 446 份,学生问卷 1162 份)。其中有效问卷 1415 份(教师问卷 385 份,学生问卷 1030 份),有效问卷回收率为 77.7%。

2.研究工具

问卷共有 49 个指标项目。根据以往的研究经验,本次调研采用利克特五点量表法,要求被调查者根据自身的实际感受对高职高技能人才培养绩效进行1 到 5 级的评价。因为绩效是个增量概念,故要求教师和学生对各项指标的提高程度按"提高很大、提高较大、一般、提高较小、没有提高"五个级别分别用数字 5、4、3、2、1 来表示。

3.信度检验和效度检验

信度是指测量(或研究)结果的一致性或稳定性程度,是反映被测特征真实程度的指标,有重测信度、复本信度、折半信度、内部一致性信度和评分者信度。本研究采用折半信度和内部一致性信度来检验高职高技能人才培养绩效评价体系的信度。效度即有效性,是指测量工具或手段能够准确测出所需测量的事物的程度,有内部效度、外部效度、结构效度、测评效度和统计结论效度。本研究采用测评效度和结构效度来检验高职高技能人才培养绩效评价体系的效度。

(四)专家咨询

课题组将理论遴选的我国高职高技能人才培养绩效评估指标编制成简明的专家咨询表,针对高职高技能人才培养绩效的概念、测度指标、影响因素以及优化路径等重要方面选择了相关领域的专家进行专家咨询。在研究过程中,课题组多次组织召开职业教育领域的专家会议,对主要问题进行讨论,在集思广益的基础上得出比较全面的结论,从而保障本研究的科学性、现实性和可操作性。

二、资料分析方法

（一）隶属度分析

根据隶属度分析结果，淘汰隶属度较低的评估指标，可极大地改善评估指标的质量，增强评估指标的科学性和合理性。本研究通过对 190 份有效专家咨询表进行统计分析，得出了各个评价指标的隶属度，淘汰隶属度相对较低（多数专家认为不好）的评估指标，保留隶属度相对较高的评估指标，构成高职高技能人才培养绩效的第二轮评估指标。

（二）相关性分析

在高职高技能人才培养绩效第二轮评估指标中，一些评估指标可能存在着高度的相关性，这种高度的相关性会导致被评估对象信息的过度重复使用，从而降低评估结果的科学性和合理性。相关性分析是通过对评估指标之间的相关性分析，淘汰一些隶属度偏低而与其他评估指标高度相关的指标，以降低评估指标重复反映评估对象信息而带来的对评估结果的影响。

（三）鉴别力分析

评估指标的鉴别力，指的是评估指标区分评估对象特征差异的能力。在构建高职高技能人才培养绩效评价指标的过程中，课题组对指标进行了鉴别力分析，从而评价指标对区分高职高技能人才培养绩效差异的能力。如果所有调查对象在某个评价指标上的给分基本一致，那么就可以认为该评价指标鉴别力较弱，无法判断和识别出高职高技能人才培养绩效的强弱；相反，如果调查对象在某个评价指标上的给分出现显著差异，那么该评估指标具有较强的鉴别力，它能够判断和识别高职高技能人才培养绩效的强弱。根据指标反应理论，指标的特征曲线的斜率可作为评价指标的鉴别力参数，斜率越大意味着其鉴别力越高。

（四）描述性统计分析

运用 SPSS 数据分析软件对高职高技能人才培养绩效采用叙述性统计分析的方法进行描述性统计分析，计算各个测评指标的平均值、标准差等统计量，以考察高职高技能人才培养各维度绩效的总体水平（集中趋势）及差异水平（离散趋势），从而全面了解高职高技能人才培养的现状，为进一步分析奠定数值基础。

（五）主成分分析法

主成分分析也称主分量分析，通过找出变量中的主要成分和次要成分，采用降维的方法，用几个综合因素来代替原来众多的变量，使这些综合因素尽可能地反映原来变量的信息量，且彼此之间互不相关。

（六）因子分析

因子分析的基本思想是要寻找公共因子，以达到降维的目的。课题组在预调查之后，运用 SPSS 统计软件对收集的数据进行探索性因子分析（Exploratory Factor Analysis，EFA），通过尝试以求得量表最佳因素结构，建立问卷的结构效度。同时通过探索性因子分析，找出影响高职高技能人才培养绩效的因子，以及各个因子和各个观测变量之间的相关程度，试图揭示一套相对比较大的变量的内在结构。

（七）回归分析

回归分析法是确定两种或两种以上变数间相互依赖的定量关系的一种统计分析方法。其主要思路是在全部自变量中按其对因变量的作用大小，显著程度大小或者说贡献大小，由大到小地将其逐个引入回归方程，而对因变量作用不显著的变量可能始终不被引入回归方程。课题组采用多元回归法分析高职高技能人才培养绩效的影响因素及对培养绩效的影响程度，并构建相关的多元回归分析模型。

第四节　研究框架

本书从以下七个方面进行研究探讨：

（1）高技能人才培养的现状研究。主要从高技能人才的内涵与特征、高技能人才培育模式、高技能人才职业能力、高等教育绩效评估等方面对国内外的文献资料进行研究和梳理，指出高职院校是高技能人才培养的主要阵地，引出高职高技能人才培养的相关概念和理论。

（2）高职高技能人才培养的理论概述。从高职院校人才培养目标的历史演变，高职院校与中等职业学校、本科院校之间人才培养目标的共性与异性分析，高技能人才与高职高技能人才的差异性分析入手，提出高职高技能人才培养模式的若干思考。

（3）高职高技能人才培养绩效评价新模式。分析高职高技能人才培养绩效的内涵特征、开展高职高技能人才培养绩效评价的必要性，并对国内外现有的绩效评价模式的优缺点进行归纳总结，在此基础上提出高职高技能人才培养绩效的学习、素质、能力、实操四维度多因素评价新模式。这个评价模式主要从学生角度出发，来测评高职学生经过高职院校的三年学习教育后的实际成效，从主体上改变了传统以学校的办学状况、教学设备、教学水平、教师业绩等评价高等教育质量的评价方式。而且构建的学习、素质、能力和实操四维度多因素评价模型,充分考虑了高职院校的培养目标和高职学生的特殊性,与一般的知识、素质、能力和业绩的人才评价模型形成对比,其视角新颖、观点独特,为评价指标体系的构建奠定了理论框架。

(4)高职高技能人才培养绩效评价的指标设计。从学习、素质、能力、实操四个维度,建立高职高技能人才培养绩效评价模型。在系统性、可操作性、有效性、可比性、动态性、导向性等原则的指导下,通过问卷调查、深度访谈、专家会议等多种途径,得到76个评价指标,组成了第一轮的高职高技能人才培养绩效的评价指标体系 $X^{(1)}$。在此基础上,通过隶属度分析、相关分析、鉴别力分析、专家会议修正等多种方法对高职高技能人才培养绩效评估指标进行多重实证筛选,并进行信度、效度检验,最终形成高职高技能人才培养绩效评价的指标设计。

(5)高职高技能人才培养绩效的实证调查与统计分析。以上一章所构建的高职高技能人才绩效评价指标为主要内容,按照调查问卷设计的理论、方法与程序,采用利克特五点量表法,设计一份规范化的"高职院校高技能人才培养绩效实证调查问卷"。采用分层随机取样法,在全国范围内选取21所有代表性的高职院校作为实证调查对象,发放调查问卷进行实证调查。运用 SPSS 统计软件,对实证调查的结果进行统计分析,考察高职院校高技能人才培养的总体水平(集中趋势)及差异水平(离散趋势)。采用方差分析法,考察高职高技能人才培养绩效是否存在统计显著性差异,并探寻引起差异的关键因素。

(6)高职高技能人才培养绩效的影响因素分析。从理论和实证两个方面分析影响高职高技能人才培养绩效的主要因素,以主要影响因素为自变量,以高职高技能人才培养绩效为因变量建立多元线性回归模型,分析不同影响因素对高职高技能人才培养绩效的影响路径和影响强度。

(7)高职高技能人才培养绩效的优化路径。根据对高职高技能人才培养绩效的实际测评结果,结合高职高技能人才培养绩效的影响因素,从教育理念、教师素质、生源质量、课程设置、教学方法、教学设施六个维度,研究制定具有较强前瞻性和可操作性的高职高技能人才培养绩效的应对策略。

本书的框架如图 1-1 所示。

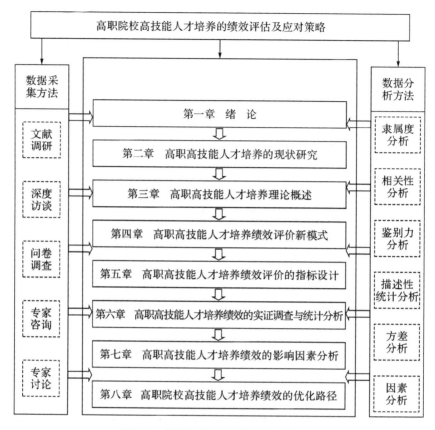

图 1-1　高职高技能人才培养研究框架

理　论　篇

第二章　高职高技能人才培养的现状研究

对于高技能人才的研究始于20世纪90年代初。2002年，党的十六大提出了新型工业化建设即坚持以信息化带动工业化，以工业化促进信息化，走一条科技含量高、经济效益好、资源消耗低、环境污染少、人力资源优势得到充分发挥的新型工业化道路。以此为基点将高技能人才研究与经济发展相结合，进入了对其研究的深入与系统性阶段。2003年，中央召开的全国人才工作会议指出："我国现代化建设需要大批善于治党治国治军的领导人才，需要大批高水平的专业人才，需要大批熟悉国际国内市场、具有现代管理知识和能力的企业家，需要大批能够熟练掌握先进技术、工艺和技能的高技能人才。"随后，中共中央、国务院发布了《关于进一步加强人才工作的决定》，进一步明确了高技能人才是我国人才队伍的重要组成部分，并强调高技能人才是推动企业技术创新和实现科技成果转化不可缺少的重要力量。2006年，中共中央办公厅、国务院办公厅又发布了《关于进一步加强高技能人才工作的意见》（简称《意见》），《意见》明确指出："高技能人才在加快产业优化升级、提高企业竞争力、推动技术创新和科技成果转化等方面具有不可替代的作用。"2007年，劳动和社会保障部出台了《高技能人才培养体系建设"十一五"规划纲要（2006—2010年）》，进一步明确了当前加快高技能人才队伍建设关系到我国核心竞争力和综合国力的增强，是贯彻落实科学发展观、实施人才强国战略、建设创新型国家的重要举措。2008年1月，劳动和社会保障部出台《关于建立国家高技能人才培养示范基地的通知》，提出应通过发挥企业和院校示范基地的带动作用，提高企业职工技能水平和整体素质，扩大各类职业院校高技能人才培养规模，整体推进全国高技能人才队伍建设。党的十七大报告对技能人才发展做出了要"坚持党管人才原则，统筹抓好以高层次人才和高技能人才为重点的各类人才队伍建设"的重要部署。2011年7月，中央组织部、人力资源和社会保障部发布《高技能人才队伍建设中长期规划（2010—2020年）》（简称《规划》），这是中国第一个高技能人才队伍建设中长期规划。《规划》共分规划背景、指导思想和发展目标、主要任务、重点举措、组织实施五个部分。上述文件的陆续出台，标志着我国正在逐步加大对高技能人才培养工作的指导力度。

在专著方面，以高技能人才为专门主题的著作比较少。近30年来，名称中包含"高技能人才"的著作并不多见，第一部著作是李宗尧等人主编、华东师范大学出版社2001年出版的《高级技能人才培养》，这是较早明确提出高技能人才培养问题的著作。2005年毕结礼主编的《高技能人才开发探索与实践》，2014年谢一风、熊惠平所著的《高端技能型专门人才培养模式研究》等都侧重于对高技能人才培养、开发的研究。但对高技能人才相关方面的研究却不局限于此，这些研究多散见于相关的职业教育著作中，如《比较职业技术教育研究》（石伟平著，由华东师范大学出版社于2001年出版）、《国际职业技术教育研究》（吴雪萍著，由浙江大学出版社于2004年出版）等，他们分别从不同的视角对高技能人才进行了相关研究与论述。在论文方面，成果颇丰，在中国知网学术资源总库中以"高技能人才"为主题，将时间限定为1980年至2016年，通过跨库检索，可得到相关文献2.6万多篇，其中2006年至2016年就有2.4万多篇。可见，"高技能人才"已引起学术界的研究兴趣，并得到极大的关注。

第一节　高技能人才的内涵与特征研究

一、高技能人才的内涵

（一）技能的内涵和形成过程

技能是人力资本重要的组成因素，从字面上来理解应该是技术和能力的总和。从已有的研究成果可以看出，许多不同学科的研究者从不同角度对技能进行了解释。管理学的研究者从管理者技能和劳动者在生产过程中的技能组成和形成角度对技能的内涵和形成过程进行分析；经济学的研究者从劳动分工的细化和劳动成本角度理解技能；心理学的研究者从生物的角度观察人是如何学习、获得技能的；教育学的研究者则更侧重于对技能形成过程的研究，即技能的培养。将各个学科对技能的代表性解释和技能形成的研究进行归纳总结，如表2-1所示。

表 2-1 技能的内涵及研究综述

学科	代表人物	主要观点
管理学	Katz (1955)	管理者技能包含：①技术性技能，包括方法、过程、程序及技巧，是对特定活动的理解和熟悉；②人际技能，即在工作过程中调整组织的技能；③概念性技能，即掌握组织整体的能力
	Guglieliemin (1979)	根据 Katz 的三大类型技能，进行了实证调查研究，证实了 Katz 的分类，并得出高层、中层、基层的三类技能构成分别是：高层（概念性技能 47%，人际技能 35%，技术性技能 18%）；中层（概念性技能 31%，人际技能 42%，技术性技能 27%）；基层（概念性技能 18%，人际技能 35%，技术性技能 47%）
	Kazuo (1997)	提出"知性技能"的观点。他指出，随着科学技术不断升级及其在生产中的广泛应用，以往依靠技术熟练的劳动者来完成的工作逐渐被机械所取代，劳动者的技能转变为管理机械设备的能力，这种技能即为"知性技能"。
	Jacobson et al. (2007)	研究发现，有些员工拥有隐性技能，并且这些技能可以整理成文，传授给他人
经济学	Braverman (1974)	技能的形成是建立在社会分工和个体分工的条件之下的。特别是个体分工导致了劳动者技能的不断细化。而在劳动者技能不断细化的过程中，具有高技能水平的劳动力成本无疑远远高于只具有较低技能的从事简单劳动的劳动力成本
心理学	冯忠良(1981)	技能是通过学而形成的合乎法则的活动方式。根据活动方式的不同，技能分为操作技能和心智技能，前者是控制操作活动动作的执行经验，后者则是控制心智活动动作的执行经验
	叶亦乾(1997)	技能是指个体运用已有的知识经验，通过练习而形成的动作方式或者智力活动方式。技能分为动作技能和认知技能
	皮连生(1998)	技能是在练习的基础上形成的按某种规则或操作程序顺利完成某种智慧任务或身体直辖任务的能力。可以将技能分为三类：动作技能、智慧技能、认知技能
	彭聃龄(2001)	操作技能的动作是由外显的机体运动来实现的，其运动的对象为物质性的客体
教育学	Bilodeau(1961)	操作技能是指通过练习而获得的操纵器械的能力，在学习过程中，需要口头学习并记忆操作任务，需要意识的积极参与
	Anderson (1983)	提出了较为成熟的技能学习理论——ACT 理论。该理论认为，技能获得过程可以分为三个阶段：第一阶段，尝试；第二阶段，联结；第三阶段，协调和精炼

续表

学科	代表人物	主要观点
教育学	黄强等 （1991）	动作技能是一种按一定技术要求练习而获得的迅速、精确、流畅和娴熟的身体运动能力。操作技能是人们在活动中经过练习而获得的完善化了的动作方式
	祁国杰等 （1993）	形成技能的规律是从无序、有序、新无序，走向新的高层的有序过程，有序越高，结构越严密，形成的技能越完善、精确，其系统的功能就越大
	邹学云（1997）	运动技能的形成是一个逐渐发展的过程，包括掌握技术阶段、改进技能阶段和技能熟悉巩固阶段等三个阶段
	李雨等 （2002）	运动技能的形成过程是一个连续的、整体的过程，但是又存在明显的阶段性，各阶段的连续体的临界线不能机械、呆板地划定
	徐杰（2004）	从心理学角度分析了实习教学中操作技能形成的定向、模仿、熟练三个不同阶段的心理学规律和特征
	郑俊乾（2005）	根据技能形成的特点，介绍了几种技能训练方法的含义及其使用条件，认为技能学习的过程是一个试练、熟练、再试练、再熟练，循环往复以至无穷的过程
	王不凡（2013）	技能是知识的动态过程，可视为知识的一个方面，它区别于传统的静态的、可陈述的知识观

以上专家和学者虽然是从不同的研究视角来探讨技能的内涵，但对技能的基本特征及形成过程方面的认识基本上是趋同的，即技能由动作技能和智力技能（心智技能、认知技能）构成，技能的形成是由动作技能和智力技能（心智技能、认知技能）相互作用共同促成的。当然，"技能"作为一个概念，它的内涵并不是一成不变的。正像孙正幸教授所指出的，概念的内涵，是一个具有历史文化内容的内涵。任何一个概念，都没固定的定义，所有的定义都是一个历史的发展的过程。只有不断变化，才能提出符合时代要求的高技能人才标准和培养模式。

（二）高技能人才的内涵

"高技能人才"是近年来出现的一个相对的、动态的概念。不同时期，高技能人才的地位不尽相同，学者对其也有不同的称谓。新中国成立之后，我国把高技能人才分为高级技师、技师、高级技工等。知识经济社会中，有人提出了"知识工人"的理念，标志着对高技能人才地位和作用的认识逐步提升。

当前，社会对高技能人才的认识较为模糊，对其内涵和外延的理解也有很多种说法,但仍没有形成一个全面性、权威性、通用性的定义。

1.人才视角下高技能人才的界定

人才学研究中,学者通常认为"人才是人类精华和杰出的代表,是世界上一切财富中最宝贵的财富","人才是一个多序列、多层次、变动着的有机结构,包括各行各业,有不同水平之分,不断变化和进步","人才的本质就是知识性、进步性和社会性的统一"。由此,兰文巧等(2007)认为高技能人才作为人才中的一种,其除具有一般人才所具备的深厚的基础理论和专业理论知识外,还具有高超的生产技艺和技巧,担负着技术含量较高的操作任务。其不仅具备运用交叉技术知识解决实际问题的综合技能,而且具备较高的职业素质和敬业精神,适应政治经济发展和现阶段产业结构调整对各行各业人才的需求。

李春明等(2009)从人才分类的角度来理解高技能人才的概念。以工业系统为典型的各产业系统,其人才类型大体上可分为科学型、工程型、技术型和技能型四种。基于此分类来阐释高级技能人才的概念,他们认为,高技能人才处于技术型和技能型的结合部,有一定的知识、能力与素质重叠,在高技能人才的三种细分类型中,知识技能型应属于技术型大类,技术技能型应属于技能型大类,复合技能型介于两者之间,他们强调高技能不仅体现在操作技能高超,还应体现在智力技能的高超。他们还将高技能人才扩充到在一线从事技术管理的人员,如技术辅助设计、工艺监控、质量检测、现场管理等非技术工人的工作领域。

陈宇(2005)认为,现阶段掌握了高超生产技能的人由三部分组成:一是自工业化以来就出现的技术型技能人群,现在他们掌握的技术更加复杂,科技含量更高。二是掌握了丰富的现代科学知识,同时又具有很强的动手能力,可将从事技能型工作的人群称为知识型技能人群。他们很可能是未来知识经济时代的生产主力军。三是掌握了多种不同技能的复合型技能人群。特别值得注意的是,过去的高技能人才往往从蓝领阶层中发展而来,曾被称为高级蓝领。现在,以上三种类型的高技能人才,不只是从蓝领发展而来的,大量原来从事白领工作的人正进入新型高技能人才队伍之中。现在,人们常用"灰领人才"这一概念来描述和界定这一新的发展中的高技能人才群体。

2.能力本位学派对高技能人才的界定

高技能人才无疑是一种人才,但必须把使用的专业技能放在首位,对于其他知识和能力不应过分强调。能力本位学派认为技能有初级和高级之分,熟练具有高级技能,无论是初级技能还是高级技能都是对知识的应用能力。初级技能是指具有某种初步知识,能完成一定的活动,即经过一段时间的练习之后达到会做的水平。举例来说,对于刚刚学会游泳的人,懂得一点游泳知识就可以说他有了游泳技能。而高级技能活动方式的基本成分已经自动化,如游泳健将的技能,这种技能也叫技巧。经过多次练习形成高级技能时,人就会将陈述性知识变成程序性知识。也就是说,人会从模仿他人成功的行动方式,发展至动作熟练的程度,此时如果熟练动作的某一环节遇到障碍,人就会有意识地调整动作,排除障碍,力图更好地实现行动效果。可见,在高级技能阶段,人可通过操作活动模式的内化,借助于内在的智力操作来实现预期的动作目标。

何应林(2006)等归纳并总结了高技能人才的特征:通过长期的学习和练习,掌握了动作方式和动作系统,能够灵活操作各种物体和观念。丁大建(2004)认为高技能人才通常是指生产和服务企业中,在一线从事技术含量大、劳动复杂程度高的工作的高级技术工人和技师。他们在工作中既要动脑又要动手,既要具有较强的创新能力、较丰富的知识,又要熟练掌握操作技能。管平等(2005)认为,高技能人才是指在生产、服务一线中,掌握专门知识和操作技能、解决工作实践中关键性操作技术和工艺难题的从业人员,主要包括取得高级技工、技师和高级技师职业资格及相应职级的人员。刘庆唐(2005)认为,高技能人才是人力资源中,掌握了先进技术、先进工艺和操作技能,能够进行创造性劳动,为社会主义物质文明、精神文明、政治文明建设做出积极贡献的人,是技术技能的优秀代表,是推动技术创新和现代科技成果向生产力转化的骨干力量之一,是开发程度较充分的那部分人。刘春生等(2006)认为,高技能人才是一个相对的、广义的、综合的概念。高技能人才除具有较高学识之外,还应具备精深的专业技能。其不仅依赖技能进行工作,而且要具备用专业理论知识来解决具体问题的能力,更需要解决现场突发性问题的应变能力,是身怀绝技的一线操作能手,手脑并用的知识技能型人才,具有综合素质的创造技能型人才。兰文巧等(2007)认为高技能人才不是简单的只具有经验性技能的熟练操作工,而是需要具备一定技术和工艺创新能力的人才。

3. 知识本位学派对高技能人才的界定

知识本位学派认为高技能人才必须是具备一定理论知识的人才,而且应该由大学来培养。何应林(2006)认为,高技能人才的概念内涵应包括五个方面:有必要的理论知识;有丰富的实践经验;有较强的动手操作能力并能够解决生产实际操作难题;有创新能力;有良好的职业道德。张建华(2008)认为,高技能人才是指既具有比较扎实的理论知识,又具有比较高超的动手能力与操作技艺,能适应生产、建设、服务和管理第一线需要的,德、智、体、美全面发展的素质高、技能强的专门人才。高岩(2008)在综合了各类观点后认为,当代高技能人才不仅要具有高超的生产技艺和技巧,而且要具有深厚的基础理论知识;不仅要能完成复杂的技术性操作,而且要具有一定的协调配合以及组织的能力;不仅要学习和积累已有的技能,而且要具备一定的技术和工艺方面的研发创新能力。张庆尧(2009)认为高技能人才是掌握专业理论知识,具备精湛的专业技能,能够解决关键技术和生产操作难题,推动技术创新和科技成果转化的高素质人才。从内涵上看,高技能人才是指那些具有必要的理论知识、丰富的实践经验,有较强的动手操作能力、创新能力和良好职业道德的人。从外延上看,高技能人才属于技术工人中的精英,所占的比例很小,只有技师和高级技师才能与之匹配。

4.国家职业标准对高技能人才的界定

国家职业标准是一种职业导向型标准,以职业活动为导向,以职业技能为核心,通过运用职业功能分析方法,研究确定职业教育培训和考核的内容新体系,有助于提高证书持有者的工作能力和适应职业变化能力。根据我国现行的国家职业标准,技能人才包括初级技工、中级技工、高级技工、技师和高级技师(见表2-2)。

表 2-2 国家职业资格标准

职业资格	标准
国家职业资格一级(高级技师)	能够熟练运用专门技能和特殊技能在本职业的各个领域完成复杂的、非常规性的工作;熟练掌握本职业的关键技术技能,能够独立处理和解决高难度的技术问题或工艺难题;在技术攻关和工艺革新方面有创新;能组织开展技术改造、技术革新活动;能组织开展系统的专业技术培训;具有技术管理能力
	拥有技师资格三年以上,具有高超精湛的技艺和综合操作技能,能解决本岗位(专业工种)高难度生产工艺问题;在工艺改革和革新排除事故隐患等方面成绩显著,具有组织培训高级技工和组织带领技师进行技术革新和技术攻关的能力
国家职业资格二级(技师)	能够熟练运用专门技能和特殊技能完成较为复杂的、非常规性的工作;掌握本职业的关键技术技能,能够独立处理和解决技术或工艺难题;在技术技能方面有创新;能指导和培训初、中、高级人员;具有一定的技术管理能力
	具有丰富的生产实践经验,有操作技术专长,能解决工作中关键的操作技术和生产工艺难题;具有传授技艺和培训中级技术工人的能力
国家职业资格三级(高级技工)	能够熟练运用基本技能和专门技能完成较为复杂的工作,包括完成部分非常规性的工作;能够独立处理工作中出现的问题;能指导和培训初、中级人员
	具有五年生产工作经验,受过高级技工培训或毕业于高级技工学校

续表

职业资格	标准
国家职业资格四级 （中级技工）	能熟练运用基本技能独立完成本职业常规工作；特定情况下，能运用专门技能完成技术较为复杂的工作；能与他人合作
	具有五年生产工作实践经验，受过中级技工培训或毕业于技工学校
国家职业资格五级 （初级技工）	能够运用基本技能独立完成本职业的常规工作
	具有三年生产工作实践，学徒期满且经初级技工培训

高技能人才是指具有一定的理论知识、精湛的技艺技能及较高的综合素质，能进行创造性劳动并对社会进步和经济发展做出较大贡献的人，主要包括技能劳动者中取得高级技工、技师和高级技师职业资格及相应职级的人员。一般来讲，技师和高级技师经过系统的培养和训练后，掌握了较高水平的技艺、宽广的专业领域知识理论，具备较强的学习能力和创造能力，能够独立解决实践操作中的关键性难题，就被列入高技能人才的范畴。虽然按照职业等级资格划分过于强调学历和职称，不免把没有学历或职称但是技能水平高超的技能劳动者排除在外，也会把有学历、职称但是知识结构、技能技艺达不到高技能人才所应有的水平的人归进高技能人才群体，但是这种分类形式具有便于统计的优越性，因此在我国高技能人才研究中仍广泛存在。

二、高技能人才的特征

把握高技能人才的特征有助于规划、使用和激励高技能人才，有助于评估高技能人才培养的绩效。国内在高技能人才特征方面的研究成果颇丰，学者的观点也基本趋于一致。

（一）高技能人才的基本特征

高技能人才是在生产和服务一线从业者中，掌握丰富的专业知识和具备精湛的操作技能，能手脑并用的高级应用型人才，而成为高技能人才还必须具备与其他人才所不同的素质和能力。尽管学术界和实践界对此的表述有所不同，但已基本达成共识，即高技能人才必须具备较高的素质、扎实的知识、熟练的技能、较强的综合能力、良好的学习能力和创新能力。

1.较高的素质

（1）道德素质。高技能人才培养不仅要解决"会不会做"的问题，还应该并且必须能判断"能不能做""可不可以做"和"应不应该做"等问题。这些问题涉及价值判断、伦理要求和法律法规等人文社科方面的知识与素质。技术活动中既有科学性因素，也有功利性因素，还有社会性因素，它与科学、技术、经济、文化、政治和自然环境与资源密切相关。因此，如果不具备现代技术价值观、技术生态观、技术效益观，很难保证技术被合理使用。良好的职业道德是高技能人才内涵的主要内容之一。

（2）思想素质。高技能人才是一个相对的、综合化的概念。作为高技能人才培养的主阵地，高职院校应坚持育人为本、德育为先，把立德树人作为根本任务，以中共中央、国务院印发的《关于进一步加强和改进大学生思想政治教育的意见》为指导，加强思想政治教育。尤其要高度重视职业道德教育和法制教育，重视培养诚信品质、敬业精神和遵纪守法意识。只有具备较高的思想素质和职业道德，才能保证在走上工作岗位以后，能立足社会，并具备可持续发展的能力，成为德、智、体、美全面发展的建设者和接班人。

（3）身心素质。有健全的心理素质及健康的体魄是从事各项工作的基本条件，也是现代人所应具备的基本素质。高技能人才由于在工作岗位上会面对技术含量较高的工种、较为复杂的技术难题或条件艰苦的环境，所以需要有强健的身体素质。另外，现代社会对现代人的职业能力，特别是正确处理人际关系的能力、正确认识社会和集体合作的能力、表达和理解能力、管理和化解矛盾的能力、适应和承担风险的能力及进一步接受教育的能力都提出了更高的要求。所以过硬的心理素质和充沛的体力显得尤为重要。

2.扎实的知识

高技能人才作为技术骨干力量，不仅需要深入了解、熟练掌握本行业、领域的基础专业理论、知识、技术，还需要通晓其他相关专业的理论、知识、技术。综合运用这些知识、技术来解决生产操作、技术攻关革新中的综合性难题，这是高技能人才形成和持续发展的必备条件。这些知识既需要在高职院校的系统学习中获得，也需要在具体的工作实践中不断加以理解、升华。

3.熟练的技能

高技能人才具有高超的生产技艺和丰富的实践经验，能解决生产实际操作难题，这也是高技能人才的基本特征和核心价值所在。在生产操作和技术革新中，高技能人才遇到的工艺技术问题难度大，相对操作技术的内容变化多，不规范、非传统性的问题比重大，需要融知识、技能、经验等于一体，掌握和操作国际先进的生产技术，应对专业岗位上的各种工作任务，解决技术岗位上的相关技术操作难题，并能在技能传授、推广等方面发挥重要作用。

4.较强的综合能力

综合能力主要是指对突发事件的分析与处理能力、生产管理能力、计算机操作能力、革新与写作能力、新工艺技术的运用能力等。高技能人才以综合技术应用能力见长,在实际工作中应该能够触类旁通,将知识、经验迅速转化为解决问题的能力。简单地说,能够将工程图纸物化为实体,并能在现场进行管理和指导,具备较强的技术应用能力和管理能力。高技能人才除了掌握且精通本专业岗位群主要工种的操作技能外,对相关专业工种的知识和技术也要有相当多的了解,并具有交叉运用技术知识来解决实际问题的综合能力。同时,还应具备一定的创新能力,在面对实际问题时,能够自觉完成能力的迁移与拓展。高技能人才的创新能力主要表现为在相关技术领域中的创造性能力,如工艺革新、技术改良、流程改革及发明创造。

5.良好的学习能力和创新能力

现代科学技术日新月异,新的生产方式、工艺技术不断涌现,高技能人才仅凭已掌握的专业知识技能难以满足企业生产岗位的工作要求。因此,高技能人才需要具备较强的学习吸收能力,利用先进的信息手段实现对本专业领域高新技术的追踪,及时更新本专业领域的知识,跟上科技发展的脚步以适应社会经济快速发展的需要。而学习、理解、掌握新的生产方式和工艺技术是进一步对工艺、流程、材料等加以改造、创新的基础。建设创新型国家的目标要求高技能人才应具备较强的自主创新意识和创新能力,将技术开发和技术操作融为一体,在企业技术改造创新中发挥关键性作用。不断学习、自主创新是高技能人才达到"一专多能"素质要求和实现自身可持续发展的基本保证。

(二)高技能人才的群体职业特征和个体能力特征

1.群体职业特性

高岩(2008)将高技能人才的特征细分为群体职业特征和个体能力特征。高技能人才的群体职业特征主要表现在以下几个方面:

第一,高超的技艺性及较强的适应性。现代高技能人才高超的技艺不再只是传统的"手艺"或"绝活",而是通过职业院校的教育和培养,既掌握现代科学理论知识,又掌握高超的操作技能。此外,现代高技能人才还具有较强的适应性。其主要表现在他们在生产活动中,既熟练掌握岗位群通用的基本技能,又具有专业背景下的专门技能以及某些特殊技能;既能完成技术比较复杂或非常规性的工作,又能运用较丰富的生产实践经验或先进的技术手段,及时准确地发现和排解操作中的技术故障;既能对生产中较关键的技艺难题、操作故障,敢于破解、勇于攻坚,又能独立有效地加以解决。高技能人才"高"就高在有较强的现场适应能力。

第二,类型的多样性和发展的动态性。高技能人才的类型是多种多样的,既包括各行各业能工巧匠型的技术技能型人才,又包括掌握专门知识和高新技术的知识技能型人才,还包括掌握交叉知识和多种不同技能的复合技能型人才。当然,对高技能人才的定位标准是非固化的,即高技能人才是在相对比较中产生的,在不同时代、不同产业背景下,对高技能人才的要求是不同的。随着产业结构的调整、科学技术的发展,社会对高技能人才的要求会越来越高。当今的高技能人才如果不能坚持不断地学习提高、与时俱进,未必能够胜任未来社会的高技能岗位,即今天的高技能人才未必就一定会成为明天的高技能人才。

第三,成长的渐进性和岗位的针对性。技能是实践岗位的特定要求,要成为名副其实的高技能人才,就必须要从岗位实践中学习锤炼,必须要在现场操作中提高技艺,必须要在反复训练中运用和验证理论知识,在揣摩和摸索中逐渐积累经验、掌握技巧、提高技艺、提升水平。可见,高技能人才自身技能水平的提高,必须通过一线岗位的训练学习、实践锻炼,必须要在生产、工作的实践中逐步积累,不断提高,日渐成熟,谁也不可能做到一蹴而就、一步登天,而必须经历"生手—熟手—巧手—能手"的渐次提升过程。因此,高技能人才的培养,必须与生产、实践紧密结合,立足一线岗位。

第四,素质的全面性和突出的创造性。高技能人才集科学知识、工作能力、操作技能于一体。高技能人才通过职业院校的教育和培养,拥有了现代科学技术的理论知识;通过生产岗位反复的实操训练,拥有了较高的操作技艺;通过对科学技术知识和生产实践经验的综合运用,获得了解决生产实践难题的能力。此外,高技能人才还具有较突出的创造性。高技能人才的创造性主要表现在相关技术领域中的创新能力,如工艺革新、技术改良、流程改革以及发明创造。一般来说,初、中级技能人才主要掌握熟练技术,从事的是熟练劳动。而高技能人才则较多地掌握了精密技术,从事的是较复杂的劳动,其心智技能化的程度较高。高技能人才"高"在既能动手又能动脑,是手脑并用的知识技能型人才或技术技能型创新人才。高技能人才可以通过技术创新,有效地解决作业现场的技术难题,组织技术攻关,处理和解决非常规突发事故或故障,从而在工艺革新、装备改造、技术引进和技术改造中表现出较高的创造能力和创新水平。

2.个体能力特征

高技能人才的个体能力特征主要表现在以下几个方面:

第一,接受已有知识和学习新知识的能力。知识化是当代高技能人才的典型特征之一。接受已有知识和学习新知识的能力,对于高技能人才来说更多的是强调学习者的知识积累。在这个阶段,要求高技能人才重在提高自身的接受能力和自学能力,因而在一定程度上表现为智力的开发和利用,智力因素占主导地位。

第二,动手操作和实践知识的能力。对于高技能人才来说,实践知识的能力尤为重要。所谓实践知识的能力,更多的是要求高技能人才能够通过实践技能培训,在动手操作中深刻领会知识,并通过对已有知识的掌握,进一步促进自身对学习新知识的兴趣,从而为个人知识的完善和系统化奠定基础。

第三,知识系统整合能力。由于高技能人才在日常生活、学习和实践过程中所获得的知识基本上是单个方面或有限的知识,对于高技能人才的知识库而言,这些知识都是零散的、不系统的。这就要求高技能人才对自己的知识库进行适当的归纳、整理,使之系统化,这个过程我们可以称之为知识的系统整合。如果不能够将专业的知识技能整合为一个系统,当技术应用环境发生变化时,没有系统的理论知识的支撑,高技能人才的适应能力必然下降。

第四,知识迁移能力。对于高技能人才来说,继续发展就需要更扎实的知识基础和对于新生事物更强的理解分析能力,即具备知识迁移能力。当遇到新兴事物时,应该能够对知识库中的系统知识和实践技能等理性认识与对观察到的新兴事物的感性认识使用推敲、对比、归纳、演绎等手段进行分析。

三、高技能人才的地位和作用

高技能人才作为重要的人力资本构成,分布在经济社会发展的各个产业、行业,在促进经济社会发展中起着不可比拟的作用。

首先,高技能人才是科学转化为现实生产力的主力军。技术发展起着推动社会前进的强有力的杠杆作用。技术在当今社会中是劳动生产率迅速增长的重要决定因素,它在科学研究与社会生产之间起着中介作用。科学对生产力的发展只有通过技术这个中介才能实现。而作为生产中坚力量的高技能人才,具备高超的生产技艺和宽广的理论知识,是完成科技成果转化和技术创新的"转化器",将科学技术的研究成果贯彻到生产生活之中。

其次,高技能人才是提高生产效率、产品服务质量及市场竞争力的重要保证。在经济发展中,以低成本的劳动力和廉价产品作为竞争优势是没有发展潜力的,必须要转向技术创新、争创品牌优势。而产品质量就是全球市场竞争的生命线。高技能人才具有精湛的工艺技术,掌握先进的加工方法和技巧,是产业升级和产业链提升的人力资源保证。

再次,高技能人才阶层是实现社会公平的现实依托。在整个劳动力结构中,高技能人才阶层处于中间位置,他们的收入水平处于中等水平。存在这样一个数量庞大的工薪劳动者队伍非常有利于社会财富的均衡分配,对于消除当前的社会财富分配悬殊、社会不公平问题以及创造和谐社会都有积极的现实意义。

最后,高技能人才对于提高国家亿万劳动者的整体素质具有高端引导效力。"资源—资本优势转换"是社会生产、经济增长的内在作用机制。而中国一直存在人力资源丰富和人力资本稀缺的突出矛盾,劳动者整体素质较低,引进的先进知识资本难以实现"本土化",难以有效转化为现实生产力。而在传统的社会心理和等级意识中长期存在鄙薄技术实践的现象,严重阻碍了国家技术技能型人才的培养。高技能人才正是亟待培养的具有现实生产力和知识技能的群体代表。高技能人才的培养必将有利于引导和激励广大劳动者岗位成才,有利于带动技能劳动者梯次发展,对实现人力资源的深度开发和提高劳动者的整体素质具有重要的现实意义和战略意义。

第二节　高技能人才职业能力研究

以能力为基础是当今世界职教界的共识,而职业能力是职业教育理论和实践中的核心概念。放眼整个世界,现代社会经济的发展告诉我们,世界经济风云变幻,今日无法预料明日之事,如此变化多端的市场走向以及众多的不确定因素,使我们无法预知未来的具体职业要求以及职业种类,千万种职业不可能有千万种专业去对应,这就对高技能人才的职业能力提出了更高的要求,相应地,对高技能人才职业能力的培养和职业素养的养成就显得异常重要。

职业能力也成为一个动态的、多维的概念,其内涵也不断地深入变化。从职业能力的内涵研究出发,对职业能力的分类和评估研究进行梳理,对高技能人才培养绩效研究具有较强的借鉴意义。

一、职业能力内涵研究

（一）职业

目前,对于职业还没有统一的概念,不同的学科给出了不同的定义,归纳起来主要有：

（1）教育学认为,职业是个体在社会中所从事的,作为其主要生活来源的工作种类(田敏,2009),即将职业定义为个体所从事的工作。

（2）管理学认为,职业是个体在其一生中所承担社会职务的相继历程。

（3）社会学认为,职业是某种一定的社会分工或社会角色的持续的实现,是社会与个人或整体与个体的结合点。

归纳起来,不同学科对职业的理解具有如下共同点：

（1）经济性：可从中获得相应报酬。

（2）技术性：能发挥才能和专长。

(3)连续性：劳动具有相对稳定性。

可见，职业至少应该包括两层意思：有工作，即有事可做，有事可为；有收入，即获得工资或其他形式的经济报酬(杨琼，2010)。

（二）能力

能力是一个在学术研究领域争议颇多，在实际应用领域较难界定和测量的个体心理品质(吴晓义，2006)。心理学最早开始对能力进行研究，而随着社会进步和学科发展，越来越多的学科对能力进行了研究和发展。不同学科从不同的研究视角界定能力的内涵，能力研究主要在心理学、哲学等领域达成了互成体系、互相区分的能力概念。

(1)心理学视域下的能力。心理学是对能力研究最早的，同时也是对能力研究最全面、最深入的学科。吴晓义(2006)将心理学对能力的研究分为三类：①潜能说，Otto 认为能力是"人在特定情境中无数可能行为的表现"，即潜能；②动态知识技能说，苏联心理学家彼得罗夫斯基则强调能力获得的动态性，认为能力体现在掌握知识、技能的动态上，即操作的速度、深度、难度和巩固程度等；③个性心理特征说，认为能力是符合活动要求并影响活动效果的个性心理特征的综合。而匡瑛(2010)将心理学家对能力的研究分为行为主义、认知主义、人本主义和建构主义四类，同时在研究演进过程中，对能力的研究从单一视角演化为对多视角的综合。

(2)在哲学研究领域，部分哲学家认为心理学的研究低估了能力的意义，他们更应注重能力的综合性，认为能力是个体综合素质在现实行动中所表现出来的，具有正确驾驭某种活动的实际本领。他们认为能力具有以下六个方面的内涵：①能力的显现性，能力是人内在素质的外在表现；②能力的全面性，能力包括德、智、体、美、劳各方面；③能力的可测性，能力是个体驾驭各种活动的本领及熟练程度；④能力的方向性与受动性，能力受日常行为、道德及理性的约束与引导；⑤能力的功能性，是个体在实际工作中的表现及其所获得的成果；⑥能力的属人性，能力离开个体即不存在，它依附于个体而发挥作用。可见，哲学视角中的能力即为个体的全面能力(杨琼，2010)。

（三）职业能力的内涵

学界普遍从职业能力的组成上对职业能力的内涵做出界定，认为职业能力是多种能力的综合，但各个学者对职业能力的组成部分有不同的看法。赵志群(2013)认为职业能力是个体在职业、社会和私人情境中科学的思维、对个人和社会负责任行事的热情和能力，是科学的工作和学习方法的基础。徐国庆(2008)认为可将职业能力的本质概括为知识与工作任务的联系，只是由于工作任务性质的不同，联系的具体内容也有所变化。吴晓义(2006)认为，所谓职业能力就是从事职业活动所必须具备的本领,包括从事职业所需的知识、技能、态度和个性心理特征等。英国学者 Stanton 认为能力不仅包括一般的知识、技能和态度,而且包括在具体情境中的理解与判断力,两者缺一不可,前者是后者的基础,后者是前者在实践中的有效运用(杨琼,2010)。

匡瑛(2010)对各国的职业能力概念进行比较分析,发现其中的显著差异:美国从个体充分、自由发展的角度理解职业能力,被称为人格本位的职业能力观;英国则从职业本身出发,通过职业资格这一中介实现教育与工作的对接,被称为资格本位的职业能力观;法国秉持知识本位的职业能力观,并体现在职业教育的学校本位模式中;澳大利亚整合能力本位的职业能力观;德国和日本则分别经历了从"岗位能力本位"的职业能力观到"复杂关系中"的职业能力观、从"素质本位"的职业能力观到"注重适岗"的职业能力观的转变。

吴晓义(2006)指出在能力本位教育的发展史上,先后出现过三种不同的能力概念:行为主义的能力概念、一般素质的能力概念和整合的能力概念。

(1)行为主义的能力概念。能力本位教育强调行为主义的能力概念,认为能力建立在对某一职业岗位所需能力的鉴别和陈述的基础上,一般是以特定的行为化目标来陈述所鉴别出来的操作技能的。行为主义目标运动鼓励教师把教学目标表述成可观察的学生的行为变化,通过对外显行为变化的判断确定教学目标是否达成。在这种行为主义能力观指导下的职业教育强调通过行为目标的实现提高学习者的技能,不关心任务(能力点)之间的联系,也较少或不关注心理特征在完成任务中的作用。

(2)一般素质的能力。一般素质的能力概念考虑到了行为主义的能力观在专业性教育中遇到的困难,注重基础知识、基本技能、现场技能、知行技能等必要的技能。其假设是:在工作中表现出色的人具有一些共同的个性特征,如方法能力和交流能力较强等。可将具有这些个性特征的人恰当地应用在具体任务中,并将其迁移到多个或全部工作情境中。它不考虑能力应用的情境,认为能力是一般层次的、独立于具体工作情境之外的知识、技能和态度。

(3)整合的能力概念。整合的能力概念是将一般素质与具体的工作情境结合起来的能力概念,认为能力是个体在现实的职业工作表现中体现出来的才智、知识、技能和态度的整合。人的一般个性特征和相关职业情境联系密切,这样才能反映出职业实践的整体性要求。最新的能力研究对能力的理解多数是综合性的,如有关工作过程知识和职业能力测评的研究。

二、职业能力分类研究

许多学者在对现有职业能力研究的基础上对职业能力进行了分类,如徐朔

(2006)对职业能力进行研究后认为职业能力包括专业能力和关键能力。其中专业能力指劳动者从事某一职业活动所必备的能力,关键能力包括解决实际问题的能力、交流合作能力等。学者们对关键能力的研究较多。德国学者 D. Mertens 首次提出"关键能力"概念,并系统指出,关键能力包括组织和执行任务能力、交往与合作能力、学习能力、独立性与责任感、承受能力,其他国家的学者也纷纷对关键能力包含的内容提出自己的看法,如表 2-3 所示。

表 2-3　各国对关键能力包含的内容的看法

国家	关键能力内容
英国	交流能力、解决问题能力、计算能力、信息技术能力、语言运用能力
美国	分配时间的能力;制订目标和突出重点目标的能力;分配经费和预算的能力;确定所需要的数据并处理和保存数据的能力;作为小组成员参与活动以及与他人交流的能力;了解社会组织和技术系统如何运行以及操作的能力;选择技术的能力;在工作中应用技术的能力
德国	社会能力:主要包括团队能力、沟通能力、分析计划能力、组织能力等;个性能力:承受能力、自我学习能力、识别问题并促进问题解决的能力、有责任感地处理事情,具有创新精神等
澳大利亚	收集、分析、处理信息能力,表达交流能力,规划组织能力,合作沟通能力,运用能力,解决问题能力等

职业教育专家姜大源先生指出,职业能力包括专业能力、方法能力和社会能力。其中专业能力是指劳动者所具有的从事该项职业的基本知识和基本实际操作能力,属于外在的显性能力;方法能力是劳动者对学习方法和工作方法的掌握和理解;社会能力是指如何为人、如何处世,特别是如何与他人共事的能力。后两者都是内在的隐性能力。

关于职业能力的构成主要有以下几种有代表性的观点:

(1)职业能力由核心职业能力、通用职业能力和特定职业能力三种能力构成。职业能力的基层平台是从事各种职业都必需的核心职业能力,如交流表达能力、问题处理能力、自我实现能力、管理能力、竞争能力、逻辑运算与空间想象能力、信息处理能力等。职业能力的形成框架是定向的通用职业能力,即某种职业领域一般应有的具有共性的普通职业能力。职业能力的最终结果是专门的特定职业能力,即专门职业岗位上、专业范围内符合专门工作要求的职业能力,它是职业岗位的最终表现。

(2)职业能力是指一个人从事职业活动的多种知识、能力、素质和思维的综合职业能力,包括业务能力、创新能力、灵活应变能力等。培养综合职业能力的根本性要求就是适应科学技术发展和社会发展变化的需要,高层次的技术结构必然要求高层次的复合人才结构与之相适应,这就要求从业人员有较高的知识水平及综合职业能力。

(3)职业能力指从事现代职业的能力,是心理、知识、素质、技能等在职业活动中的外在综合表现,包括基本能力、专业能力和关键能力构成。基本能力是指从事社会职业活动所必须具备的、基本的、通用的能力,它具有适用性、通用性和可迁移性等,是一个现代职业人必须具备的基本素质和从业能力,包括语言表达能力、文字表达能力、自理和自律能力、责任感、诚信度、计算机操作能力、基本的判断能力和辨别能力。专业能力是适应职业岗位的能力,是一名岗位技术人员所必备的能力,主要包括对专业岗位知识和工艺流程的掌握程度、工艺熟练程度、实践操作能力、检查维修技能以及新材料、新工艺、新技术、新设备的应用能力和推广能力等。关键能力也称核心能力,是指一种可迁移的,从事任何职业都必不可少的跨职业的关键性能力。

(4)职业能力由一般职业能力和特殊职业能力构成。职业能力就是一个人在学习活动、职业活动中形成和发展起来的,直接影响活动效率的,使职业活动得以顺利完成的个体素质和个性心理特征的综合能力。一般职业能力指人们从事不同职业活动都必须具备的共有能力,它广泛地运用于各种不同的职业活动中,并保证人们顺利地、有效地掌握职业知识和职业技能,是人们顺利地完成职业活动的基础能力,也是发展提高特殊职业能力的基础条件。特殊职业能力就是从事某种具体的职业活动必须具备的能力,主要指独立学习、获取知识和信息的能力。

三、职业能力评估研究

职业能力评估,即对特定职业(领域)的认知能力特征进行考查,检验其是否实现了职业教育培养目标。英国教育评论家艾利逊·沃夫认为,对职业能力的评估是对所期望的学习结果加以明确界定而发展起来的一种评估形式。在这种评估形式中,由于已确定了客观的评估标准,因此评估人员或感兴趣的第三者,对学习效果的判断不是基于某个主体的主观臆断进行的。澳大利亚就业与培训咨询委员会认为,对职业能力的评估就是收集证据,并按照能力标准,对该项能力的进步状况加以判断,并最终断定学习者是否达到相应能力的一个过程。鄂甜(2008)在对德国高职教育以操作技能为导向的传统考试模式进行简单介绍的基础上,着重介绍了当前德国高职教育采用的以过程为导向的整体工作任务的职业能力考试新模式的结构内涵、评估内容及评估方法。

科学的能力评估的基础,是在教育学理论基础之上建立科学的能力模型和测评模型。职业能力评估的研究主要围绕评估主体、评估内容和评估形式三个主题展开。

（一）职业能力评估主体研究

近年来，评估主体多元化已成为我国职业能力评估研究发展的一个重要趋势。鉴于我国高职院校对职业能力的评估都是以各任课教师自定评估内容与评估手段的做法，学者倡导以多元化的评价主体推进职业能力评估的改革，建立全面的、多视角、多层次的评估体系。焦孟洲（2009）认为，对职业能力的评估应由自身、同学、老师、家长及企业共同参与，这样能够从多个视角考查知识、技能与素质，同时也有助于更全面地认识自己。朱宝贵（2005）认为，要对能力进行评估，应建立由政府、中介评估机构、学校、企业等在内的多元化评估主体。张翠英（2007）认为，应采用多种渠道（如考试、自评、同学互评、教师评等）收集考评数据的方法对能力进行评估，以体现评估的科学性和可行性。然而，评估主体的权威性也同样重要。廖素清（2009）对德国、英国的高职教育质量评估进行了介绍，认为德国、英国的高职教育之所以得到社会认可，不仅是因为其教育培训质量高，还在于他们具有高质量的职业能力评估，权威的评估主体确保了职业能力评估的高效，使得职业能力评估得到社会的普遍认可。

随着教育改革的不断深入，学者逐渐认识到在职业能力评估过程中，单一的评估主体存在弊端，应建立多维评估主体，同时确保评估主体构成的权威性，以达到全面、科学、公正地测量职业能力的目的。

（二）职业能力评估内容研究

从现有研究来看，学者普遍认识到目前高职能力评估内容单一，未能反映高职院校人才培养特征，他们从不同角度提出了多样化的评估内容，为职业能力评估实践赋予了活力。贾新华（2007）提出，职业能力的评估体系应分为智育考核系统、文体活动考核系统、职业技能考核系统、德育理论与实践考核系统、特殊奖励与其他系统。周标等（2007）从基本素质、基本能力、发展能力及专业能力等方面构建了职业能力评估体系，并运用等级评定和等级状态方程式对职业能力进行了综合评分。田宝忠（2007）认为，职业能力的评估主要包括学业成绩与综合素质两个方面的评估，其中学业成绩是根据各学科标准进行的，评估对综合素质的评估则包括道德品质、公民素养、学习能力、交流与合作、运动与健康、审美与表现六个指标的评估。李良华（2009）从核心技能、行业通用技能和职业特定技能三个方面，包括5项一级指标和13项二级指标，构建了现代物流人才职业能力评估指标体系。李逸凡（2008）构建了核心能力的模糊评估模型，采用模糊评估方法确定各指标的权重系数。黄志坚（2007）通过建立数学模型，分析了构建指标体系的合理性及各指标的权重系数。方向阳等（2009）用因子分析法建立了一套高职院校人才培养质量评估指标体系,并采用客观赋权法对每个指标进行了权重赋值。蓝欣(2004)从技能标准制度、关键工作评估体系、职业群体系、职场成功技能体系和职业记录体系五个方面详述了美国职业能力评估体系,对建立和完善我国职业能力评估制度具有一定的启示作用。张俊茹等(2009)对德国职业学院的专业能力与非专业能力的具体评估内容、评估方法及评估形式进行了详细论述。宋春燕(2008)从评估主体、评估内容、评估监控、评估管理等方面对澳大利亚 TAFE(Technical And Further Education)学院人才质量评估体系进行了研究。

(三)职业能力评估形式研究

针对职业能力评估主要以期末笔试为主要评估依据的做法,各学者结合企业人才需求实际,对职业能力评估的形式进行了相关的探索。花有清等(2008)从学习过程和能力形成的角度提出形成性评估形式,以加强对学习过程的控制,及时反馈教学信息,提高教学效率和教学质量。陈罗湘(2008)等针对现有考核体系下考核结果缺乏客观性、权威性和公平性的问题,提出了"以证代考"形式。此外,张国清、梁师俊、许淑燕、褚海燕、汤向玲、陈涛、张翠英等学者从不同的视角探讨了职业能力评估形式,学者们的研究对本研究具有一定的借鉴作用。

美国学者 Ellen Weber 认为,对职业能力进行评估应该从以下方面进行:①评估方法的多样化。评估应根据评估目的,采用多样化的评估方法(如成长记录袋评估、真实性评估、小组合作评估以及标准化测验等)来评估,要将评估与教学紧密结合起来,通过评估过程来优化教学效果,促进能力发展。②评估主体的多元化。Weber 提倡充分发挥不同的人在评估中的有效作用,以加强他们之间的交流、沟通、理解与合作,让本人、同学、教师、父母以及社会等成员积极参与评估,以提高评估的真实性、有效性。他认为,参与对自己的评估,能对自己的学习负责,从而促进学习;同学之间相互评估,既能促进小组合作学习,也能使每个人看到他人的优点,反思自己的不足;父母参与评估,能有针对性地指导孩子的学习,纠正其不足;社会人员参与评估,能提高评估的公正性和客观性。③注重理论与实践的有机结合。多元智力理论、人本主义、合作学习理论、建构主义、标准化测验理论等都是评估工作开展和结果有效性保障的重要理论基础。

2008 年,起源于德国的国际 COMET 项目开始研究大规模能力诊断技术。由于 COMET 职业能力模型和测评模型引入了设计导向职业教育思想、行动导向教学原则、发展性任务和职业成长的逻辑规律理论等先进的职业教育理论,因此在国际职业教育界得到了广泛认同。

从以上论述可见,学者们已从不同视角对职业能力评估体系进行了探讨,并取得了一定的成果。但同时我们也应该看到,众多的研究都还是停留在浅层次的探索阶段,且侧重职业能力评估结果的管理作用与导向功能,而高技能人才职业能力方面的研究甚少,这也为本研究留下了空间,有待更深入的研究。

第三节　高等教育绩效评估研究

高等教育绩效评估最早出现于西方发达国家,是西方发达国家在其高等教育面临严重挑战的背景下,开发的一种适用于测量办学效率和效益的评估方法。高等教育绩效评估现在已经成为西方国家评估高等教育办学情况的有效工具,是国家制定教育政策、分配学校经费和加强学校管理的重要手段,在高等教育的管理和发展中起着重要的作用。自20世纪80年代以来,世界上大多数国家的高等教育都发生了翻天覆地的变化。各国高等教育的入学率都增长很快,都面临着管理庞大的高等教育系统的压力。入学率的增长给各国政府带来了财政上的压力。世界银行和联合国教科文组织的联合报告指出,许多国家的高等教育支出占国内生产总值的比率已经达到史无前例的高度。入学率的增长和财政压力的增大,使多数国家对高等教育的态度发生了变化,提高了对大学的期望。多数国家对高等教育系统的质量以及相关性提出了新的问题,许多国家建立了新的绩效标准,不少国家建立了集中的质量保障机制。

我国教育绩效评估研究开始较晚,现在还处于起步阶段。但我国高等教育取得了飞速发展,规模不断扩大,已经由精英教育转向大众化教育,高等教育的不断扩招在一定程度上解决了高等教育的供需矛盾。改革开放以来,我国的高等教育如同"凤凰涅槃",取得了持续、快速、跨越式的发展,不仅满足了广大人民群众的求学愿望,也为我国经济社会发展、科技进步和国防建设做出了巨大贡献。但由于高等教育规模跳跃式扩张、管理不到位等原因,高等教育存在的问题,引起了社会各界的广泛关注。问题主要有:地区间的大学教育发展质量失衡;不同大学占用教育资源不平等;大学运作机制不完善;国际的学术交流不足;大学与社会的交流有待深入;大学绩效评估机制亟待建立和完善。为了能够解决好这些问题,进一步提高高等教育的质量,建立一套较为完善的高等教育绩效评估指标体系是很有必要的。中央教育科学研究所在2009年率先组织了绩效评估,并出版了第一本《中国高等学校绩效评价报告》。中共中央、国务院颁布的《国家中长期教育改革和发展规划纲要(2010—2020年)》指出,要克服同质化倾向,要改进管理模式,引入竞争机制,实行绩效评估,进行动态管理。大学绩效评估作为一种评估的新形式,为我国高等教育绩效评估之路开拓了新的方向。

一、高等教育绩效评估的内涵

(一)绩效

"绩效"源于英文中的 performance,原意为性能、业绩、工作成果等。绩效虽在经济管理、公共管理等领域得到广泛应用,但却缺乏一个统一的定义。对于绩效的含义,最具代表性的三种观点是:第一种,绩效是行为。绩效是人们所做的与组织目标相关的、可观测的事情,绩效是具有可评估要素的行为,这些行为对个人或组织效率具有积极或消极的作用。第二种,绩效是结果。绩效是在特定的时间内,由特定的工作职能或活动产生的产出记录。第三种,绩效包括行为和结果两个方面,行为是达到绩效结果的条件之一。这三种观点主要源于微观层次的绩效管理,基于个体的角度来界定绩效内涵。一般将绩效理解为工作业绩、效益,它包括完成工作的数量、质量、经济效益和社会效益等。在考虑个体对于环境变化的适应性基础上,产生了适应性绩效的概念,它的提出把绩效内涵从工作的静态层面扩展到了对于环境的适应这样一个更高的动态层面。由于考察层级不同,绩效有组织绩效和个人绩效之分。组织绩效包含了效率、效果、效益、结果、成果、实现过程、价值等含义,它是客观存在的可度量的值。绩效受主客观多种因素影响,绩效的多因性、多维性和动态性决定了对绩效的理解离不开具体的研究环境,从不同层面、不同立场、不同领域出发,绩效内涵有不同的侧重点。

(二)绩效评估

绩效评估属于管理学范畴,最初应用于企业效益的评估,后来逐渐应用到其他组织的评估中。绩效评估是绩效管理的一个重要环节,绩效评估做得好坏、评估结果准确与否,直接关系绩效管理活动的效果,直接影响人力资源管理工作的成败。因此,对绩效评估应给予充分重视。依据评估实施的层次可以把绩效评估分为微观层面的个人绩效评估和宏观层面的组织绩效评估。其中,组织绩效评估是运用一定的指标体系对组织的整体运营效果做出概括性评估。

(三)高等教育绩效评估的内涵

高等教育绩效评估的基本理论直接来源于新公共管理的基本思想。新公共管理理论因主张对传统管理体制的变革,强调战略管理、绩效评估、市场竞争等而被广泛地应用于公共部门,并逐渐渗透到教育领域。朱惠倩(2009)强调了高等教育的复杂性和特殊性对高等教育绩效内涵的影响,并结合绩效的内涵,把高等教育绩效理解为整个高等教育系统为实现其长远发展目标而开展的活动的业绩、效率和效果,主要体现为高等教育系统产出、资源利用效率和对外部环境变化的适应能力。经济合作与发展组织则更加强调教育绩效评估对国家竞争力的影响,高等教育的绩效评估是对学校效能是否有效的评价。此外,部分学者认为,高等教育绩效评估是绩效评估这一管理手段在高等教育领域的运用。同时,他们从绩效评价的适用性入手进行研究,考察了在高等院校中实施绩效评价与在企业中实施绩效评价的根本性不同(郭芳芳等,2012)。

高等教育绩效评估不仅是一种价值判断,更是一种对今后国家教育发展规划的绩效责任。左一鸣(2013)通过对相关文献的阅读和梳理,认为高等教育的绩效评估主要应达成以下目标:促成学校改进,了解概况,引导学校改革重要机制;配合国家人才政策需求,提高国家竞争力;检视并控管教育的市场选择导向;利于国家对资助高等教育的分类选择。朱惠倩(2009)借鉴企业、政府、医疗等组织绩效评价的定义,结合前面界定的高等教育绩效内涵,认为高等教育绩效评价是为了准确掌握高等教育系统的绩效状况,促进高等教育的可持续发展,综合运用管理学、系统科学、统计学及数学等学科的理论和科学、规范的绩效评价方法,建立一套科学的绩效评价指标体系,对一定时期内的高等教育系统运行过程、资源利用的效率和对外部环境变化的适应能力等方面进行定量与定性相结合的分析和客观、公正的综合评判。

二、高等教育绩效评估的模式

各国对高等教育绩效的评估已成为追求卓越、提升高等教育质量的主流。王占军(2011)认为20世纪70年代是高等教育绩效评价的产生阶段。美国对大学的绩效评价可以追溯到1910年,经济合作与发展组织和其他几个欧洲研究中心就已经把绩效作为高等教育管理的基础性概念,而到20世纪70年代绩效评价的概念才得到普遍的认可,高等教育的绩效评价开始在较大范围内开展。20世纪80年代和90年代为高等教育绩效评价的全面推进阶段,这一阶段有关高等教育绩效评价的研究和实践得到了发展。1990年经济合作与发展组织考察了11个国家的高等教育绩效指标的发展和运用情况,高等教育绩效评价全面推开。

全球范围内的各国对高等教育绩效高度重视,形成了一些独具特色的评价模式,其中以质量保障为特色的英国模式、以认可制为主的美国模式和以自我评估为主的日本模式最具代表性。

(一)以质量保障为特色的英国模式

英国高等教育外部质量评价经历了三次转型。

(1)第一次转型——大学外部质量控制的生成。英国政府为了保障发展时期的质量,于1964年成立了全国学位授予委员会,负责多科技术学院的学位授予和质量审查工作,纯粹的大学自治方式终结,取而代之的是大学外部质量控制的生成。

(2)第二次转型——围绕大学自治的博弈。1992年以后,质量评价系统经过一段时间的运作,无论是政府还是院校都感觉到评价工作的重复和烦琐。大学校长联席委员会和基金委员会共同出面成立了质量保证联合规划小组,研讨适宜于英国高等教育的外部质量评价系统。整合两个评估机构,成立单一机构统一负责全国范围内的高等教育质量评价工作应运而生。

(3)第三次转型——以学生为中心的检视机制。2012年5月,出版了院校检视手册。经过多方咨询和修正,2013年6月正式发布了《高等教育检视:用户手册》,新的评估质量和标准都围绕学生展开。

如图2-1所示,英国高等教育质量评估体系由高等教育质量保证局评估、高校内部自评和社会评估等组成。英国的大学质量评估四年为一个周期,以课程评估为主,先由学校分学科进行自我评估,再由外部评估小组实地评访,强调绩效责任导向,结果为经费分配提供参考。学术质量评估以六年为一个周期,每个周期分为两期,每期三年。评估的范围包括专科、本科院校与研究生院的学习领域。品质评估主要是对学习的结果标准(包括既定学习结果的适当性、课程内容与学习评估的效能及学习成绩)与学科的学习机会品质(包括教学效能、学习的资源与行政服务)两个层面进行评估,并出具报告。表2-4显示了英国大学绩效评估机制的评估团体、管理机关、经费来源、评估方法、评估实施、结果运用等重要内容。

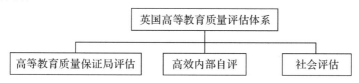

图 2-1　英国高等教育质量评估体系

表 2-4　英国大学绩效评估机制的重要内容

各方面	评估团体		
	各大学	高等教育质量保证局	高等教育研究评估小组
管理机关	各大学自行管理	高等教育经费委员会契约委托的独立法人机构	高等教育经费委员会、具官方色彩的研究机构
经费来源	各大学自行付费	教育经费补助	政府预算
评估方法	品质控制	品质审议	品质评估
目的导向	改进导向	改进导向	绩效责任导向

续表

各方面	评估团体		
	各大学	高等教育质量保证局	高等教育研究评估小组
评估实施	内部评估	外部评估	外部评估
评估类型	课程评估、职员评估	学校评估（教学质量）	课程评估（研究质量）
实施方式	各校自定（例如全面品质管理、品质管理）	自我评估、同行评估	自我评估的外部检验、外来访问评估
评估标准性质			有质也有量的指标，由高等教育机构管理委员会制订
报告处理方式	不对外公开	由 QM（质量管理）公布	总结性判断并分等级公开发布
结果运用	各校自我改进依据	鼓励大学里有评估结果，以求改进	为经费分配提供参考

（二）以认可制为主的美国模式

美国是较早对高等教育实行绩效评估制度的国家之一，美国在 2006 年出台的《美国高等教育行动计划》的纲领中指出，高等教育体系的基础要由声誉为本向绩效为本转变。美国的高校绩效评估实行的是认可制度，并作为提升其办学绩效的策略。认可制度是美国特有的概念，由大学教育机构或专业协会形成自愿性的非官方组织，利用学校自我评估以及专家评估的方式，检视被评估学校是否达成自订的目标，并符合评估的标准，对于符合或超越最低教育品质标准的学校给予公开，鼓励及协助各校从事评估工作，进而改进学校教育的品质（左一鸣，2013）。

认可制度主要包括自我审核与外部评估两种方式，其中自我审核是整个认可活动的核心。首先，受评学校进行自我评估，并将自我评估结果报告交给区域认可机构并提出认可申请；其次，区域认可机构组成外部专业同行评估小组，依据受评机构的自我评估结果、机构或学程的宗旨或教育目标、认可机构制订的认可标准等对受评机构进行实地访视和评估，并出具评估报告，分别送交认可机构及受评学校；第三，受评学校对专业同行评估小组的报告给出正式意见回馈；第四，区域认可机构根据受评学校的自我评估报告、专业同行评估报告及机构的意见做出"认可""不认可""再认可"的决定，必要时认可机构可要求进行追踪评估并提出报告;最后,受评学校接受周期循环评估。

美国联邦政府不直接参与评估活动,但是认证组织需要经民间的高等教育认证委员会和官方的联邦教育部认可后方能进行活动。每五年要重新认证一次,美国的高等教育委员会对高等教育机构的认可活动是整个认可制度的核心。在美国,院校认证与专业认证互为补充。进行院校认证时,专业课程及其质量情况要作为院校工作的一部分接受审查;进行专业认证时,院校的整体情况也要加以考虑,通过院校认证后才能进行专业认证。2013 年,美国约有 8000个机构及 21000 个专门领域通过认可,取得了认可资格。

(三)以自我评估为主的日本模式

为赋予大学更高的自主性,使其能更加灵活地适应外在的变迁,日本大学审议委员会于 1991 年提出大学自我评估的义务,在给予大学自主性的同时,也要求大学提升自我负责的能力,自我评估的需求应运而生。日本的大学绩效评估在进行评估前要先制定规章,使评估人员与受评单位都可以有所依循。评估以自我评估为主,第三方评估为辅。第三方评估机构分别为受政府经费补助的大学评估及学位授予机构和民间第三部门的大学基准协会与日本高等教育评估机构,法律规定大学可自主选择任何一个机构办理大学评估。评估内容的基准项目是以教育活动为中心的 11 个项目,评估流程包括评估前教育训练、自我评估、书面审查、访问调查及评估报告书公布,而大学评估与教育经费补助密切相关。

三、高等教育绩效评估的意义

(一)落实科学发展观的客观要求

科学发展观认为,任何一项建设,都应当是既满足当前需要,又要为今后发展创造有利条件,是需要与发展的辩证统一。随着高等教育的扩招和教育的大众化,有的高等学校追求一时的大规模快速发展,忽视了质量和效益的提高以及资源的合理配置和有效利用。从科学发展观的要求来说,高等学校的发展要从客观实际出发,严格遵循办学规律,在全面分析发展趋势和学校自身的发展定位的基础上,抓住机遇、把握时机、争取政策,不能盲目求大,以避免因决策失误、规划不合理所造成的资源利用率低、重复建设、运行费用高等浪费现象。要建设定位准确、布局合理、功能齐全、环境协调的现代高等学校,使师生有良好的学习、工作、生活和发展的环境。必须进行绩效评估,提高效益意识,在办学中实现低投入、高回报、高效益。

(二)高等教育教学质量评估发展的必然结果

20 世纪 80 年代以来,针对社会公众对高等教育质量的普遍质疑,高等教育质量保障运动蓬勃兴起,许多高等教育从内部管理入手,纷纷建立高等教育质量内部保障体系,世界高等教育进入了以提高质量为中心目标的时代。近几年,中国高等教育扩招,也使中国的高等教育质量问题进一步凸显。有的高等教育为了短期利益,降低了入学要求,忽视了办学质量。人们对高等教育的评估,考生对高等教育的选择,市场对高等教育的竞争,归根到底取决于人才的质量。基于此,教育部对本科教学工作水平的评估已经作为一种制度被确定下来。但是,以往对高等教育的各类评估和排行,一般只考虑实际取得的成效,而相关的投入很少考虑在内,有的高等教育在经费预算被批准、财政资金落实后,在执行过程中缺乏有效的控制,忽视了投资绩效和办学成果的实现,造成资金使用效率不高,甚至出现盲目投资造成浪费的现象。在此情况下,通过科学有效的绩效评估,能够指导高等教育资金管理向绩效化转变,降低成本,注重产出与效果的实现,提高办学效益,真正使绩效评估成为高等教育的教育质量保证与提高得到落实和可控的手段。

(三)建设节约型高等教育的必然选择

建设资源节约型社会,是我国在新的历史条件下的战略选择。教育资源是社会资源的重要组成部分,建设节约型高等教育,不仅是高等教育自身发展的需要,更是高等教育应有的社会责任。创建节约型高等教育,是建设资源节约型社会的迫切需要,而建设节约型高等教育,保障高等教育的可持续发展,就要以人才培养、科学研究、服务社会为目标,树立节约发展的新理念,运用市场经济手段,最大限度地盘活存量、寻求增量、扩大总量,把市场经济的经营意识、经营机制和经营方式等运用到大学的建设和管理中。坚持勤俭节约,以实现大学资源配置容量和效益的最大化、最优化,使高等教育走上节约发展、科学发展的轨道。

四、高等教育绩效评估国内相关研究动态

国内关于高等教育绩效评估的研究较少,研究起步也较晚。目前的研究主要有从教育评估制度整体出发的研究,也有对高等教育绩效评价的指标体系构建、实际测评等方面的研究,同时不乏对国外经验的介绍和比较研究。

在高等教育绩效评价体系的研究方面,关于指标体系构建的文章占据了主导地位。陈蓉(2006)从宏观学校教育绩效角度构建了包含效率型指标、风险型指标、延续型指标和效益型指标的教育绩效评价指标体系。朱惠倩(2009)以高等教育绩效评价的目标为指导,提出了高等教育绩效评价的基本思路,把高等教育绩效分为内部绩效和外部绩效。内部绩效在高等教育系统内部得到体现,并进一步细分为内部产出绩效(只考虑产出)和内部运行绩效(同时考虑投入与产出,尤其是资源的利用效率)两个层次;外部绩效则把高等教育系统置于经济社会系统中,从高等教育系统对经济社会环境的适应(即是否满足经济社会系统对它的需求)的角度来体现。付泳等(2006)认为,农村教育绩效评价在宏观层面就是考察农村教育能否促进农村人口素质的全面发展,农村教育结构和体系是否协调,农村和城市教育资源配置是否均衡。陈蓉(2006)认为,教育绩效评价的对象是整个教育教学系统及组成部分,评价目的是在有限资源条件下实现教育的长期目标,指出绩效评价应当综合考虑时间、行为方式和结果三个因素。

高等教育绩效评估制度方面,不少学者主张建立以绩效为核心的高等教育管理模式。张男星等(2012)所著的《高等学校绩效评价论》一书,从理论上对高等学校绩效评价的理论原理、指标体系、国际比较和中国探索等方面进行了深入探讨,从实践上进行了深刻总结,对于开阔对高校绩效评价的认识视界、理解高校绩效评价在中国特色现代大学制度建设中的作用、建立高校绩效评价的"中国模式",无疑有着重要的启示。顾海良(2013)认为,高校绩效评价对于高校改革和发展,对于提高高等教育质量都有着重要的意义。高校的绩效评价是高校评估体系的有机组成之一,在对高校的综合评价中,要把握绩效评价的特色和优势,并结合其他评价的长处。祁占勇(2013)认为,高校绩效管理能够激励教职员工业绩持续提升并最终实现高校战略目标,具有学术性、人本性、复杂性、效能性的本质特征。在高校绩效管理过程中,要坚持教学学术化、学术权力本位、以公平促效率、以规范促发展的价值取向,从而使高校绩效管理服从公益性目标。

高等教育绩效研究为高职院校人才培养绩效评价机制构建奠定了基础。从现有研究看,国内研究对高等教育绩效评价都侧重于评价学校教学过程和办学构成要素,多从教育投入、办学定位、教学活动、办学定位等过程开展评价。而且,研究大多侧重外部监管和内部评价,忽视了学生、教师两个直接参与主体对人才培养绩效的感知,因而无法从真正意义上稳定和提高人才培养效果,改善教育服务质量。正如博格·霍尔所说:"在所有人中,毕业生本应是最有资格评价所在大学服务的,并且能够提出建议使其改进服务。"学生作为人才培养最直接、最深入的参与者,对教学质量的感知在教育绩效评价中不容忽视,教师亦如此。从学生或教师等参与主体视角出发进行人才培养绩效或教育质量评价,才能引导高职院校进行教育教学改革、摆脱办学趋同现象,走向多样化、特色化、个性化办学正途。

第三章 高职高技能人才培养理论概述

随着社会经济的发展和高等教育大众化进程的加快,高等职业教育取得了长足的发展,并成为我国高等教育的重要组成部分。那么,这些高职院校在培养什么人?如何培养?效果如何?这就涉及在一个明确培养目标定位下高职人才培养绩效评价的问题。也就是说,对高职高技能人才培养绩效评价的研究,应基于对高职教育培养目标等关键理论的深刻理解与认识。因此,有必要对高职高技能人才培养的一些关键性理论要素加以厘清,就培养目标、理论内涵及培养模式进行简单阐述,这才有利于正确把握高职高技能人才培养绩效评价的理论内涵。

第一节 高职教育的培养目标

高职教育培养目标是高职教育人才培养理论中的一个核心问题。通过对高职教育培养目标的历史演变分析,将其与中职、本科教育培养目标进行比较,达到准确理解和全面把握国家对高职教育培养目标定位的科学性,以期能在高职教育培养目标的准确定位下理解高职高技能人才的概念内涵。

一、高职教育培养目标的历史演变

所谓目标,是指人们想通过行动而达到的目的,指称由此而出现的任务,也指称发生在行动之后并且作为重点而表现出来的结果。而培养目标,是指根据一定的教育目的和约束条件,对教育活动的预期结果,即学生的预期发展状态所做的规定。培养目标属于教育理论研究和实践活动过程中的一个核心概念,其对象是具有主体性的人,是把人塑造成什么样的人的一种预期和规定,是教育活动的出发点和归宿。

高等职业院校作为培养高技能人才的摇篮,担负着培养高技能人才的重任。随着时代形势的不断变化,社会需求对高职教育也产生了重要影响,并提出了新的要求。面对这一新形势和新变化,研究高职教育的培养目标就显得尤为重要。高职教育的培养目标既是社会需求的归结,又是制订教学计划的开端,更是高职教育人才培养的基本要求。所以,培养目标是否科学,直接影响高职教育人才培养的质量。

20世纪90年代以来,国家有关文件和重要会议对高职教育培养目标做出了不同表述。

国务院发布的《关于大力发展职业技术教育的决定》指出:"积极推进现有职业大学的改革,努力办好一批培养技艺性强的高级操作人员的高等职业学校。"1995年,国家教委召开全国高等职业教育研讨会,会议指出,高等职业教育的培养目标是造就在生产服务第一线工作的高层次实用人才。1996年,全国职业教育工作会议指出,高职培养实用型、技能型人才,优先满足第一线和农村地区对高等应用型人才的需要。2000年,教育部发布的《关于加强高职高专教育人才培养工作的意见》指出,高职高专教育培养"适应生产、建设、管理、服务第一线需要的,德、智、体、美等方面全面发展的高等技术应用性专门人才"。

在经历了上述"高级操作人员""高层次实用人才""高等应用型人才""高等技术应用性专门人才"等表述上的变化后,教育部发布的《关于以就业为导向,深化高等职业教育改革的若干意见》明确指出,高职教育要"培养面向生产、建设、管理、服务第一线需要的'下得去、留得住、用得上',实践能力强,具有良好职业道德的高技能人才",人们才开始广泛认同了"高职教育培养高技能人才"的说法。而这一培养目标的内容也同时从应用性、实践性、职业道德等多角度涵盖了高职高技能人才所要具备的素质。

2006年,教育部发布的《关于全面提高高等职业教育教学质量的若干意见》指出,"高等职业教育作为高等教育发展中的一个类型,肩负着培养面向生产、建设、服务和管理第一线需要的高技能人才的使命,在我国加快推进社会主义现代化建设进程中具有不可替代的作用","要全面贯彻党的教育方针,以服务为宗旨,以就业为导向,走产学结合发展道路,为社会主义现代化建设培养千百万高素质技能型专门人才,为全面建设小康社会、构建社会主义和谐社会做出应有的贡献"。并进一步明确地把高职教育的培养目标规定为"为社会主义现代化建设培养千百万高素质技能型专门人才"。2010年,国家颁布了《国家中长期教育改革和发展纲要(2010—2020年)》,其中深刻指出了职业教育要"满足经济社会对高素质劳动者和技能型人才的需要"。可见,随着时代的发展,人们不断地赋予高职教育培养目标新的内涵,在肯定高职教育培养高技能人才的同时,强调了高素质和专门性。

二、高职、中职、本科教育培养目标的比较分析

高职教育既是高等教育的重要组成部分,又是职业教育中的高层次部分,所以高职教育的培养目标就中职教育、本科教育而言,具有一定的特殊性。

（一）高职教育培养目标与中职教育培养目标的比较

2000 年,教育部发布的《关于全面推进素质教育、深化中等职业教育教学改革的意见》指出:"中等职业教育要全面贯彻党的教育方针,转变教育思想,树立以全面素质为基础、以能力为本位的新观念,培养与社会主义现代化建设要求相适应,德智体美等全面发展,具有综合职业能力,在生产、服务、技术和管理第一线工作的高素质劳动者和中初级专门人才。"2010 年,教育部发布的《中等职业教育改革创新行动计划(2010—2012 年)》指出:"要加快培养数以亿计的具有良好职业道德、必要文化知识、熟练职业技能等综合职业能力的高素质劳动者和技能型人才,为我国社会主义现代化建设提供更大的智力支持、技能支撑和人才贡献。"

可以看出,中职教育与高职教育的人才培养目标中都包含了"一线工作""高素质""技能型"等元素,但前者作为中等教育,后者作为高等教育,显然处于职业教育的不同阶段,是两种不同的学历和技术资格的教育,两者的培养目标所要求达到的级别也明显不同。

2005 年国务院颁布的《关于大力发展职业教育的决定》中明确提出,我国的职业教育要"以服务社会主义现代化建设为宗旨,培养数以亿计的高素质劳动者和数以千万计的高技能专门人才"。换言之,中职教育需要培养的是"数以亿计的高素质劳动者"和"中初级专门人才",这是一种面向人人、面向社会的普及化的职业基础教育,其基础知识的掌握程度只要求达到或接近中学(高中)阶段水平。从技术资格和等级方面看,中职教育培养层次相当于中级技工培训层次,而高职教育需要培养的是"数以千万计的高技能专门人才"。显然,相对于中职教育的"数以亿计",高职教育培养的"数以千万计"的人数规模目前仅限于部分人,属于高级专业人才培养的范畴,其基础知识的掌握程度应达到大学水平,培养层次相当于高级技工培训层次,而不是普及化的职业基础教育。

（二）高职教育培养目标与本科教育培养目标的比较

《国家中长期教育改革和发展纲要(2010—2020 年)》指出:"高等教育承担着培养高级专门人才、发展科学技术文化、促进社会主义现代化建设的重大任务。"这意味着,高职教育和本科教育在人才培养过程中的根本方向是一致的,关键是培养"高级专门人才",但两者作为高等教育发展中的不同类型,在人才培养目标定位和人才培养规格上仍存在不同。

本科教育强调学术性、专业性和基础性,因此在培养过程中侧重于培养学术水平较高的研究、教学、规划、决策、工程、设计等人才。如北京大学将本科教育培养目标表述为:培养具有良好人文素养和科学精神,独立自主的学习能力,基础扎实、知识全面、适应力强的高素质人才；全面施行通识教育和宽口径专业教育相结合的基础教育。也就是说，本科教育着重培养较扎实地掌握本学科、专业必需的基础理论、基本知识，并具有从事科学研究工作或担负专门技术工作初步能力的高级人才。知识的讲授不仅要向学科内部纵深发展，还要注意学科间的横向关系。"厚基础、宽专业、强能力、高素质"是其培养人才的规格要求。而高职教育强调的是职业性、技能性和专门性，着重于培养一线的具备良好职业道德和素质的高级技术型人才，这就要求其培养的学生具备必需的理论知识，具有某一专门技能，能从事某一种职业或某一类工作，是技术向生产力转换的直接体现者，其知识的讲授应以能用为度，以实用为本。

　　明确了高职教育培养目标与中职教育、本科教育培养目标的联系与区别，也就明确了高职教育培养目标的基本内涵。虽然高职教育从培养"高技能人才"到"高素质技能型专门人才"发生了表述上的变化，但从其相对于中职和本科教育而言，"高技能"才是高职教育的特殊性、关键性、实质性元素，这也为"高职高技能人才"概念内涵的界定提供了参考。

　　高职、中职与本科教育的比较如表 3-1 所示。

表 3-1　高职、中职与本科教育的比较

比较的角度	高职教育	中职教育	本科教育
培养使命	培养面向生产、建设、服务和管理第一线需要的高技能人才	培养数以亿计的具有良好职业道德、必要文化知识、熟练职业技能等综合职业能力的高素质劳动者和技能型人才	培养较扎实地掌握本学科的基础理论、专门知识和基本技能，并具有从事科学研究工作或担负专门技术工作初步能力的高级人才
课程设置	以培养岗位适合性强的技术性岗位人才为主，体现专业的技术属性；在以就业为导向的基础上，相比于中职教育更重视专业体系和知识结构	以就业为导向，培养有从事特定职业所必需的基本技能的人才	考虑理论知识的系统化、完整性，知识结构的相互衔接和学生未来发展的需要；公共基础课＋专业理论课＋专业课
实践教学要求	实训中心尽可能模仿现场情境，必须能够满足学生反复训练的要求；在内容上注重实践教学的真实性、现实性	侧重于学生的实际操作，培养的技能往往具有基础性或单一性	以发现问题、分析研究问题为重点，开展研究性、探索性技术训练和素质培养，为学生以后的创新发展奠定基础
教育层次	高等教育	中等教育	高等教育

第二节　高职高技能人才的内涵

高职高技能人才的内涵与特征是高技能人才培养的重要理论基础,也是开展高职高技能人才培养绩效评价的关键。高技能人才作为我国人才队伍的重要组成部分,在加快产业优化升级,提高企业竞争力,推动技术创新和科技成果转化等方面发挥着举足轻重的作用。作为培养高技能人才的基础环节,高职教育极大地影响了高技能人才培养的速度、规模和质量,出现了"高技能人才"与"高职高技能人才"之说。这两者之间有共通性,但也存在差异,在厘清高技能人才与高职高技能人才概念的基础上,比较与分析两者内涵的共性与个性,比较与思考两者的概念内涵与培养模式,对于推动我国高职高技能人才培养,发展和完善高技能人才队伍具有重要意义。

一、高技能人才与高职高技能人才的概念界定

(一)高技能人才概念界定

技能就是掌握和运用专门技术的能力。因此对于高技能人才的定义,我国学术界大多从掌握的技术熟练程度之"高"入手进行规范与补充,认为高技能人才是进行高技能动作操作的人,应具有高超的动手能力,也是具有手脑并用能力的人,应具有一定的组织协调及管理能力,还是具有丰富的实践经验及较强创新能力的人。

2007年,劳动和社会保障部发布的《高技能人才培养体系建设"十一五"规划纲要》中明确指出:"高技能人才是在生产、运输和服务等领域岗位一线的从业者中,具备精湛专业技能,关键环节发挥作用,能够解决生产操作难题的人员。主要包括技能劳动者中取得高级技工、技师和高级技师职业资格及相应职级的人员。"这一定义除了规定高技能人才的技能标准外,还拓展了在社会贡献、职业资格等方面的内涵。

2011年,中组部、人社部发布的《高技能人才队伍建设中长期规划(2010—2020年)》指出:"高技能人才是指具有高超技艺和精湛技能,能够进行创造性劳动,并对社会做出贡献的人,主要包括技能劳动者中取得高级技工、技师和高级技师职业资格的人员。"这一概念在先前定义的基础上,新增了"能够进行创造性劳动"的提法,强调了高技能人才的创新创造力,体现了新形势下高技能人才的时代需求和新特点。

综上所述,高技能人才是指具有一定的理论知识、精湛的技艺技能及较高

的综合素质,能进行创造性劳动并对社会进步和经济发展做出贡献的人,主要包括技能劳动者中取得高级技工、技师和高级技师职业资格及相应职级的人员。

(二)高职高技能人才概念界定

在上一节中,我们一一分析了 20 世纪 90 年代以来,国家有关文件和重要会议对高职教育培养目标的不同表述,也逐步明确了高职高技能人才概念内涵中所涵盖的技能性、应用性、实践性、职业道德等要素。学术界围绕高职高技能人才内涵展开了讨论,分别从人才特征、培养内容、素质条件等多方面进行研究,但概念定义往往不够明确。

结合高技能人才的概念,我们认为,高职高技能人才是指经过高等职业教育的培养和训练,掌握必要的公共理论知识和专业技术知识、较高的技术技能以及良好的综合素养,能够适应生产或服务一线工作需要且能较好地处理和解决某些关键的技术性复杂问题的高素质人才,并且经过第一线工作岗位的锤炼以及有针对性的具体培训,一部分人才可迅速成长为高技能人才。

二、高职高技能人才与高技能人才内涵的共性与个性解析

(一)高职高技能人才与高技能人才的共通性

在"高技能人才"前冠以"高职"二字,意味着是在高职教育培养下的高技能人才,与"高技能人才"存在相通之处。

第一,知识基础好,技能水平高。知识丰富、技艺超群是高技能人才最显著的特征。当代的高技能人才已不局限于掌握传统的手艺和绝活,还要学习和掌握专业技术技能方面的知识与理论,在实践中总结提炼出新的知识与方法,从而精通本专业岗位群的技艺技能。对高职高技能人才而言,院校培养模式下的学生不仅要具有丰富的专业理论知识,更要学以致用,通过实训和实践掌握和熟悉专业技能,能够独立解决技术操作难题。所以,无论是高技能人才,还是高职高技能人才,都应是手脑并用的知识技能型人才。

第二,综合素质高,创新能力强。除了知识与技能并重,解决生产实践难题的能力、组织协调及管理的能力、职业道德、心理素质等综合素质的不断提升,也是高技能人才不可或缺的素质。值得一提的是,对高技能人才的要求还要突出创造性劳动,在工艺革新、技术改良、流程改革以及发明创造等相关技术领域中表现出较高的创造能力和创新水平。同样,高职教育重视对学生综合素质的培养及创新创造能力的挖掘,通过人文教育、社团活动、技能大赛、创业教育等多种形式的活动,打造综合素质高、创新能力强的高职高技能人才。

第三,应用能力强,时代嗅觉灵。高技能人才是"生产、运输和服务等领域岗位一线的从业者"，高职高技能人才是"面向生产、建设、管理、服务第一线需要的'下得去、留得住、用得上'"的人才，两者都属于面向社会一线的应用性人才。随着产业结构的转型升级，区域经济的不断发展，对高技能人才提出了新的要求。换言之，不同时代，不同产业背景，对高技能人才的要求是变化的、动态的。当今的高技能人才和高职高技能人才如果不能坚持不懈地学习提高、与时俱进，就不能胜任未来社会高技能岗位的需要。

由此可见，高职高技能人才与高技能人才是集知识性、技能性、综合性、创新性、应用性、时代性等"六性"特征于一体的人才综合体。

（二）高职高技能人才与高技能人才的差异性

虽然在理论上人们认同了"高职教育培养高技能人才"一说，但在实践中，高职教育还存在实践教学薄弱、课程与国家职业标准结合不紧密、学生技能训练不足等问题，致使高职院校培养出的人才并没有上升到高技能人才的高度，与严格意义上的高技能人才，还有一定距离。

第一，学历层次不同。高技能人才培养途径可分为企业培养、院校培养、校企合作培养等，这也决定了高技能人才学历层次的多样化，不仅包括大中专和本科学历，也包括了研究生学历等。而高职高技能人才，属于高等职业教育培养模式下的高技能人才，属于应届专科毕业生，体现了高教性的特点。近几年也有一些办学实力比较强的高职院校与本科院校合作，培养本科层次的高职生，但招生人数很少。比如温州职业技术学院从 2015 年开始，与温州大学联合培养 50 名本科层次的高职学生，由温州职业技术学院负责招生和培养，但发温州大学的毕业文凭。

第二，社会能力不同。高技能人才是"生产、运输和服务等领域岗位一线的从业者"，在某一具体行业、岗位已从业多年，具有丰富的一线岗位实践经验，其指导能力、管理能力、社会影响力随着经验的增加已得到提升，对企业和社会都产生了实际效益，属于名副其实的社会应用型人才。而高职高技能人才作为应届毕业生，还未真正走上工作岗位，实践经验欠缺，严格来说，只能较好地适应生产或服务第一线工作需要，而只有经过第一线工作岗位的锤炼以及有针对性的具体培训和训练，完成从适应性到应用性的转变，才能成为真正意义上的高技能人才。虽然高职高技能人才的社会贡献、组织管理等社会能力相对薄弱，但他们的知识接受与更新能力、信息处理能力等会更容易养成和提升。

第三，技能水平不同。高技能人才一般是身怀绝技的一线操作能手，在工作实践中精通岗位群通用的技术技能，能较好地完成技术比较复杂或非常规性的工作，独立有效地解决关键性操作技术和工艺难题，并随着基层工作经历的增长，经验知识积累更加丰富，技能水平提升更快。高职高技能人才大多通过课堂培养、实践实训、职业技能竞赛、校企合作等途径实现技能知识的迁移与技能水平的提升，职业技能巩固和实操的时间相对有限，这与高技能人才在现场一线的生产实践操作不同。无论是技能理论知识的体会转化，还是实践操作技能的巩固提高，都会产生不小的差距。

第四，综合能力不同。高技能人才是集科学知识、工作能力、操作技能于一体的综合性人才，注重社会贡献力、管理能力、组织能力、协调能力等多方面能力的提升，并能紧跟时代步伐，适时"充电"，满足时代生产需求。

第五，职称等级不同。高技能人才主要包括技能劳动者中取得高级技工、技师和高级技师职业资格及相应职级的人员，也就是说，只有获得高级职业资格才能被视为高技能人才。然而绝大多数高职院校的职业资格鉴定限于初、中级（国家职业五、四级），只有极少数高职院校试行了高级技工鉴定，因此绝大多数高职院校不具备高技能人才的职业聘任资格。有些专业设置的覆盖工种的最高职业评定标准缺少高级技工的评定，导致了高职高技能人才无法迅速成长为高技能人才。

不难看出，高职院校处于技能人才培养的高层次位置，由高职教育培养的学生掌握了必要的专业理论知识和较高的应用性技术、技艺和技能，但只有经过第一线工作岗位的锤炼才能迅速成长为真正的高技能人才，可称为高技能"准"人才。

三、高技能人才培养的理论基础

在社会生产力和经济活动形式由以体力劳动为主的传统农业经济向以脑力为主的现代工业经济转化的过程中，人力通过其实现形式——劳动发挥着作用。随着生产活动由注重劳动力的量向注重劳动力的质转变，劳动也逐步变得复杂起来，高技能人才成为人类社会发展和进步的宝贵财富。由此，人力资本问题、劳动技能培训问题愈发受到人们关注，相关理论的提出和发展，为高技能人才培养提供了重要的理论基础。

（一）人力资本理论

经济学理论对人的劳动的认识经历了一个不断发展的过程，古典经济学的传统观念中，简单地将劳动视为不需要知识和技术的单纯的体力劳动，或者说是一切劳动者生来具有的同质能力。直到 20 世纪中叶，美国经济学家、人力资本理论奠基人西奥多·W. 舒尔茨系统地提出了人力资本理论之后，这种观念才被扭转过来（王彦军，2008）。舒尔茨（1992）认为人力资源是一切资源中最主要的资源，人力资本理论是经济学的核心问题。在经济增长中，人力资本的作用大于物质资本的作用，当代劳动生产率的提高，是人力资本大幅度提升的结果。人力资本的投资收益率高于一切其他形态资本的投资收益率,人力资本的核心是提高人口质量,教育投资是人力资本投资的主要形式。

20 世纪 60 年代以后,罗伯特·卢卡斯和保罗·罗默等人采用数学建模方法,创立了以人力资本为核心的专业化人力资本模型、内生经济增长模型,在学术界产生了重大而深远的影响,并进一步发展了人力资本理论。卢卡斯认为,人力资本是经济增长的发动机,人力资本具有正的外部性和溢出效益。人力资本具有内部效应,即个人拥有的人力资本可以给他人带来收益;也具有外部效应,即个人的人力资本有助于提高所有生产要素的生产率。物质资本生产部门在人力资本外部性的作用下呈现收益递增的趋势,劳动者从正规或非正式教育与培训中所积累的人力资本对经济增长具有重要作用。

贝克尔等人的研究进一步丰富和发展了人力资本理论,研究内容日益扩充。至今,人力资本理论已经成为西方经济学的重要组成部分。贝克尔(2007)特别强调,教育和培训是一种对人力资本进行增值的投资。一个人通过教育和培训获得了生产技能,从而增加了收入,这就是他的教育收益。受过职业培训的个体由于适应了市场需要,比那些未受过培训的个体更容易获得雇佣和取得较高工资。职业培训与个体在劳动力市场中的位置密切相关,个体通过职业教育获得职业知识和学术知识,掌握技术技能,增强在劳动力市场的竞争能力,从而提高收益。

(二)劳动技能形成与学习理论

技能培训是高技能人才培养的重要环节,英国教育界学者、政府决策部门自 20 世纪 80 年代就开始对劳动者的技能形成问题进行研究。近年来世界各国的关注程度更是有增无减,劳动技能相关理论层出不穷,具有代表性的主要有技能形成理论、动作控制理论、操作技能的学习阶段理论。

1. 技能形成理论

实操训练是获得技能的基本途径之一。没有实践,无论多么有天赋的人,都不可能拥有高技能。Fitts(1964,1965)提出的著名的技能形成的自动化理论认为,实践(或练习)推进了转化过程,是反复的实践使得彼此分离的操作单元越来越多地连接起来,并整合为一个整体,从而简化了操作程序,降低了难度,提高了速度和准确性。Fitts 等人进一步用练习递增律来解释这一过程:随着练习或实践次数的增加,操作改进的速度递减,但是改进的绝对水平不断提高(高岩,2008)。

然而,以英国莱斯特大学劳动力市场研究中心 Ashton 教授为代表的技能形成理论认为,可以把技能形成体系概括为正规学校教育和业界职业培训两个系统在既定制度下的结合体,两者的结合方式决定了技能形成体系的特征与机制(吴冰等,2014)。一个经济体的技能形成除了受生产系统(技能需求方)与教育培训系统(技能供给方)的共同影响外,还受该经济体的主导生产方式、技能获取与供给方式、国家(或执政实体)干预方式,乃至政治、经济、文化、教育传统等诸多因素的约束(许竞,2007)。

2.动作控制理论

以 Schmidt 为代表的以动作程序为基础的控制理论和以 Kelso 为代表的动力模式理论主要描述和解释人类的协调运动是如何被调控的。

Schmidt 克服了前人将动作程序局限在特定的动作和动作序列上的缺陷,提出了一般动作程序理论,用以说明人类协调动作行为的适应性和灵活性。Schmidt 强调一般动作程序是指具有固有特征的一类动作的记忆表征,为控制这类动作中的特定动作提供基础,人们要完成某项操作技能离不开这项技能动作的固有特征。而当出现新的情境时,人们产生新的适宜的参数,并将参数附加到一般动作程序之中来完成技能操作(武任恒,2010)。而 Kelso 的动力模式理论则认为,人类的动作控制遵循非线性的动力学观点,即行为的改变是突然发生变化的,而非持续的线性过程。

3.操作技能的学习阶段理论

操作技能必须经历一定的过程才能习得,而学者发现技能习得的过程可划分为有理可循的几个阶段,每个阶段完成不同的任务。

Fitts 和 Posner(1967)提出了经典的操作技能学习三阶段模型,认为技能学习要经过三个阶段:①认知阶段,集中于以认知为主的问题上;②联合阶段,解决如何更精确地完成既定工作的问题;③自动化阶段,技能变为习惯(武任恒,2010)。

金泰尔(1972)提出了操作技能学习的两个阶段。在最初阶段,技能学习者有两个重要的目标需要完成:获得运动协调模式;在练习时学会区分所处环境中的受限条件(会影响完成动作目标的操作环境特征)与非受限条件(不会影响完成动作目标的操作环境特征)。在后期阶段,技能学习者要获得三种能力:发展运动模式能力;完成技能目标的一致性;经济有效地控制的技能。

第三节　国外高技能人才培养的典型模式

根据 Ashton 的技能形成理论,不同的经济体将产生不同的技能形成体系。由于国情不同,世界各国技能人才培养的方式方法也千差万别。但是,在经济全球化和高新科技发展愈发具有相似性的背景之下,各国选择和实施的技能人才培养模式、方法也具有更多的共通性。

借鉴国外一些先进的具有代表性、可应用性的人才培养经验模式就显得很有必要。表 3-2 对各国高职教育人才培养模式进行了比较。

表 3-2　各国高职教育人才培养模式比较

国别	机构	学习年限	举办者	在学年龄	学校数/所
美国	理工学院	4 年	州立	18～21 岁	5
			私立		13
	社区学院	2 年	州立	18～19 岁	1000
			私立		721
英国	大学学院	3 年	国立	18～20 岁	29
	继续教育学院		国立	16 岁及以上	416
德国	高等专门学院	3 年	州立	18 岁及以上	147
			私立		89
	其他夜校	无限制	州立	19 岁及以上	232
			私立		93
	专门学校	半年或以上	州立	18 岁及以上	952
			私立		498
法国	技术短期大学部	2 年	国立	18～19 岁	114
	中等技术人员培养课程		公立、私立		1358
					900
	专门学院		国立、私立		740
日本	短期大学	2～3 年	国公立	18～19 岁	22
			私立		350
	高等专门学校	5 年	国公立	15～19 岁	54
			私立		3

一、以德国为代表的双元制模式

德国的双元制模式是工学结合的教育教学模式的典型代表。德国高度重视员工的技能培训。技能型人才培养最早可以追溯到 13 世纪在德国手工业作坊中广泛存在的学徒培训,即在行业协会的监督下,师傅负责向徒弟传授技能并负责徒弟的生活。19 世纪,在工业革命的影响下,学徒制培训方式得到很大的改革,进修学校出现,独立于企业的学校职业培训体系产生。20 世纪 20 年代,科学管理的思想开始渗透到学徒制培训中,培训过程日渐合理化,课程和培训方法日趋标准,还建立了专门的职业学校培训机构。1938 年,《帝国学校义务教育法》的颁布,在法律意义上第一次明确了双元制培训模式。1969 年,德国公布《职业教育法》,该法成为德国职业教育的法律基石,至此,双元制模式实现了制度化。自 20 世纪 80 年代以来,德国职业学院就采用双元制模式,为社会和企业培养了大批合格的高技能人才,有效促进了德国经济的快速发展。

1.双元制模式的内容

所谓双元制,就是一种国家立法支持、校企合作共建的办学制度。双元制中的一元是职业学校,主要负责传授与职业有关的专业知识;另一元是企业等校外实训场所,主要负责学生职业技能方面的专门培训。冯晋祥在《中外高等职业技术教育比较》中提到,在德国的双元制中,企业为培养学生的实践动手能力提供培训场地,凡是参加双元制教育的,都需与培训企业以及其他培训机构签订培训合同。企业以联邦职教所指定的培训条例为培训依据;职业学校主要负责传授与职业有关的基础知识和专业知识,以所在州文教部门颁布的教学计划为教学依据。受训者以徒工身份在企业中接受实践技能培训,同时又以学生身份在非全日制职业学校中接受与职业相关的专业理论教育和文化教育。这两部分学习内容和形式并存,构成了双元制职业教育模式的基本框架。

职业学院以学校与企业紧密合作为原则,把“工”与“学”有机结合起来,使“工”中有“学”,“学”中有“工”,实现校企共进、互利互惠,不仅满足了经济社会发展的需要,而且加强了职业院校与企业的联系。

2.双元制模式的形式

德国双元制人才培养模式下的学生学制为三年半,分别在企业、学校、跨企业的教学中心完成,但学生的大部分时间都在企业等真实的工作环境中进行实践操作和技能训练。而最后学生能否取得证书,是由他们的毕业培训技能考核及答辩成绩决定的。考核合格的学生既可以获得学校颁发的毕业证书,又可以获得岗位资格证书(刘盼,2014)。

双元制及高级技能人才的三个培养途径——师傅学校、高等专科学校、职业学院是德国高级技能人才培养的基本形式。

(1)师傅学校——晋级升职的教育。德国的师傅学校具有悠久的历史,为德国的工业、手工业和其他行业培育了大批既懂理论又有实践技能、技艺的人才,师傅学校本质上也是一种晋级升职性质的教育。在德国,获得师傅头衔即获得了一种资格的认定。在职技术工人经培训并通过考试获得师傅资格后,可具有独立开办企业、培训学徒工、继续晋升提薪等先决条件及权利。师傅是企业的核心,担当重要任务,社会地位、经济待遇很高。他们所享有的优厚待遇,是众多在职技术工人选择师傅学校进修的最主要动因。

(2)高等专科学校——培养高级技能人才的摇篮。产生于20世纪60年代末的高等专科学校是德国高职教育的主旋律,是一种教授技术性与职业性课程的非学术性高等学校。高等专科学校发展速度明显高于其他高等院校,名副其实地成为德国高等教育的重要组成部分。德国三分之二的工程师和二分之一的企业经济师,都是高等专科学校培养出来的,而这些工程师中三分之一就职于公共事务部门,三分之二就职于经济界。由于高等专科学校注重实用性和应用性,毕业生在社会各界发挥着重大作用。

(3)职业学院——校企联合的高等职业教育。20世纪70年代初期,德国就业系统出现人才断层,即缺乏应用型的高级管理、技术和服务人才。这种职业人才的培养,现有教育设施不能覆盖,在数量上和质量上都不能充分满足经济界的需要。为解决现行教育政策和实际的就业需求之间的矛盾,奔驰等三家公司联合创立了校企联合办学的新型高等学校——职业学院。

在双元制模式中,职业学院和企业一起参与办学,学制为三年半或四年,开设的专业涉及面非常广,坚持社会需要什么人才,学校就开设什么专业的办学理念。职业学院的教育教学模式是学习与工作相结合,工作通常由学生自己安排,时间一般在第三和第六学期或更晚一些。学生的培养培训由两部分人员担任,即企业里有经验的实训教师和学校的理论课教师。实训教师由企业选派,对学生实施实践技能培训;理论课教师由职业学院提供,对学生教授普通文化课和专业理论课。企业培训严格按照政府颁布的培训条例及培训大纲进行;职业学院的教学计划则完全遵循州文教部门制定的大纲。学生在企业工作期间的学费由国家支付,但工作一般没有报酬,只有一些工作津贴。学生的学业及技能水平考试由学校和企业联合组织。行业协会组织的考试是对学生某方面技术水平和技术等级的鉴定,合格者确认其有某方面的任职资格。这种形式使学生在学习的同时获得工作的经验,有利于实现从基础教育到职业教育与从职业教育到就业这两个转变的平稳过渡。双元制模式与学校型职业教育模式相比存在明显的优势。

3.双元制模式的特点

德国的双元制人才培养模式是校企合作的典型人才培养模式,它之所以能成为世界各国发展职业教育的典范是因为通过这种方法培养出来的学生实践能力很强。尽管高专和职业学院的具体做法不尽相同,但都体现和发挥了双元制合作模式的以下特点:

第一,高职教育办学体制与企业紧密相关。高等职业院校来自企业的合作经费,成了经费来源的主体部分。在有的州,职业学院的办学经费主要来自企业,几乎没有政府拨款。职业学院都成立理事会(董事会),该组织的人员来自出资企业的代表,主要监督学校经费的使用情况。正是有了企业的鼎力相助,德国高等职业教育才不断发展。企业为培养一名职业学院的学生要花费5万—8万马克的费用,但企业仍把此看作一种经济实用的获取人才的措施。德国高等职业教育的培养目标,是为特定企业培养专用人才。为达到这一培养目标,学校的专业建设由企业和学校共同完成。每个专业都设有专业委员会,其成员主要由企业和学校代表构成,负责本专业教学计划的制订、实施、检查和调整。学校的课程设置、实验安排、实训实习次数及时间的确定、考试的组织和毕业论文(设计)的要求等,都由学校和企业共同研究决定。

第二,以职业分析为导向的专业设置。通过职业分析的方法,以专业实践活动为本位,确定德国高职课程设置的内容。德国高职课程设计的最大优点在于组织企业和学校的有关专家共同合作进行职业分析,把生产、工作过程中的各种技术知识、操作频率、操作顺序、工作态度等内容经过综合提炼,总结编制出某一专业的具体课程内容。这种职业分析方法在不断地更新,从侧重工艺技术角度向注重劳动组织的角度转变,从金字塔加简单流水线下的单一职能分析向扁平网络加小组工作下的劳动过程分析转变,从单一职业分析、单一专业分析向职业群分析转变,从静态分析向动态分析转变。这种职业分析方法的改进,明显提高了课程开发的相关性、有效性和工作效率。

第三,强调理论和实践相结合。德国职业教育的目标十分明确,那就是培养应用型人才,特别是职业学院,它不是为自由的劳动力市场培养通用人才,而是为特定的企业培养专用人才,使学生既在企业里接受职业技能培训,又有部分时间在职业学校接受专业理论和普通文化知识,将企业与学校、理论与实践紧密结合起来,主要培养专业技术工人,有针对性地培养学生,毕业后可以直接上岗。学校通过与企业合作,不只是给学生传授专业理论知识,而是更强调培养学生的实操能力和综合职业能力,在整个教学过程中高度重视实践教学环节,加大实训比例,为学生走上工作岗位后能更快地适应生产工作的要求打好基础。除此之外,双元制人才培养模式非常强调学生的主体地位,教师只是学生学习和实践过程中的指导者。以学生为主体,大大提升了学生学习的积极性和创造性(刘盼,2014)。

二、以美国为代表的社区学院模式

早在1894年,美国工业总产值已跃居世界第一位。此后的100年里,美国一直在世界经济中居于领先地位,其发达的高等职业教育培养了大量高技能人才。美国的职业教育不仅做到了与经济同步,而且对美国的综合国力的日益增强发挥了重要作用。美国的高等职业教育的产生可溯源到1862年具有里程碑意义的《摩雷尔法案》的颁布。此后的130多年里,美国的高等职业教育走过了一个健康的发展历程。

美国的职业教育紧紧围绕经济的需求和劳动力市场运转,在办学模式、融资方式、开设专业、设置课程、招生就业等方面都针对市场来确定,具有明显的开放性特征。

1. 社区学院的职能

美国的社区学院体系是高等职业教育的成功范例,被世界各国效仿。在美国,实施专科层次技术与职业教育的机构有社区学院、技术学院、工业管理学院等,其中社区学院的地位、功能、作用是其他教育机构无法替代的。

美国社区学院的前身为20世纪初创建的初级学院,多由社区举办和管理,既是社区的组成部分,又是地方公立学校系统的一部分,因密切为所在社区的社会、经济服务而得名。社区学院可以提供五类教育:第一类是职业技术教育。这类教育的学生占社区学院在校生的70%左右,这类教育对希望就业的学生进行职业技术训练,在学生学完两年的规定课程且考试合格后,可获得准学士学位和专业技术等级证书,学生可凭证就业。第二类是高等教育。这类教育的学生占社区学院在校生的18%左右。社区学院为愿意继续升入本科大学的学生提供转学教育,学生在社区学院学满大学一、二年级的学分,考试合格,获学士学位后,可转入相应的普通高等教育,即大学本科继续学习三、四年级的课程。第三类是补习教育,第四类是特殊教育,第五类是为社区百姓提高生活质量所开设的教育,这三类教育的学生共计占12%。

2. 社区学院的职业教育形式

美国社区学院系统作为美国高等教育系统的重要组成部分,承担着转学教育、职业技术教育、继续教育(社区教育培训)的责任。其中,转学教育是其最传统的功能。美国转学教育机制的突出特点在于转学课程设置的学术性及衔接性。美国社区学院课程设置主要分为学术型、职业型、拓展型三类,分别面向转学学生、毕业直接就业学生、社区培训与终身教育。社区学院与合作大学签订协议,基于学分纽带,进行课程衔接、学分互认,学生在社区学院完成学习要求后,可获得副学士学位,并可带学分进入四年制大学三年级继续学习。

在课程设置方面,美国社区学院为职业教育的学生开设的大都是实用性的课程,主要是为学生毕业后能直接工作而设定的。随着美国科学技术的提高和社会的进步,各种工作岗位对应聘人员的要求越来越高。人们认识到,应聘者拥有了一定的文化基础再进行职业教育才能更适应时代的要求。所以很多社区学院在对学生进行职业技术课程的培养过程中,加大了对于语言社会科学、自然科学的学习力度。美国社区学院在职业教育的课程设置上,把职业课程和学术课程有机结合,使设置的课程既具有实用性,又具有学术性。这种课程设置提高了学习职业教育毕业生的文化修养,有利于他们在工作岗位上得到更好的发展。

美国社区学院的校企合作模式:一是美国社区学院大多实行董事会管理体制,企业是董事会成员,形成紧密的校企合作体。二是社区学院的专业设置,由学校、行业、企业人员组成的专业委员会根据区域经济发展要求讨论确定。三是能充分利用企业资源,将一些特殊专业办在企业,如雷恩社区学院将航空学院设在尤金机场,与机场共用塔台、跑道等设施,聘请航空公司飞行员、维修技师为兼职教师。飞行专业的实训起飞架次占尤金机场的50%,政府按起落架次给机场拨款。四是充分发挥校企优势,积极将企业引入学校。如秀兰社区学院将丰田、本田等现代检测中心引入学校,共建汽车检测维修服务中心,使中心成为企业员工、客户及学生的培训基地。

3.社区学院的特点

(1)开放性。美国社区学院的开放性主要表现在三个方面:生源的开放性、课程的开放性、服务的开放性。首先,社区学院的招生面向社区内外的所有人,不论年龄、性别、种族,只要有学习愿望的人均可获得受教育的机会。其次,社区学院的课程是根据当地社区就业市场状况设置的,具有灵活开放的特点。教学过程中,社区学院会请当地有经验的工人来担任学生的指导教师,这些教师可以在社区学院做一份兼职来获得更多的薪水。学生在实习过程中,会到本社区的企业进行实习,如果表现良好就可被录用,继续在本社区工作生活。再次,社区学院的一些教育资源,如教室、体育场、图书馆、剧场及其他硬件设施等,免费向当地居民开放。同时,社区学院利用社区内的学校、商业机构等场地,让教师在社区开办一些报告会和提供一些咨询服务,受到当地社区居民的欢迎。社区学院还经常组织学生参加当地社区的一些活动,不仅为学生增加了社会经验和一定的经济利益,还对社区的文化事业和经济水平的提高做出了一定的贡献。

(2)实用性。实用主义思想对美国高等教育产生了重要的影响,美国社区学院作为美国高教系统的一部分,同样受到了实用主义的影响。美国社区学院的职业教育作为实用主义思想的产物,在专业设置、教学过程和就业指导中都体现着实用主义教育的特点。首先,在专业设置方面,美国社区学院职业教育的专业设置是经过对当地劳动力市场调查以及就业市场的调查分析之后确定的。专业的设置要和当地经济发展的需求相适应,所以社区学院职业教育的课程设置具有鲜明的实用性。其次,在教学过程中,美国社区学院职业教育采取学校和企业合作办学的模式。工商企业界与社区学院进行合作,社区学院负责对学生进行普通教育课程以及技术理论课程的教学,企业负责学生的实习工作。

(3)融合性。美国社区学院反对片面学习职业课程而不注重普通课程,他们认为学习职业教育是不够的,必须在学习普通教育的环境中才能培养出真正适应社会发展的技术人才。随着职业教育与普通教育的相互融合,美国社区学院中学习职业课程的很多学生转到大学继续学习。社区学院不仅规定职业教育方向的学生必须要学习一定的普通教育课程才能获得副学士学位,而且在社区学院内部,也互相提供支持和分享课程、设备。

三、以日本为代表的产学合作模式

经济全球化和信息化使每个国家都面临着产业结构的调整和人才需求结构的变化问题。20世纪90年代泡沫经济之后,日本经济长期处于低迷状态,产业界的国际竞争力急速下滑。为了改变这一状态,日本推出了产学合作的重要举措来恢复持续竞争力。日本的产学合作的类型主要有以下几种:①研究层面,企业和高校共同研究和委托培养;②教育层面,学生在企业内实习,学校制订教育计划;③技术转移层面,企业购买技术成果,通过技术转移机构向企业转移;④咨询层面,开展基于兼职制度的技术指导等咨询工作;⑤创业层面,开展基于研究成果和人力资源的创业活动。在知识经济深入发展、创新活动多样化、技术转化周期缩短等形势下,日本的这种企业与学校合作的模式使人才培养有一定的方向性,并极大提高了生产效率,所以这种办学形式得到日本产业界的积极倡导,并成为经济自立化不可缺少的重要条件。

1. 职业教育体系

近半个世纪以来,日本的高等职业教育形成了多层次、开放性、适应日本经济发展的高等职业教育体系。日本的高等职业教育体系由企业教育机构、短期大学、专修学校、高等专门学校等多样化的教育机构组成。以培养实践型技术人才为根本目标,课程设置突出实践能力的培养,重视学生的人格培养和文化教育,适应时代发展的要求。

(1)企业教育机构。企业教育是指企业内对员工进行的从录用到退休的长期教育和职业训练,不局限于技工培训和监督者训练。它从新录用的员工教育起,到骨干员工进修、中层管理者教育、经营者进修,办有董事学校、经营研究会等。它是按企业组织体制中的金字塔等级进行训练的,并已成为企业终身教育的一个重要途径。其内容除了专门的技术教育、技能训练之外,还包括经营、管理、职业道德方面的教育,通过在职的或脱产的训练,员工的技术水平和职业素质不断提高,人力资源充分开发,从而提高企业生产经营的效率,降低成本,提高竞争力。

(2)短期大学。短期大学是日本高等职业技术教育的一个重要方面,"短期大学以教授和研究专门的学问和技术(艺术),培养职业和实际生活所必需的能力为主要目的"(日本《学校教育法》),"在制订教学计划时,既要教授与专业能力有关的学问和技术(艺术),又要培养职业和实际生活所必需的能力;同时还要培养学生良好的教养和综合判断力,以丰富其人格"(日本《短期大学设置基准》)。这类大学重视专门知识的教授和专门技能的培养,对课程的设置、学习安排、授课方式都采取了灵活多样的做法,既充分考虑了社会的多种需求,又有自己的创新,从而吸引了大量的学生。其发展方向定位为短期、近距离、小规模,增强灵活性、适应性,为地方经济发展服务。

(3)专修学校。专修学校主要是面向成人的,为成人学习某种专门知识和技术提供教育的学校,其办学目的是培养学生从事某种职业和实际生活所必需的能力。专修学校强调教学内容的实用性,课程以大量的专业课为核心,教学方法以实践为主,让学生在较短的时间内学到社会实际需要的知识、技能。并且可以根据社会的实际需要、产业结构和社会结构的变化,灵活地设置学科专业,具有较好的适应性。

(4)高等专门学校。在日本的职业教育体系中,高等专门学校的发展备受关注。高等专门学校从初中毕业生中招生,采取五年制的教育体制,为日本现代化建设培养了大量的高级技术实用型人才,其教育效果得到产业界的高度认可。一般而言,日本的高等专门学校以国立或公立学校为主,以为产业部门培养高级技术应用型人才为培养目标,通过较为系统的理论教学和严格规范的技能训练,使学生在具有一定基础理论知识的同时,掌握过硬的专业技术技能。高等专门教育注重培养学生的一般文化素养和较扎实的专业基础理论知识,同时又具有明确的专业要求,在注重理论教学的同时,加强学生的实验、实习等实践环节,使学生在课堂上学到的理论知识得到巩固和加强。此外,日本还将普通文化教育融于职业教育之中。高等专门教育将普通文化教育融于职业教育之中,在强调专业技能的同时,注重系统的文化基础理论知识的教授,在技能人才培养上非常成功。高等专门教育与普通教育和高等教育相衔接。毕业生除了可以直接就业之外,还有多种继续学习的渠道。部分高等专门学校设置了两年制的专攻科,专攻科的课程完成,满足学位授予的有关规定,就可以申请学士学位,并且可以报考硕士、博士课程,继续深造。高等专门教育在横向上与普通教育相连,纵向上与高等教育相通,其自身人才培养又富有鲜明的特点,极大地增强了高等专门教育的市场竞争力。

2.日本产学模式的特点

日本注重产学结合,培养职业型人才,从其学校的办学宗旨即可发现这一点。短期大学以培养职业和实际生活所必需的能力为主要目的,专修学校以培养学生从事某种职业和实际生活所必需的能力为主要目的,高等专门学校的宗旨是教授高深的专门知识与技能,培养职业所需要的能力。日本的高等教育和高等专门教育都有坚持产学结合的办学特点。产业界为高等专门教育提供参观学习的机会,提供研究项目和经费;高等专门学校为产业界提供大量技术人才,帮助企业培训研究人员以增强企业的技术开发能力。

日本十分注重教育与企业界携手合作,企业界为职业教育募集资金,提供必要的财政资助,供学校进行科研项目的研究,并为学生提供实习场所。企业界也常常聘请教授作为企业技术顾问,对企业的生产和革新进行指导,或聘请教师到企业中去对员工进行专业培训,并且有的行业或公司还设立学校。而学校则根据企业发展的要求,有针对性地为企业培养对口人才,安排讲师进行巡回指导,并接受企业界的科研委托项目,双方在科学研究和技术革新方面进行双向交流。日本企业界主动与学校合作的初衷是快捷地获得企业所需要的科技人才和科研服务,合作的结果是不仅使企业获益,而且使学校受益匪浅,形成一种双赢的模式,既确保了企业在职人员素质的提高,又使教师与企业技术人员进行交流。实际上,这也是将科研成果迅速转化为科技产品和生产力的有效模式,使产业界和教育界在相互合作、相互适应中得以持续发展。

四、澳大利亚 TAFE 模式

TAFE 是澳大利亚技术和继续教育(Technical And Further Education)的简称,产生于 20 世纪 70 年代,是澳大利亚政府认可及监督的职业教育培训体系。TAFE 已经成为澳大利亚职业教育体系中的重要力量,是一种在国家框架下以产业为推动力量、以客户为中心进行灵活多样办学的高质量教育培训体系。它有效地调节着政府与社会的关系,政府与社会共同参与职业教育与培训的理念深入民心。TAFE 取得成功的关键因素是"学习—工作—再学习—再工作"的终身教育思想和以能力为本、以就业为导向的教育理念。TAFE 模式培养目标明确,主张以就业为导向,以市场需求为杠杆,以企业雇主、行业协会对人才专业结构需求为依据,学习内容同样以适应需求为基准,所有课程按行业职业标准提出的要求实施。TAFE 模式根据不断变化的产业对就业市场的影响以及不同职业人力资源变化的具体情况,不断调整办学方向和教学计划,使毕业便能就业。

TAFE 学院被公认为是政府所有的公立职业技术学院。TAFE 与我国的高职教育有很多相似之处。尽管中澳两国体制不同,但是,研究 TAFE 的人才培养模式,借鉴其成功经验,对我国的高等职业教育不无益处。TAFE 的建立旨在以能力为核心、以就业为导向的终身教育理念指导下,为各行业不同岗位培养具有高文化、高技能和高素质的应用型人才。20 世纪 80 年代以来,澳大利亚通过大力推动 TAFE 的改革与创新,初步形成了适应全球经济发展和技术进步要求的、不断发展的、充满活力的、特色鲜明的人才培养模式。该模式促进了澳大利亚高职教育的发展,适应了澳大利亚经济社会发展的需要,同时,在一定程度上反映了国际高职教育发展的新趋势,受到全世界包括我国高职教育的关注。

1. TAFE 学院的运行模式

TAFE 被认为是世界上先进的、具有代表性的职业教育成功模式之一,澳大利亚的教育界也以此为荣,TAFE 在澳大利亚的开设非常普遍。TAFE 能取得如此大的成功,主要是由 TAFE 独具特色的运营模式决定的。

(1)国家资格框架体系。资格框架体系是维持 TAFE 有序运作的支撑性的标准体系,它是一个系统的、全国统一的资格框架,包含了除义务教育外的所有教育及培训的资格认证。国家资格框架统一了行业和教育培训领域的资格标准,是对个人已经达到的学习目标,或已具备相关行业、专业和社会所需要的能力的一种认定。从 TAFE 角度来讲,资格证书的授予表明学员已达到了一定的职业能力要求。国家资格证书以能力为导向,每个层次的资格认证都以对知识的掌握和技能的操作运用为最终目的。国家资格证书对学员所应取得的最终能力形式进行描述,并且要求其与工作现场的实际要求以及其他相关职业的需求保持一致。资格证书关注的是在学学员已经获得了哪些技能,在学习了新的技能后如何将这些新旧技能有机地整合起来运用于新的环境中。

(2)国家培训包。20 世纪 90 年代中期,为确定各个行业的不同岗位层次该向受训者提供何种能力和更好地满足行业的需要,澳大利亚决定开发一系列的国家培训包。培训包整合了能力标准、资格认证和评估技能的方法。国家培训包描述了一个特定行业或企业的能力标准、评估指南和资格认证,从能力的认定、统一的评估标准到资格证书的颁发,培训包都做出了详细的规定,规范了职业教育与培训具体实施的每个步骤。培训包将行业和职业教育的目标相结合,即将能力标准和职业资格联系起来,并规定达到能力标准所需的最低的考核要求,从而建立规范、有序、统一的职业教育市场。

(3)TAFE 的课程设置。TAFE 课程是 TAFE 体系的核心内容,TAFE 课程根据行业的需要而设置,根据行业的能力标准进行开发。TAFE 的课程是在澳大利亚资格框架下,以行业提出的行业标准为依据,理论知识学习和技能训练并重且多数是以技能训练为主的一组科目的组合。课程中所设科目的数量及内容根据证书或文凭的标准而定。TAFE的课程开发有明确和严格的依据,主要依据是国家培训包。

(4)TAFE的教学体系。TAFE的教学体系是建立在以培养实际能力为目标的基础上的,强调加强实践教学环节,使理论教学和实践教学融为一体:教室即实验室,实验室即教室;学习环境就是工作环境或模拟工作环境。课堂教学以提高能力素质为原则,纯理论的课程较少,基础课程以实用为度,并且学生获得的学术资格得到普遍认可。

2.澳大利亚TAFE学院的特点

TAFE的实践教学中,政府和行业在其中扮演着重要的角色。政府除了进行宏观管理、负责课程开发外,还有一项重要的措施就是实施国家资格证书制度,为TAFE的成功提供基础。此外,以就业为目的的TAFE,行业在其中起到的作用也是至关重要的,行业不仅参与课程制订,而且参与学院的具体教学。因此,TAFE模式也可以归结为是一种以国家资格证书为基础的、行业主导的实践教学模式。具体来说,其特色如下:

第一,政府重视。从职业教育的初建阶段开始,澳大利亚政府就一直致力于扮演一个政策协调和通过采用财政拨款等非强制性的行政手段来保障培训质量的角色,以建立全国统一的资格标准体系,并参与TAFE学院的布局设置、资金划拨以及培训实施等方面的管理,建立相应的部门和机构加强职业教育和行业之间的紧密联系等,有力地推动和保障了职业教育的良性发展。

第二,机制灵活。学制和学习对象灵活多样。澳大利亚TAFE的课程包对学习时间和学习对象没有要求,学习时间从3个月到2年不等,根据培训的需要来具体确定,以修满规定的学分,具备相应的职业技能为准。培养的对象不受基础和年龄的限制,也没有特别严格的入学考试制度,只要接受过12年的基础教育就可以。学员根据自身时间安排的情况自由选择培训或学习时间。如工作的学员可以选择离职培训、在职培训、离职培训和在职培训相结合等方式;就学时间可采取全日制或兼职学习方式,还可根据管理信息系统由教师、学生自由选择;TAFE的教师也可以根据企业需求的时间来授课。课程设置和教学方式也灵活多样。TAFE的课程可以为不同年龄、不同行业的社会群体提供社会和行业改革所需的各种知识和技能。在课程安排方面,提供阶段性的、连续的课程,方便学员在不同时期,针对不同需求来决定所修课程。部分课程还可实现学分减免、课程转换和衔接,为学员提供证书、文凭或行业技能培训等多功能的立交桥式的教育培训平台,更提供了学员终身学习的良好平台。

第三，行业支持，产学研一体化发展。强调与行业的紧密联系，充分发挥行业的主导作用是澳大利亚职业教育的另一大特色。其在多年的职业教育改革和探索中，逐渐形成了以行业为主导的职业教育制度，极大地支持和推动了TAFE的可持续发展，形成产学研一体化发展的良好局面，TAFE也因此备受青睐和称赞。国家及各州还设立产业培训理事会作为培训的顾问机构，发挥纽带和桥梁的作用。产业培训理事会一头连着产业，另一头连着国家培训管理局、各州教育培训部及其TAFE学院。按照这样的方式开展的职业教育与培训，使TAFE学院与企业相互依赖、相互支持、共同发展。产业培训理事会在TAFE学院中要承担的工作有：主导有关职业教育和培训的宏观决策；参与TAFE学院办学的全过程；负责教学质量评估、投资岗位技能培训。一方面，行业根据企业顾主提出的专门培训要求，向TAFE学院拨款开展培训，据估计，行业每年用于各种形式的培训费约为25亿澳元；另一方面，学院也必须依靠企业，为企业顾主服务。

第四节　国内高职高技能人才培养模式

有效地进行高技能人才培养，是近几年高技能人才研究始终关注的重要课题。人才培养模式主要受制于人才培养目标，或者说有什么样的人才培养目标，就有什么样的人才培养模式。在高技能人才培养的理论基础、高技能人才和高职高技能人才的内涵及特征的基础上，以下将继续比较分析高技能人才和高职高技能人才的培养模式，为高职院校探索高技能人才培养的有效途径、加快高技能人才队伍的建设提供有益的借鉴和思路。

一、高职高技能人才培养模式的概念及要素构成

当前学术界对"人才培养模式"这一概念界定的论述较多，主要有过程说、方式说、方案说、要素说、机制说等。综合来讲，人才培养模式是在一定的教育思想和教育理论的指导下，为实现一定的培养目标而把与之相关的若干要素有机组合，实施人才教育的过程总和。简言之，就是要培养什么样的人、通过什么方式或方法去培养。对这一概念的厘清，为理解高技能人才与高职高技能人才培养模式的概念提供了参照。

高技能人才的培养涉及教育、选拔、评价、使用、交流、激励和保障等诸多环节。因此，高技能人才培养模式可理解为：在高技能人才教育理念的指导下，各办学培养主体为了达到所确定的高技能人才培养目标，有效整合与之相关的人

才培养过程、人才培养方式、支撑保障体系以及人才培养评价体系等要素,实施高技能人才教育培养的过程总和。

关于高职高技能人才的培养模式,既涉及培养方案的实施,也涉及培养途径的选择,更涉及培养质量的评价。结合高技能人才培养模式的概念,高职高技能人才培养模式是指践行现代高职教育理念,对高职人才培养目标进行科学定位,协调培养方案、培养途径、质量评价等要素,培养符合时代发展与高等教育发展趋势的高职高技能人才过程的总和。根据这一概念,高职高技能人才培养模式的构成要素可细化为教育理念、培养目标、专业设置、课程体系、教学模式、师资队伍、质量评价等多个要素。

二、国内高职高技能人才培养模式的比较分析

我国在借鉴和吸收国外先进职教理念和经验的基础上进行了较多探索,根据培养途径的不同,高职教育培养模式可分为学校培养模式、企业培养模式和校企分工合作模式。综合起来,国内外这些培养模式虽各有特点、各有优势、各有不同,但也存在明显的共性:注重能力本位,注重技能实践,注重校企合作。

相对于高技能人才培养模式,高职高技能人才培养模式的内涵显得狭窄一些,与高技能人才培养模式形成了部分与整体的关系。应该说,高职高技能人才培养模式是学院化了的高技能人才培养模式。应用较为广泛的有工学结合、校企合作、订单式、赛教学一体、教训产一体等模式。与现行成熟的高技能人才培养模式相比,高职高技能人才培养模式在专业设置、教学模式、师资队伍、质量评价等要素上都存在一定差距,主要表现在以下几个方面:

第一,学历层次的终结性。高技能人才的学历层次呈现多样化,不仅包括大中专和本科学历,还包括了研究生学历等。而高职高技能人才专指高等职业教育培养出来的人才,由于高职教育缺乏学历提升的连贯性,高职大专成了学历的终点,专升本或者其他教育途径偏离了职业教育的轨道,而回归了重理论、轻技能的传统学历教育的旧路。

第二,专业设置的滞后性。高技能人才培养以市场为导向,就社会需求的行业、先进技术进行专业调整和培养。高职教育的专业设置也应与社会需求紧密结合。而当前,多数高职院校只根据本校办学条件来决定专业,专业设置与人才市场需求不相适应,专业布局和结构不尽合理,专业设置缺乏社会需求论证和产学合作背景,培养目标的确立、教学计划的制订等都缺乏企业行业的参与,特色专业紧缺,这使高等职业教育仍然深陷在"本科的压缩饼干""中职的发面馒头"等办学误区里,导致高职教育与社会需求脱节。

第三,教学模式的陈旧性。高技能人才主要以师傅带徒弟等现场观摩学习为主,职业性和针对性较强,效果明显,其工作环境实质上就是一个技能不断得以实践和提升的教学场所。为了更好地满足企业生产需求,技能提升培训的教学规划内容和设计都会充分考虑市场和企业需求,职业性和针对性都会较强。当前的高职院校也逐渐在推广"教、学、做"一体化的教学模式,引入企业真实环境,建立校内生产实训基地,但实训基地建设大多还停留在感性认识和动作技能训练的低层次阶段,实际利用率不高,仍以理论教学为主,且课程设置、教学内容选择和教学设计上没有充分考虑企业需求和学生的职业发展规律,这使得课程开发和教学方法改革效果不理想,培养的人才无法在短时间内满足用人单位的要求,培养的学生无法实现与企业的零距离对接,需要企业进行较长时间的二次培训。

第四,培养途径的单一性。高技能人才培养分为院校培养、企业培养和校企培养等,培养渠道呈现多元化。高职院校主要以院校培养为主导,近几年校企合作虽广泛应用于广大高职院校,但由于缺乏有效的机制和制度支撑,校企合作的成效不太明显,这导致企业主动参与高职院校教学活动和运行管理的积极性不是很高。再加上政府对高职院校的投入不足,缺乏科学、稳定的经费投入保障机制,使得高职教育难以纵深发展。

第五,师资队伍的局限性。高技能人才培养重视师资队伍建设,通过多种渠道、方式发现和选拔优秀教师,充实高技能人才师资队伍,主要采用传帮带形式以及面向行业、企业和高校选聘实践经验足、技术技能强的专业人才及专家对员工进行培养,其师资理论性、实践性、应用性较强。当前高职院校师资现状仍然是理论教师偏多,实习指导教师不足,能胜任理实一体化教学任务的双师型教师队伍的比例还不高,教师动手能力差;教师队伍中具有本科学历的教师占绝大多数,具有研究生学历的人数仍然偏低,稳定性较差,学历层次整体水平偏低,这些必定会影响高职院校的教学水平和质量,限制了高技能人才的培养。

第六,人才评价的欠缺性。高技能人才评价主要由行业等鉴定部门实施并发以相应的职业资格等级证书;或由企业负责运作,从专业知识、职业道德、操作技能以及工作绩效等几个方面进行考核和评价,形成可行的评价体系。而现行的高职院校人才评价体系大多还是局限于学科知识的掌握上,以卷面考试为主要手段,以考试成绩为衡量标准,没有与技能评定、职业资格评定、社会评价等形成有效联动,与社会高技能人才评价体系结合不紧密。

由此可见,虽然高职高技能人才培养模式也具有高技能人才培养模式的特点,但其注重能力本位,却重理论知识轻操作技能;注重技能实践,却流于实践形式,无实践效果;注重校企合作,却缺乏有效机制,只能孤军奋战。这些都导致了高职院校培养出的毕业生既没有达到高技能人才的技术知识要求,也没有达到技能要求,高职高技能人才培养模式不能发挥应有的作用。

三、关于高职高技能人才培养模式的几点思考

现有的高职高技能人才培养模式存在诸多不足,一定程度上影响了高技能人才培养的速度和质量。因此,在经济快速发展的大背景下,如何完善与创新高职高技能人才培养模式,培养符合社会需求的高技能人才成为高职教育亟待解决的问题。

（一）突出"广":学历层次和培养途径要广

随着产业经济的转型升级,社会职业技术岗位的总体结构发生了重大变化,职业教育层次开始顺势上移,高技能人才培养的高教性特征越来越显著。国家应根据区域经济社会发展需要以及高职院校发展的基础与条件,尽快厘清高职教育各个层次的基本特征、教育目标和教育方式,制订明确的认证标准,建立考核体系,形成区别于普通专科、本科和研究生教育的多层次高职教育体系,提高接受更高层次教育的职业院校毕业生的比例,改革现行的以知识为主的考试制度,构建适应于职业教育的知识加技能的考试制度,并选取具有代表性的行业院校或示范性院校进行专升本试点,逐步扩大高职高技能人才的学历层次,更好地满足经济社会发展对高层次技能型人才的需要。

高职教育培养途径的多元化是高职教育积极创新培养模式的手段之一。要实现开放式办学和国际化办学相结合,尽可能地"走出去",逐步实现高职教育与社会用人部门结合、师生与劳动者结合、理论和实践结合、学历文凭证书和职业资格证书结合的新型人才培养模式,发挥高职教育的最大优势;政府和企业也要尽可能地"走进来",加大对高职教育的扶持力度,通过政校合作、校企合作、校校合作等多种途径,在经费、技术、师资、公共实训基地建设等多方面提供支持和保障,尤其应大力发展比较被认可的培养技能型人才的校企合作模式,吸取目前合作办学的经验教训,探索融入企业、行业、产业发展的有效模式,政府可牵头成立校企合作委员会等专门机构,为校企合作牵线搭桥,负责协调与管理校企合作的相关事宜,发挥校企合作应有的作用,全面提升高职院校的办学水平和服务能力。

（二）突出"新":专业设置和教学模式要新

以职业岗位为需求,以就业为导向,因地制宜,与时俱进,主动服务产业转型升级,注重专业设置的科学合理性与适度超前性相结合,大胆摒弃社会需求不大、办学定位不明确、办学特色不突出、就业对口率较低的专业,认真分析和研究社会劳动力市场人才需求状况和趋向,科学制订专业建设规划,提出切实可行的专业建设举措和方法。将职业性与学科性相结合,对高职专业的划分以

职业岗位群为主,兼顾学科分类;将适应性与针对性相结合,实行"宽窄并存"的原则,做到宽窄适度;将多样性与普遍性相结合,不同地区不同院校可以就同一名称的专业侧重发展、特色发展。同时,加大力度重点发展适应于区域经济发展和职业发展规律的专业,培育特色品牌专业,进一步优化专业结构。积极探索项目导向、任务驱动以及"教、学、做"一体化的教学模式改革,积极运用产学结合、现代师徒制和特长生导师制等教学模式,高度融入产业、行业、企业、职业、实践等要素,形成从基本技能、核心技能至发展技能的多层次、系统性的教育培养方案,全面提升高职院校的办学水平和服务能力。

在借鉴国外先进的职业教育模式的基础上,突破传统的课程体系、教学内容、教学方法等,继续推广目前常用的"教、学、做"一体化教学,实现课程体系从单一化向多样化、模块化转变,提倡跨学科、跨专业的交叉学习,提高综合能力;实现教学内容从偏重理论向理论与实践并重转变,坚持理论教学与实际应用教学相结合、专业教学与人文素质教育相结合的原则,科学编制教学计划;实现教学方法从以教师为中心向以学生为中心转变,强调师生互动,着力培养学生的主动性、独立性和创新性。校内实训基地建设要与生产、建设、管理、服务一线相一致,形成仿真或真实的职业环境,强化实践教学,积极运用产学结合、现代师徒制、研究性学习和特长生导师制等教学方式,培养学生的职业能力。

(三)突出"全":师资配套和评价体系要全

制订师资队伍建设中长期规划,按照"引培共举"的原则重点引进名师名家、有行业影响力的专业带头人以及双师素质教师,构建一支教学能力强、科研能力强和实践能力强的"三强"师资队伍。提高教师的知识素养和岗位技能,提高职业教育师资培养培训基地和企业实训基地的数量和质量,将教师下企业锻炼、岗位培训与个人自身考核挂钩,加强教师知识、素质、技能等综合素质的考核力度;继续加强双师型教师队伍建设,扩大双师型教师的规模和比例,发挥"一师两用"的资源优势,重视学科带头人的培养,调整师资队伍结构;拓宽高职院校教师引入渠道,聘请社会上有专业技术特长的人员到高职院校兼职,将企业、行业最新的技术和技能及时传授给学生,保证教学内容的先进性和实用性,从而形成配套全、质量高、能力强的师资队伍,从根本上促进我国高职教育的发展。

建立多元开放的人才考核体系与评价制度,促进高职高技能人才评价的多元化。从国家的职业标准出发,制订高职高技能人才与高技能人才职业发展贯通办法,为高职高技能人才如何迅速成为高技能人才提供指导和参考;从学生的综合能力出发,制订适应于区域经济发展和职业发展要求的个人综合素质评价体系,科学确立评价指标,正确运用评价方法,定期测评学生实际达到的知识技能水平,以指导下一步课程体系和教学模式等方面的改革。从学生职业技能出发,调研企业高技能人才评价体系,结合岗位生产所要求的指标模块,建立学生职业技能考核评价体系,通过开展各种形式的职业技能竞赛和岗位练兵活动加以测评。

高技能人才培养是一项复杂的系统工程,高职院校作为高技能人才培养体系的重要组成部分,要正确定位高职高技能人才内涵,研究与探索高职高技能人才培养模式,注重知识、能力、素质的全面协调发展,培养出适应社会需求的高技能人才。

第四章　高职高技能人才培养绩效评价新模式

近几年,高职教育发展迅速,已然成为中国高等教育的"半壁江山",高职人才数量不断增加,成了高技能人才的主要来源。但形势喜人的背后,当前高职教育实际上面临着诸多的困难和问题,在教育实践中出现了某些偏差,直接影响了高职教育的健康有序发展。可见,高职人才的数量增加并不是衡量高职教育发展的唯一标准,更为关键的还在于提升高职人才的培养绩效。高职院校应顺应社会形势需求,建立合理的资源配置,提高高职院校的教育质量。考核其人才培养的绩效,就要看其人才培养工作是否促进了高职学生对自身胜任能力的重视与提高。

第一节　高职高技能人才培养绩效评价的内涵与特征

绩效评价的目的就是通过评价,全面系统地了解和把握高职院校高技能人才培养的实际状况,总结高职院校高技能人才培养的经验、问题及不足,从而制订切实可行的对策建议。当前,各级教育主管部门主要从校园环境、教学设备、教学水平、师资队伍建设等方面评价高等教育质量,缺乏针对高职人才培养的特殊要求和以学生为主体的高职高技能人才培养的绩效评价方面的研究。因此,建立高职高技能人才培养的评价模型和评价指标体系是高职教育人才培养质量的重要保证,也是亟待研究和解决的问题。

一、高职高技能人才培养绩效评价的内涵

对于绩效与绩效评价,国内外学者做了较多的探讨,在本书的第一章中已经略有提及,这里主要从绩效与绩效评价的概念出发,理解高职高技能人才培养绩效评价的内涵。

（一）高职高技能人才培养绩效

绩效的原意是性能、能力、成绩、工作成果等,广泛应用于投资项目管理、企业管理等方面,在不同时期、不同类型的组织中有着不同的含义。从管理学意

义上来说,绩效是组织期望的结果,是组织为实现其目标而展现在不同层面上的有效输出,它包括个人绩效和组织绩效两个方面。

从经济学意义上来说,绩效与薪酬是员工和组织之间的对等承诺关系,绩效是员工对组织的承诺,而薪酬是组织对员工的承诺。

从社会学意义上来说,绩效意味着每个社会成员按照社会分工所确定的角色承担他的那一份职责。

目前对于绩效内涵的界定,国内外学者已做了较多的探讨,有代表性的含义如表4-1所示。

表4-1　绩效的代表性含义

来源	绩效的含义
Bernardin (1995)	绩效应该定义为工作的结果,因为这些工作结果与组织的战略目标、顾客满意度及所投资金的关系最为密切
Campell (1993)	绩效是行为的同义词,它是人们实际的行为表现,而且是能观察到的。绩效是个体控制下的与目标相关的行为组成,这些行为包括认知的、生理的、心智活动的或人际的
Borman & Motowidlo (1997)	绩效是具有可评价要素的行为,是人们工作时的所作所为,这些行为对个人或组织效率具有消极或积极的影响
Brumbrach (1988)	绩效是指行为和结果,行为由从事工作的人表现出来,将工作任务付诸实施。行为本身也是结果,是为完成工作任务所付出的脑力和体力的结果,并且能与结果分开进行判断
Kane (1986)	绩效是一个人留下的东西,这个东西与目的相对独立而存在
朱志刚 (2002)	绩效不仅仅是对结果的衡量,还包括对过程的衡量,以及对提供方主观努力程度和接受方满足程度的衡量
刘旭涛 (2003)	绩效可以理解为,系统表征管理领域中的成就和效果的一种概念工具
方振邦 (2003)	理解绩效应注意以下三个方面:绩效是一个过程的概念,它与评价的过程相联系;研究绩效问题必须考虑时间因素;绩效反映在行为、方式和结果三个方面

在绩效评估与管理的具体实践中,这些国内外学者对于绩效概念的理解,可分为以下几种:

(1)绩效就是结果或产出。这一界定将绩效与任务完成情况、产出、结果等同起来,认为绩效是系统表征管理领域中的成就和效果的一种概念工具。从考核的内容上将考核划分为绩效考核、能力考核和态度考核三种,相对于能力考核和态度考核来讲,绩效考核强调的是结果或产出。

(2)绩效就是行为。Murphy(1991)以行为和过程为基础将绩效定义为"是与一个人在其中工作的组织或组织单元的目标有关的一组行为"。他认为绩效是活动的本身,是人们实际做的与组织目标有关的可以观察并且能由自身控制的行动或行为,而不是活动的结果。

(3)绩效是结果与行为的结合。从这一范畴来说,绩效应包括结果和行为两个方面,也就是说,绩效不仅取决于做事的结果,还取决于做这件事所拥有的行为或素质。这种比较宽泛的概念近年来被普遍认可。

然而,当我们将绩效这一概念引入高职高技能人才培养中时,就不能仅仅停留在绩效基本含义的层面上,不能局限于单向性的结果或者行为,而要以系统和发展的眼光来认识和理解绩效,绩效应该包括"做成了什么"和"如何做"两个方面,即"绩效=结果(做成了什么)+行为(如何做)"。高职高技能人才培养是在高素质、高技能人才培养目标下对高职人才进行教育、培训的全过程,要衡量高职高技能人才培养绩效,必须注重对其绩效内在本质属性的挖掘和探索。因此,我们认为,高职高技能人才培养绩效是高职高技能人才培养的结果和行为,即高职院校实际培养出什么样的人才以及如何进行人才培养两个方面。

需要指出的是,绩效是人们实践活动的结果,而实施有目的的实践活动,必须要有一个明确的目标。在第二章中我们已具体界定了高职高技能人才培养的目标,其中强调了高职人才培养的高技能和高素质。所以,只有在这一人才培养目标的指导下,人才培养的实践活动和行为实现了既定的人才培养目标,才是高职高技能人才培养实践活动所应取得的绩效(见图4-1)。

图4-1　高职高技能人才培养绩效界定

(二)高职高技能人才培养绩效评价

绩效评价又称绩效评估或绩效考核,是人力资源管理中技术性最强的环节之一。

赵曙明(2004)认为,绩效评价是指对员工或团队的工作行为和结果进行测量的过程,是一个用过去制订的绩效评价指标体系来比较评价员工在评价周期内的工作绩效,并最终将绩效评价结果反馈给员工的过程。松田宪二认为,人员考评是人事管理系统的组成部分,由考评者(上司)对被考评者(部下)的日常职务行为进行观察、记录,并在事实的基础上,按照一定的目的进行评价,达到培养、开发和利用组织成员能力的目的。Longsner认为,绩效评估是为了客观评价员工的能力、工作状况和适应性,对员工的个性、资质、习惯和态度,以及对组织的相对价值进行有组织的、实事求是的评价,是评价的程序、规范、方法的总和。

综上所述,绩效评价是指评价主体根据一定的评估指标、评估程序和评估方法,对组织或组织成员在一定时期内的工作业绩做出客观、公正、准确评估的过程。

高职教育培养面向生产、建设、服务和管理第一线需要的高技能人才,不仅要具备以德为先的基本素质,还要具备通过高等职业教育掌握的专业知识和职业技能。高职人才培养过程由诸多环节组成,涉及人才培养目标设置、培养计划制订、教育投入、教师素质、课程设计、教学环境、教学设施和教学实习等多方面内容。高职教育人才培养质量是在人才培养的各阶段与全过程中逐渐形成的,对其的评价衡量过程应是培养质量不断产生变化的动态过程。由此可见,对于高职高技能人才培养绩效的评价不仅仅是对人才培养成果高低的评价,更重要的是对这一人才培养过程的检查和验收。

本书所构建的高职高技能人才培养绩效评价体系立足于高职教育培养发展型、复合型和创新型的技术技能人才的目标,将绩效管理的理念引入高职高技能人才的培养过程中,根据一定的评估指标、评估程序和评估方法,有序地、高效地获取高职高技能人才培养过程中的各种信息和资料,通过理论和实证的相互论证,对高职学生通过高职院校三年的学习教育所取得的实际成效做出客观、公正、准确的评估,并将评估结果反馈给培养院校,以促进高职高技能人才培养工作水平和绩效的提高。

二、高职高技能人才培养绩效评价内涵的特征

高职教育是高等教育的重要组成部分,是实现高等教育大众化、普及化的重要力量。培养绩效是高职教育的生命线,高职高技能人才培养绩效的高低直接关系到整个高等职业教育的质量。高职高技能人才培养绩效评价与企业人员绩效评价、高校教师教学质量评价一样,都是对人的培养和工作过程中所产生的业绩进行的评价,它遵循绩效评价的一般原则。但是,高职高技能人才内涵中所涵盖的技能性、应用性、实践性、职业道德等要素,使其在人才培养绩效评价的过程中具有独特性,只有结合这些独特性才能使绩效评价指标的设计更为合理和科学。

（1）从评价内容上来说，高职高技能人才培养绩效评价是一种多维评价。

中国的高职教育起步于 20 世纪 80 年代，1999 年教育部发布的《面向 21 世纪教育振兴行动计划》规定了高职教育存在与发展的主要任务为"面向地区经济建设和社会发展，适应就业市场的实际需要，培养生产、服务、管理第一线需要的实用人才"。从这一任务出发，可以从三个方面来考虑人才培养绩效：一是培养能满足市场需求、受用人单位欢迎的学生；二是高职教育提供的服务能满足学生和家长的需要；三是为社会和学生的可持续发展提供服务。

然而，在高职教育的运行与发展进程中，人们习惯用功利主义价值观来理解高职教育的目的、功能，把高职教育作为谋职的手段，即高职教育只以市场和就业需求为目标，学校教育仅仅围绕市场来运转，市场需要什么就学习什么，高职教育根据市场上的就业岗位需求进行技能性、专业性的培养。这虽然能暂时解决就业问题，但这些人才只是单能型人才，而且就业率有可能作为衡量高职人才培养质量的唯一指标，而忽视在高职教育进程中人的需求的满足，即学生综合能力与全面素质的提高。高职高技能人才培养绩效是高职院校战略目标实现的具体化，为了确保绩效评价的全面性、正确性，高职高技能人才培养绩效评价体系就不能只是宏观地局限于就业或其他单一指标，而应将其视为一个系统工程，对学生的知识、能力、素质、实操、就业等多方面发展进行综合评价，也就是说，根据高职高技能人才培养绩效内涵而设定的绩效评价标准和评价指标，应具有多维性的特征，要从多方面、多维度来实施高职高技能人才培养的绩效评价。

（2）从评价功能上来说，高职高技能人才培养绩效评价是一种形成—终结性评价。

我们可以将高职高技能人才培养过程分为三个结构层次，即人才培养输入—人才培养执行—人才培养输出。其中，人才培养输入是高职高技能人才培养绩效的基础，以管理制度为手段统领经费投入、生源、教育资源等要素；人才培养执行是关键环节，包括教学质量、师资、专业、课程等要素；人才培养输出是人才培养的结果，可以反映最终的人才培养绩效。然而，高职高技能人才培养绩效的评价并不仅仅是输出结果，而是包含人才培养的每个环节，充分注重每个环节在培养过程中的作用，是基于高职高技能人才培养实施过程及实施效果的形成性评价，不仅评价人才培养过程本身的效果，而且调节整个培养过程，保证人才培养目标的实现。

同时，高职高技能人才培养绩效的评价还应评判人才培养的最终结果，即人才培养目标是否真正得以实现。值得注意的是，这一评价过程并非只看重就业、论文、毕业设计等一些简单的单一量化指标和数据，而应对最终成果做出价值判断,判定被评价者的知识、素质、技能、情感掌握情况等综合因素,考虑人才培养绩效的全面性,最终落脚点是学生的发展后劲。由此,我们可以总结出,高职高技能人才培养绩效评价过程实际上是一个形成性评价与终结性评价相结合的过程(见图 4-2)。

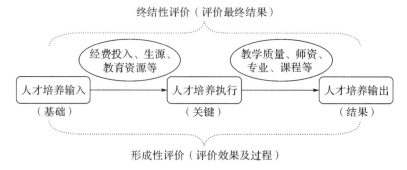

图 4-2　高职高技能人才培养绩效评价过程

(3)从评价过程上来说,高职高技能人才培养绩效评价是一种动态性评价。

高职教育人才培养质量是在人才培养的各阶段与全过程中逐渐形成的,对其质量的评价衡量过程应是一个培养质量不断产生变化的动态过程,这意味着高职高技能人才培养绩效评价是一种动态性评价。

这一动态性的特点决定了高职高技能人才培养绩效评价实施程序的特殊性。这也必然对绩效评价过程中确定评价目标和评价任务、建立结构合理的评价组织、选定评价项目与指标、选择评价方法和工具、搜集评价信息、整理和分析信息资料、形成评价报告等提出了一定的要求。

这一动态性的特点还决定了高职高技能人才培养绩效评价具有一定的滞后性。人才培养是一项长期工程,培养得好或不好,很难在短期内界定,具有明显的滞后性,尤其在教育对象质量、素质的改进或提高上,更加难以用量化指标来衡量。高校培养人才的周期较长,特别是高职院校,很多学生毕业后还要经过一段时间才能根据他们的技能水平和工作业绩评定其质量。而且这种工作成果要转化为社会现实生产力,实现其经济价值或社会价值,则需要更长的时间。因此,如果仅以就业等单一指标评价高职高技能人才培养过程,显然是不科学、不合理的。

(4)从评价结果上来说,高职高技能人才培养绩效评价是一种导向性评价。

高职高技能人才培养绩效评价一改过去高职院校传统评价中评价形式单一,评价内容重理论、轻技能,评价实施者重结果、轻过程的现象,准确引导了学生的发展方向,引导了高职院校学生评价改革的方向。这一导向性特征要从它的目标设置、实施过程和指标体系的设置三个方面来认识。

第一，高职高技能人才培养绩效评价目标设置具有导向性。高职高技能人才培养绩效评价是指导高职院校有效调整人才培养方案、实现院校战略目标的指挥棒，传递的是"应该培养什么样的人才，应该如何进行有效培养，哪些方面培养得较好需要深化，哪些方面培养得不足需要改进"等一些导向性信息。因此，高职高技能人才培养绩效评价体系的设立，首先必须明确评价的目标，设计一套有助于引导人才培养方向朝向目标的评价指标与标准。

第二，高职高技能人才培养绩效评价实施过程具有导向性。高职高技能人才培养绩效评价的实施过程，实际上是实现高职高技能人才培养目标的导向化过程。经过对高职学生在校期间每个阶段培养质量绩效的评价，对学生行为及学校培养方案等要素进行阶段性总结，有利于及时对照目标，评判和验收人才培养的阶段性质量，及时对学生行为和高校培养方案进行导向和调整，从而把培养行为纳入合乎实现目标的行动过程。

第三，高职高技能人才培养绩效评价体系具有导向性。高职高技能人才培养绩效评价体系从某种意义上来说就是学校战略目标的具体化和对人才培养要求的具体化，对学生个体发展及学校人才培养具有导向性。因此，构建一套以学校发展战略目标为核心，以学生全面发展为基础的评价指标体系，有利于深化学校工作的正确方向，从而有效提升学生综合素质和高等职业教育的质量。

第二节　高职高技能人才培养绩效评价的必要性分析

近年来，我国高等职业教育迅猛发展，办学规模不断扩大，日益成为高等教育不可或缺的组成部分。然而，在高职教育数量上呈现前所未有的发展势头时，其质量却并没有达到令人满意的效果。如何在规模扩张的基础上保证高职教育的质量，成为当前高等教育大众化时期面临的重要问题。《国家中长期教育改革和发展规划纲要（2010—2020 年）》中就如何加快一流大学建设提出要"改进管理模式，引入竞争机制，实行绩效评估，进行动态管理"，其目的就在于利用绩效评估的手段促进高等教育质量的提升。就高职院校而言，培养学生成才始终是其教育工作的出发点和归宿，只有在改进教育管理模式的同时，有效运用绩效评价，及时了解与掌握学生在各个阶段的各种有效信息，对他们进行有针对性的教育和指导，才能有效促进教学改革，提升教育质量。开展高职高技能人才培养绩效评价对正确了解和把握我国高职院校高技能人才培养的现状，深化课程改革，促进学生发展，提高人才培养质量，研究制订切实可行的对策建议,培养满足社会需求的发展型、复合型和创新型的技术技能人才具有十分重要的理论与实践意义。

一、基于高职教育发展的需要

经过近十年的大力发展,高职教育已从规模扩张转入质量提升、内涵发展的关键阶段。《关于全面提高高等职业教育教学质量的若干意见》指出:"高等职业院校要强化质量意识,尤其要加强质量管理体系建设,重视过程监控,吸收用人单位参与教学质量评价,逐步完善以学校为核心、教育行政部门引导、社会参与的教学质量保障体系。"

《关于推进高等职业教育改革发展的若干意见(征求意见稿)》明确提出:"加快完善人才培养质量保障体系,吸收行业企业参与人才培养质量评价,将毕业生就业率、就业质量、企业满意度作为衡量人才培养质量的核心指标。"

《关于充分发挥职业教育行业指导作用的意见》提出:"逐步建立和完善职业教育人才培养质量行业评价制度。要建立社会、行业、企业、教育行政部门和学校多方参与,以能力水平和贡献大小为依据的职业教育质量评价体系"。

《关于推进中等和高等职业教育协调发展的指导意见》提出:"积极开展中等和高等职业教育协调发展的研究,吸收企业等参加教育质量评估,探索建立职业教育第三方质量评价制度。"

《国家中长期教育改革和发展规划纲要(2010—2020 年)》明确指出,要"全面提高高等教育质量",特别是"提高人才培养质量"。同时,要"改革教育质量评价和人才评价制度","开展由政府、学校、家长及社会各方面共同参与的教育质量评价活动"。

由此可见,国家已经将高职人才培养的质量和评价摆在了前所未有的重要位置,强调要在高职教育培养目标和规律的指导下,完善人才培养质量评价标准。《关于推进高等职业教育改革发展的若干意见(征求意见稿)》明确提出建立"以学习能力、职业能力和综合素质为导向的科学化、社会化的评价体系"。很显然,高职人才培养质量评价已成为新形势下教育行政部门和高职院校的共识,是高职教育发展的必然趋势。

二、基于完善高职高技能人才培养绩效评价体系的需要

高职教育既是高等教育的重要组成部分,也是职业教育中的高层次,其培养的人才,既要达到高等教育的基本规格要求,又要具有职业教育特点,它能否适应社会发展新形势的需要,主要取决于其人才培养的质量。《关于加强高职高专教育人才培养工作的意见》指出:"在各类高职高专院校中,培养人才是根

本任务,教学是中心工作,教学改革是各项改革的核心,提高质量是永恒的主题。"换言之,高职教育发展必须要围绕培养学生这一中心任务展开,学校工作质量最终应当反映在受教育者的身上。因此,如何保证、提高、评价高职学生质量,是实现高等职业教育培养目标的关键,也是事关高职院校生存与发展的重大课题。

联合国教科文组织批准的《国际教育标准分类法》(1997 年修订稿)根据人才培养目标将高等教育分为两类:第一类为 5A 类,是理论型的;第二类为 5B 类,是实用技术型的。根据《国际教育标准分类法》,我国高职教育属于 5B 类,学习年限较短,一般为 2～3 年,培养目标定位于职业技术型人才或实用技术型人才,学习内容面向实际,适应具体职业的需求,主要目的是让学生获得从事某个(或某类)职业或行业所需的实际技能和知识。高职教育的培养目标就中职教育、本科教育而言,具有一定的特殊性,关于这点在本书的第三章中已经进行了比较和分析。高职教育培养目标具有明显的职业性、技能性、专门性和实用性,高职教育培养目标的特殊性也决定了其人才质量观的独特性,所以,不能简单地用普通高等教育人才质量观的评定要求去评估高职教育的人才培养质量。

当前,无论是教育行政部门开展的 5 年一轮的高职高专人才培养工作水平评估,还是高职院校内部组织的教学质量评价,都以对学校教学过程和办学构成要素的评价为主,对人才培养结果即学生的培养绩效评价严重不足。高职高技能人才培养绩效评价必须着眼于大学职能,尤其是其教书育人的教育职能的发挥,而不是单纯的资源利用效率。而且,随着大学绩效评价的发展,评价主体、评价方式和评价目的等不可避免地会出现多元化、综合化的趋势,这就要求高职高技能人才培养绩效评价体系除了逐步完善以学校为核心、教育行政部门引导、社会参与的高职教学质量保障体系以外,高职教育培养绩效评价作为动态监测和持续改进自身办学绩效的重要技术手段,也要根据特定的培养目标提炼出具有群体共性和自身高度个性化的绩效评价指标。我国的大学绩效评价还处在刚刚起步的阶段,缺乏一套完整的高职高技能人才培养绩效评价体系。建立绩效评价体系,一方面可以了解各高职院校人才培养目标的实现情况,另一方面可以了解各高职院校是否培养出了具有高职特色的合格人才,更有利于保证高等职业教育方针、政策、法规的全面贯彻。

三、基于改进高职高技能人才培养过程的需要

开展高职高技能人才培养绩效评价的目的是为了更好地了解和把握高职院校高技能人才培养的实际状况,发现问题,找出差距,为教学改革提供依据,解决高职教育在数量大发展时的质量问题,鞭策高职院校深化教学改革,自觉

提高办学绩效,确保社会对高职人才培养质量的知情权以及为教育部门提供决策信息与依据等。评价指标是实现评价功能的落脚点,指标制定是否合理、有无代表性和操作性,是绩效评价是否科学、有效的关键,因此,构建多元、动态、开放的高职高技能人才培养绩效评价体系是改进高职人才培养过程的需要,也是引导我国高职院校摆脱办学趋同现象,走向多样化、特色化、个性化办学正途的保证。

当然,高职高技能人才培养绩效评价的目的不仅仅在于及时调整高校人才培养政策,还在于及时对学生行为进行引导。高职高技能人才培养绩效评价的内容较为广泛,涵盖了高职学生所应该具备的关键能力与素质,从而得出学生在知识、能力、素质、实操等各模块中的得分和表现情况。学校可以将人才培养绩效的评价结果反馈给学生,让学生了解自己现有水平及学习效果,促使他们与评价的指标进行比较并反思,激发学生的学习动力与潜力,调动他们的学习积极性,相互学习、取长补短、共同进步,根据高职教育的质量标准不断修正自己的行为,促进自身的全面发展。

这样,高职院校与学生都能在评价的过程中及时进行自我控制、自我调整、自我改进,促进校生的互动,形成校与生双方共发展的良性局面。同时,也有利于高等职业教育融于整个社会系统之中,主动适应社会需要,促进高等职业教育的进一步发展。

四、基于高职高技能人才培养的社会新需求

为了解产业转型升级背景下,社会对高职学生的新需求,课题组以温州为例,采取开放式问卷和专家会议的形式对温州100多家大中小企业进行调研,主要就"现代企业最看重的学生的职业素质和能力有哪些?""高职毕业生在岗位定位、岗位能力及职业素养等方面和中职毕业生应该有哪些不同?""高职毕业生与普通本科院校毕业生对理论基础知识、技术应用能力或技能方面有哪些不同?""高职院校应该加强对学生哪些方面的教育、培养?"等问题进行走访调研。经过调研发现以下社会需求。

企业最关注的学生素质(排在前十位的):工作的兴趣和热情(87%),责任感(85%),职业道德(81%),吃苦耐劳(78%),上进心(75%),诚实守信(67%),主动性(64%),敬业奉献(60%),遵纪守法(55%),创造性(51%)。

企业最看中的学生能力(排在前十位的):沟通能力、语言表达能力(86%),人际交往能力(84%),实践能力(81%),解决问题能力(77%),执行力(73%),团队合作能力(68%),持续学习能力(65%),适应能力(57%),创新能力(45%)。

企业认为高职学生存在的不足主要有：缺乏良好的就业心态，不踏实，没有职业生涯规划，抗压能力不够，欠缺职业道德修养，责任心不强，协作意识淡薄等。

不难看出，当前用人单位看重的不再是用分数测出来的学业成绩，而是责任心、沟通、合作、执行力、道德修养等职业素质和隐性能力。因此，高职院校在提高学生专业技能的同时，应该关注学生职业素养、职业品格的培养，特别是责任心、上进心、吃苦耐劳以及合作能力的养成教育。由此，我们可以得出，在高职高技能人才培养过程中，应充分重视对学生的知识技能教育、素质养成教育等全方位教育，在对人才培养的绩效评价过程中，也应树立多层次、多维度、多元化的评价体系。

第三节　高职高技能人才培养绩效评价的现状分析

随着我国社会、经济、文化的不断进步，高等职业教育发展也面临着新的诉求，高职院校是否能培养出符合社会需求和认可的高技能、高素质人才则直接反映了高等职业教育的成败。那么，切实体现高职学生培养的特征体系和培养效果则需要通过绩效评价来实现。评价具有很强的导向性，正确合理的评价体系就如一根指挥棒、一盏照明灯，能起到很好的导航定位作用。由此，探索构建高职高技能人才培养绩效评价体系应作为相关研究的出发点和立足点。

一、高职高技能人才培养绩效评价相关研究综述

《高技能人才队伍建设中长期规划(2010—2020年)》指出，应逐步建立"以职业能力为导向、以工作业绩为重点，注重职业道德和职业知识水平的高技能人才评价体系"。这意味着德、智、能、绩四个方面应成为高技能人才评价的核心内容。而现有的高职院校人才评价体系往往是以学科知识为中心，以掌握知识的多少为标准，以卷面考试为主要手段，以考试成绩为指针的应试教育评价体系。这一评价体系客观上引导学生死读书，不利于学生形成合理的知识结构和掌握专业技能，更不利于学生综合素质的提高。也就是说，专门针对高职院校高技能人才培养的绩效评价体系还尚未构建。但是我们可以从国内外关于人才评价及高技能人才的实践成果和理论研究成果获得一些启示。

(一)人才评价研究现状

国外对于人才的评价研究始于19世纪70年代，经过一百多年的发展研究，形成了大量很有影响力的人才评价模型和理论。国外对人才的评价研究主要集中在评价对象、评价内容以及评价模型上。

评价的对象涉及各个领域、各个阶层、各类人群,其中比较有代表性的是教育领域、管理领域以及技术人员领域中的高新技术人员和知识型人员。对这些领域人员的测评采用了案例法,或者是通过定量的方法建立一些模型来研究。而人才评价的研究内容包括最早的智力研究和后来的人格、兴趣、认知能力、价值观以及潜能等方面的研究,其中最为成熟的就是对智力的研究。对于评价模型的研究先是从对人的心理进行研究,后来发展到对人的行为、工作岗位的分析,比较著名的有人—职匹配模型、胜任力模型。

其中对于胜任力模型的研究已经成了人才评价模型研究的重中之重。下面着重就国外胜任力模型研究进行简单综述。

胜任力模型指的是担任某一特定任务角色所需要具备的胜任力的总和,它是胜任力的结构形式。根据胜任力的定义,胜任力模型应该包括两个部分:一是可见的、外显的特征,比如技能和知识,这些特征容易了解和测量,也容易通过培训来改变和发展,但是不能预测或者决定是否有卓越的表现;二是深层次特征,如社会角色、自我认知、动机等,这些决定了人们的行为和表现。

国外关于胜任力模型的研究,最早始于美国管理协会,其将胜任力定义为一般的知识、动机、特质、自我意向、社会角色、与工作有关的技能(Hayes,1979),并提出了优秀管理者工作成功的五个重要的胜任力:专业知识、心智成熟度、企业家成熟度、人际间成熟度、在职成熟度。Boyataizis(1982)对 12 个工业行业的公共事业和私营企业的 41 个管理职位 2000 多名管理人员的胜任特征进行了全面分析,采用行为事件访谈和学习风格问卷形式,得出了管理人员的胜任力通用模型。L. M. Spencer 与 S. M. Spencer 在 1983 年通过对 216 名企业家进行跨文化比较研究后发现,能够区分优秀企业家与一般企业家的胜任特征有七个(分为四类):第一类,成就(主动性、捕捉机遇、坚持性、关注质量);第二类,个人成熟(自信);第三类,控制与指导(监控);第四类,体贴他人(关系建立)。Assoc 和 Waterloo(1993)总结出管理人员具有五项基本胜任特征,包括概念技能与独创性、领导、人际技能、行政管理、技术。Ribon 和 Fineman(1999)受美国 17 家主要研发组织的人力资源委托,用行为事件访谈法对技术经理的胜任特征进行了研究。Virtanen(2000)进行了公共事业管理胜任特征研究,提出了五大胜任特征:任务胜任特征、实体政策领域的职业胜任特征、行政管理方面的职业胜任特征、政治胜任特征和伦理道德类。Chareso(1999)对英国三分之二的大型组织进行了调查,采用半结构化面谈和问卷法对高层、中层、基层经理进行了调查研究,得出 6 种最重要的管理特征。Caress 和 Allwood(1997)对澳大利亚大多数管理咨询机构的管理咨询活动进行研究,发现他们在运用评价中心技术评定管理人员的工作特征时,基本的评定内容为:决策能力、人际能力、计划能力和组织能力。Kyoo Yup Chung(2000)对韩国酒店经理的胜任特征进行了实证研究,他主要采用小组讨论法收集项目编制问卷,用因素分析统计方法,得到 6 项酒店经理胜任特征因素:管理分析技术、适应环境变化和获得知识、管理员工和工作、问题识别和沟通、操作技术和知识、创新。Lewis(2002)通过关键行为事件访谈和 360 度访谈,建立了酒店经理胜任力模型,包含成就导向、信息搜寻、客户服务导向、组织关怀、专业技能、洞察力、团队合作、领导力、分析思维、创新能力、自我控制、自学能力、沟通交流能力、人际关系建立等。Bueno & Tubbs(2004)在 Chin、Gu、Tubbs (2001)建立的管理者全球领导力胜任力模型的基础上对该模型进行了检验,通过分析得出结论,认为全球领导力胜任力模型中关键的因素为沟通技巧、学习动力、灵活性、开放性、尊重他人和敏感性。Ricciardi (2005) 通过对多个案例进行研究,分析了胜任力模型在企业培训中的作用。他认为,企业应建立胜任力模型,对培训进行指导,从而构建基于胜任力模型的培训体系,为企业带来收益。Stewart(2006)参考 Eisenhardt (1989)和 Spencer(1993)的理论研究框架,研究了服务行业督导这一特有岗位的胜任力模型,并对建立的胜任力模型在实践中进行了验证。

国内胜任力模型的研究和应用起步较晚。王重鸣和陈民科(2002)运用基于胜任力的职位分析方法,对全国 5 个城市的 51 家企业的 220 名中高层管理人员进行了访问调查,通过实证评价,得出高级管理者的胜任力特征结构。时勘和王继承(2002)以通信业的管理干部为研究对象,对胜任力评价技术进行了尝试性的实证性研究,对访谈字数的长度限制、编码的量化指标(频次、平均等级以及最高等级)的选用,以及评价的信度做了探讨,并得出了通信管理干部的胜任力模型,即影响力、社会责任感、调研能力、成就欲、领导驾驭能力、人际洞察能力、主动性、市场意识、自信和识人用人能力 10 项胜任力。仲理峰(2003)在胜任特征研究的新进展一文中,对胜任特征研究的历史进行了简单回顾,介绍了胜任特征研究的主要途径和方法,分析了各种胜任特征概念的优点和不足,同时还对有关胜任特征模型的研究及其研究方法进行了总结。北京大学的姚翔、王垒、陈建红(2004)将 IT 企业项目管理者的胜任力归为个性魅力、应变能力、大局观、人际关系处理能力、品格 5 个因子。刘学方和王重鸣(2006)通过访谈,以及对 200 多家完成继承的家族企业中的高层管理人员进行问卷调查,采用探索性和验证性因子分析在国内外首次建立了家族企业接班人胜任力模型。家族企业接班人胜任力包括组织承诺、诚信正直、决策判断、学习沟通、自知开拓、关系管理、科学管理和专业战略 8 个因子。

综上所述,国外对胜任力模型的研究起源于美国,并且强调公司从实际操作运行过程中得出成果,英国对胜任力的研究是以美国的研究为基础的,并有政府的大力支持。基本上西方国家对于胜任力模型的研究主要集中在管理领域的中级、高级管理层。而我国的人才评价研究是在国外研究的基础上开展的,众多学者在研究中对传统理论和模型在中国化情景下进行修正和检验,还有的学者正在尝试建立新的人才评价模型,并且针对不同的评价对象建立相应的人才评价体系,人才评价的研究方法和领域也在得到不断扩展。但整体来看,国内的研究还没有形成一种完善的理论,还有待进一步深入。

（二）国内高技能人才评价研究现状

目前,学术界和企业界对高技能人才的评价方式、评价内容等研究较多,主要集中在评价标准、指标体系的构建以及评价方法和方式的创新等方面,着重解决发达国家理论、经验本土化问题,重点探讨如何改革传统的人才评价模式,创新人才评价方式,构建适应经济社会发展需要的高技能人才评价体系。

罗兴光（2006）介绍了深圳市的高技能人才评价方式,包括社会化技能鉴定、行业企业考评、中介机构评价、专业能力考核和政府评价等五种评价方式。陈小华（2007）通过研究目前高技能人才的培养和评价情况,提出我国高技能人才评价存在着评定方式误区、能力定位误区、申报资格误区、市场导向误区。并针对存在的评价问题提出了相关的改进办法:技师职业资格的评定必须采取"以考为主、考评结合、评聘分开"或"以考代评"的方式;技师应该提高自己的管理能力、创新能力、培训能力;放开申报条件,允许有突出贡献的员工提前参加考评;在评定人才的标准方面,应该前后连贯、始终如一,应始终坚持标准、严格把关、严格考核、宁缺毋滥。劳动和社会保障部提出我国高技能人才评价存在着三个缺陷:一是高技能人才评价跟不上社会需要;二是高技能人才评价质量不高;三是高技能人才评价与培养、使用、激励等环节没有形成有效联动。崔仁泉（2008）提出"四模块"企业高技能型人才评价模式,即核心能力、工作业绩、生产现场能力和理论知识考试评价。

对于如何改进高技能人才评价方式和建立完善的评价体系,很多学者理论联系实际,提出了一些具有可行性的建议。李贵卿、陈维政（2006）提出改善高技能人才评价应该在内容上坚持职业能力与工作业绩相结合,标准上坚持国家标准与岗位要求相结合,机制上坚持专业评价与企业认可相结合,实施上坚持行政指导和技术支持相结合,体制上坚持属地管理与行业管理相结合。杨耀基（2007）提出应以科学发展观为指导,创新企业高技能人才评价与激励机制,在学好、用好相关政策的基础上结合生产实际,积极改革创新申报条件、考试方法,改革组织方式;要以人为本,搭建立体型评价体系,包括以技能竞赛为载体,搭建技能人才脱颖而出的评价平台,开展各种评比活动,为高技能人才开辟"绿色通道",开展导师带徒活动,为梯次技能人才提供互动评价机制;必须坚持质量原则,形成品牌效应。

　　我国还对改进高技能人才评价方式和建立完善的评价体系进行了实际尝试和实践。广州市开展了企业技能人才评价课题研究,总结出"以职业能力为导向,以工作业绩为重点"的企业高技能人才评价模式。深圳市在创新技能人才评价体系的过程中:"突出业绩",以工作业绩、突出贡献作为评价人才的主要指标;"确定改革取向",坚持对人才评价重在社会和业内认可的改革取向,并且积极尝试各种高技能人才评价方式,包括社会化技能鉴定、行业企业考评、中介机构评价、专业能力考核和政府评价等五种评价方式,基本实现了"评价标准多元化、评价方式多样化、评价主体多极化"。宝钢集团常州冶金机械厂等江苏省10多家大型企业启动了企业内鉴定省级试点工作,各地也选择了一批企业开展了高级试点。在评价内容上贯彻国家职业标准、企业生产实际、现代高新技术和个人能力业绩四要素;在评价方式上根据企业生产经营现实需要,采取过程评定、现场考核、模块化操作考核、典型工件加工、论文答辩、业绩评定等方式,使考评活动与解决生产难题、完成工作任务和技术攻关相结合,受到企业和职工的欢迎。福建省采用成果认定、现场考核和业内认可等方式对建设系统企业技术工人实行持证上岗制度。江西省从2003年开始选择了江西省冶金集团公司、江西铜业集团公司、江西凤凰光学仪器(集团)有限公司等三家省属企业开展高技能人才评价试点,对运行了十多年的传统技师评审方式进行改革,选择车工、维修电工等7个量大面广的职业开展技师和高级技师鉴定考核,总结出常规鉴定、比例鉴定、现场考核三种企业鉴定模式。新疆生产建设兵团在考核内容上实行本土化方式,结合种植作物的种类和团场的生产要求,按照"干什么,学什么,学什么,考什么"的原则,采取1+X模式组卷,在规定的考核内容上增加企业生产岗位要求,紧密结合生产现场开展鉴定。中国乐凯集团公司对参加晋级鉴定的工人设立考核期,由所在车间对被考核者考试前半年及考后一年的相关指标进行记录,由评审组织对各项记录进行综合评审,评审结果直接决定被考核者能否晋级。

　　从以上综述可以看出,我国高技能人才评价在实践上的进展也是和理论研究相一致的,都对评价标准、评价的方式方法、评价内容、评价体系等方面进行了改革和创新。其中比较重要的成果是:广州市、深圳市以及宝钢集团常州冶金机械厂都确立了评价内容要以工作业绩为重点;许多企业都提出了社会评定和企业评价相结合、国家标准和企业生产的实际相结合的评价方式和评价标准;绝大多数省(区、市)和企业都强调生产现场考核的重要性;有些企业建立了为评价工作服务的激励保障制度以及严格对考评质量进行把关的规范制度。虽然我国高技能人才的评价工作在理论和实践上都取得了一定成效和进展,但是还没有在全国范围内形成一套完整的结合我国现实情况的高技能人才评价体系,这也是我国目前及以后要重点解决的问题。

二、高职高技能人才培养绩效评价的误区

上述人才评价模型理论为高等院校绩效评估提供了一定的借鉴和参考。为适应宏观高等教育管理体制改革的背景,提高高等院校的资源利用率及办学效益,为政府、高校管理层的决策提供指引,中央教育科学研究所于 2009 年率先组织了绩效评价,并出版了第一本《中国高等学校绩效评价报告》。《国家中长期教育改革和发展规划纲要(2010—2020 年)》指出,要"克服同质化倾向",要"改进管理模式,引入竞争机制,实行绩效评估,进行动态管理"。大学绩效评价作为一种评估的新形式,为我国的高校评估之路开拓了新的方向。关于高等院校绩效评估的研究在本书的第一章中已有论述,这里就不再展开。

在研究和梳理高等院校绩效评估过程中,我们发现高等院校的绩效是多方面的,主要包括教职员工等人力资源方面的绩效、学生方面的绩效、组织层面的绩效等。然而,对高职院校绩效的研究还处在探索阶段。高职教育作为高等教育的重要组成部分,因其自身的特殊性,现有的与高职院校相关的指标体系主要是 2003 年教育部制定的用于评估国家级重点高职院校的指标体系,其中的评价指标很多很细,涉及学校办学条件、教育质量的方方面面,但很少与高职院校的绩效挂钩,并不适用于评价高职院校绩效。

所以,当前高等教育进行的绩效评价大多着眼于大学教育资源的有效利用及资源利用的有效性,从教学水平、教学设备、师资队伍建设等方面评价高等教育教学质量、水平的较多,缺乏对高职院校教育绩效评估方面的研究,因此难以形成高职高技能人才培养绩效的系统性研究。而且,长期以来,我国在人才界定标准方面持有"唯学历论"的人才评价观念,评价人才只关注学历而忽视实践作为,这一错误导向,直接造成了社会需求与大学教育的断层,造成了社会需要技能型、应用型人才而高等院校却培养不出来的人才结构性矛盾。这也使得现有的高职院校高技能人才评价系统存在误区。

(一)评价方式较为单一

在当今"校企合作、工学结合"的培养模式下,专业理论知识学习和实习实践技能培养是高职学生不可偏废的"两条腿"。当前高职院校对学生的培养仍重视学生的考功和职业资格等级证书的获得,对学生的评价主要采用传统的成绩评价模式,考试考核的成绩仍然是决定学生技能优劣的主要标准。但实际上,考试考核的成绩并不能全面反映学生的实际能力和发展水平。高职教育理应注重学生职业能力的提高和实践技能的培养,应采用多样化的评价方式,但当前的高职教学没有根据课程性质来确定评价的形式，而是沿袭传统方法，以标准化、规范化的试卷对学生进行考核，片面地以学生考试的分数来评价学生的学习成绩和对教学内容的掌握程度。这种单一的评价方式导致了以下两大问题：

一是评价的信度和效度较低。考试考核评价方式试题覆盖面窄，偶然性大，不能客观和全面地反映学生的真实情况。部分学生平时不抓紧积累知识，到了期末考试时"临时抱佛脚"，也能达到应试的目的，这样容易使评价失去信度和效度，反映不了学生的真实水平，也就无法根据评价结果来调节教学，起不到评价的反馈调节作用。

二是不利于实践技能的学习。高职院校以技能型和应用型为培养的特色，所以对学生的评价也应围绕这个特色开展，更多地考查学生的技能培养和实践应用。高职院校对学生的评价要更多地结合其培养目标和专业特色，以突出实际技能的实践考核为主，而传统的以课本理论知识为评价内容的考试评价方式，其结果是学生只注重分数不注重能力，只习惯于接受和承认已有的结论，而不知应用和创新，浪费时间背教材，而不能把更多的精力投入技能练习中，否定了实践教学在高职教育过程中的重要意义，忽略了学生的个体差异和个性化发展，不能达到对学生的综合性科学考量。

（二）评价标准缺乏衔接性

社会所普遍认可的高技能人才一般指的是获得高级职业资格的人才。虽然目前职业资格证书、职业等级证书制度的建立丰富了高职学生评价方式，但是高职院校设置的专业工种所对应的职业资格评定，很少与国家职业评定标准中的高级工鉴定对接，大多只有初级工和中级工的评定（相当于国家职业资格的五、四级），这一评价方式已不能完全满足高技能人才评价的需要，意味着高职院校并没有将人才评定方式与职业资格评定等高技能人才社会评价体系形成有效衔接。

此外，职业资格、职业等级证书考试的试题从国家题库抽得，分理论和技能两部分，考务工作基本上由申请单位组织实施，高职院校教学评价机制与职业技能鉴定部门缺少配合，在考试大纲和培训教材等方面，两者自成体系，相互封闭。多数高职院校还是单纯地为办学而办学，模仿普通本科院校的教育模式，或沿用旧的职业教育模式，人才评价体系只对文凭负责，而不对能力负责，职业资格证书工作处于无序无力状态。这就难免使考核的内容脱离企业生产实际，使得职业资格、职业等级证书的考核操作不够科学、不够严谨。换言之，在考取职业资格、职业等级证书的过程中，作为使用人才的主体——企业始终没有处于职业资格证书体系建设的中心，致使高职院校的学生评价体系的客观性和科学性受到影响,考证沦为一种形式和结果,忽视了其内涵和过程。所以,职业资格证虽然一定程度上反映了学生的技能水平,但是与社会劳动力市场需求存在一定程度的脱节,学生考取的资格证不一定可以满足企业对学生技能的需要,使高职人才培养陷入了"能考不能干"的局面。

(三)评价主体错位

高职教育的重要使命是提高学生的专业技能和综合素质,为社会培养高素质的技术型人才。所以,高职院校的办学效能评价应该回归学生本位,推行学生评价,把学生质量作为人才培养评价的主体。学生评价是指在系统地、科学地和全面地搜集、整理、处理和分析学生信息的基础上,对学生发展和变化的价值做出判断的过程,目的在于促进教育与教学改革,使学生全面发展。学生评价同教师评价、学校评价、教学评价一样是教育评价的重要内容,涵盖与学生相关的各个方面的内容,学生质量评价是学生评价的一部分。

然而,当前大部分高职院校评价体系将办学状况、教学水平、教师业绩等作为评价的主体因素,尚未将学生质量作为评价的关键因素,忽视以学生为主体的评价研究,而将评价的重点放在教学水平的评价上,认为教师是教学行为的主要参与者和实施者,使得对教师的评价占据了整个教育评价的中心地位,尤其是对教师教学水平的评价,却对学生质量的评价缺乏足够的重视。在"只要教师教学水平高,学生的学习效果就一定好,学生质量也会高"的错误观念引导下,高职院校往往会将学生质量评价视为教学评价的结果,认为只要学校的教学水平高,学生的质量也会高;或者将学生质量评价等同于学生的课业评价,片面地认为期末的考试考核就是对学生的质量评价;或者向几家用人单位做一些问卷调查,就算完成了对学生质量的评价。

显然,造成这一评价误区的原因是很多高职院校对自身培养学生的质量内涵没有正确的认识。学生质量不仅仅是高职院校教学水平的体现,更是根据培养目标的要求所应达到的水平,它涵盖着非常丰富的内容,学生除了应该掌握理论知识、操作技能,还应具备思想政治素质、道德素质、文化素质、专业技能素质、能力素质、身体素质、心理素质等。基于高职教育的人才培养目标,高职院校是以培养适应生产、管理、服务第一线的高级技术应用性专门人才为根本任务的,所以对学生质量的评价应该是一个全方位、多层次的系统性考核。

此外,在现有的高职评价机制中,实施学生评价的主体主要是任课老师,他们主要通过考查和考核的方式,就学生对课程内容的掌握和操作能力做一个检测和判断,最后以考试和考核的课业成绩作为学生质量评价的最终结果。无论是考核内容、考核标准、考核过程的实施还是考核结果的给定,都带有任课老师明显的主观色彩。这种仅由教师对所有的评价指标给出数值评分的方式,会降低评价的信度和效度，无法完成全面、多样化的数据采集和数据融合，也无法实现客观评定。对于学生而言，没有参与评价，没有自主调控，只能被动应付，单一地进行考试和考核，评价的结果会使他们越来越缺乏对学习的兴趣和信心，不利于提高学生的学习积极性和主动性，不利于学生综合素质的培养和职业能力的提高，无法与企业的要求接轨，从而阻碍学生全面、长远的发展。

因此，关注学生质量，加强对学生受教育效能的评价，特别是选择评量毕业班学生经过在高职院校三年的学习教育后所取得的实际成效，从而准确判断我国高职院校在人才培养上取得的业绩和存在的不足具有较大意义。

（四）评价内容缺乏针对性

高职院校人才培养目标不同于普通本科院校，但当前其人才培养质量的评价内容却与本科院校大同小异，评价的内容和模块仍停留于德、智、体的评定上，没有体现高职教育特殊性，这就使高职院校的人才评价存在以下几个问题：

第一，"重理论轻实践"模式下的高职人才评价传统化。由于受传统教育评价观念的影响，高职院校在实施人才评价的过程中十分注重理论知识的考核，而忽视了对学生实践教学效果的评价，削弱了学生的技能训练。部分学校对学生实践能力的评价仅仅局限在学生考证上，认为取得了职业资格证书或相关等级证书，就是已经具备了从业能力，就算完成了实践教学任务，忽视了对实践教学的钻研，与高职教育实践教学的特色之路渐行渐远，体现为技术应用型人才本质特征的实践能力、技术应用能力等被不同程度地排斥在学生评价内容的范围之外。

第二，"重技轻文"理念下的高职人才评价片面化。当前，国家大力发展职业技术教育，尤其是企业对高技能人才的急切需求，使有技术的人才在就业市场上极为"走俏"。这一信息在高职教育中最直接的影响，就是大多数高职院校将人才培养的重心放置于技能的培养上，而很少关注学生人文素养的提升。这一导向使大多数高职院校通过课程设计、"订单班"等方式完成了技术上的"传帮带"，短、频、快的技术教育确实收到了实效，技术指标成了评价一个高职毕业生优劣的重要指标，但跳槽现象的频发，却暴露了这一单一化培养目标的弊端。从美国心理学家麦克利兰的"冰山模型"理论可以看出，技能知识位于"冰山以上部分"，属于显性素质，不能用来衡量人才培养的优劣；而位于"冰山以下部分"的价值观、品质、动机、自我认知等隐性因素，才是决定人才培养绩效的关键因素。用这一理论纵观当今的高职教育，无论是人才培养的目标，还是人才培养质量的评价体系，都已经偏离了轨道。对于高职学生的评价，不能仅仅局限于理论与技能的测定，还应进行包括思想品德、实践技能、审美情趣、合作精神、创新意识等在内的综合素质考核，以此来促进学生的全面发展。

第三,"功利价值"主导下的高职人才评价功利化。如今,大学生就业问题是政府、高校和社会普遍关注的热点问题。就高职院校而言,帮助学生找到工作,提升学校就业率,成了当今高校人才培养的明确目的,就业率也自然而然成了衡量学校办学质量和学生培养质量的重要指标。原本解决学生就业无可厚非,然而,很多高职院校为了生存和发展,一味地追求就业率,忽视了学生的责任感、团队意识、吃苦意识等综合素质的养成,这显然是对高素质、高技能人才培养目标的一种误读。

第四,"能力本位"影响下的高职人才评价单一化。能力本位是目前高职教育较为推崇的职教体系,主要是基于岗位群需求建立能力指标的教学实践模式,强调的是从事某一岗位所需必备的职业能力。在这一教育模式下,高职院校大多根据企业的岗位需求设置人才培养方案,强化学生岗位能力的塑造,人才培养上用单一的岗位技能取代全面发展的综合素质,在人才评价过程中突出岗位能力的核定,忽视了对学生情感、道德、意志等综合素质的考量,造成专业、课程结构的单一化,使职业教育陷入只是为学生寻找谋生手段的误区,让"订单班"、校企合作一定程度上变了味,使高职教育沦为简单的"岗前教育"。虽然有些学校也提倡素质教育,但就课程设置来看,缺乏为全面提升素养而专门设置的如人文修养、沟通能力、管理艺术、职业道德等相关课程,这使得大多数学生也只专注于本专业领域的学习和积累,无暇顾及专业外知识与素质的拓展,导致学生只能束缚于某一职业岗位或某种特定的职业能力,满足不了学生全面发展和可持续发展的最终需求。

（五）评价结果缺乏导向性

现代教育评价注重发挥评价的反馈、激励、促进、改进、发展的功能,通过评价结果的分析,提供反馈信息,帮助学生及时发现学习中遇到的问题,继而有针对性地采取措施加以改进,不断提高学生的学习质量和兴趣。目前高职学生评价更多的是注重学生学习的结果,而不注重学习的过程,突出评价的鉴别功能,忽视评价的反馈、激励、促进、改进、发展的功能,缺乏评价在整个人才培养过程中的反馈和指导。所以,在实施高职人才评价时,要将评价重心从结果评价向过程评价转移,评价方法从量化评价向真实性评价转移,评价主体从单一化向多元化转移;强调学生评价标准与社会需求相一致,评价方向尊重学生的智能差异性和素质发展性,评价标准基于智能多元化和潜能发展多样化,形成立体式评价标准体系,评价功能体现学生能力培养和素质塑造,建立科学的高职高技能人才培养绩效评价体系。

就业竞争的日益激烈和高职教育入学成本的逐渐增加,客观上助推了社会对于高职人才培养质量的追求,人们开始关注高职学生在校期间是否得到有效培养,是否具备充分的就业能力和职业能力,从而根据学生的实际情况和工作要求选择合适的学校。但是,目前还没有能科学反映高职院校人才培养质量的排行系统,无论是政府还是学校,都无法对培养的人才进行质量的追踪和评价,这不利于政府及时地调整和完善高等教育决策,也不利于学生选择自己满意的高职院校。

第四节　高职高技能人才培养绩效的四维度多因素评价分析

针对新形势下高职教育发展的特点和高职学生的差异性,为更好地了解和把握高职院校高技能人才培养的实际状况,发现问题、找出差距,使高技能人才培养的实现路径及对策优化更具有针对性、导向性,本研究基于理论上的研究分析和实际调研考察,分析现有高职高技能人才评价系统的不足,设计构建以学生为主体的,具有高职特色的高职高技能人才培养绩效评价的结构模型。这里所说的高职高技能人才培养绩效评价主要是指在高职院校培养高技能人才的目标定位下,根据一定的评估指标、评估程序和评估方法,对高职学生通过在高职院校的学习后所取得的实际成效做出客观、公正、准确评估的过程。开展高职高技能人才培养绩效评价对正确了解和把握我国高职院校高技能人才培养的现状,深化课程改革,促进学生发展,提高人才培养质量,研究制定切实可行的对策建议,培养满足社会需求的发展型、复合型和创新型的技术技能人才具有十分重要的理论与实践意义,也为提升高职教育人才培养质量提供了有益借鉴。

一、高职高技能人才培养绩效的结构要素

高职教育具有高教性、职业性等属性,面向生产、建设、服务和管理第一线需要的高技能人才,不仅要具备以德为先的基本素质,还要具备通过高等职业教育掌握的专业知识和职业技能。在高职高技能人才绩效评价的实践中,为了更系统、全面、有效地实施绩效评价,需要明确高职院校高技能人才培养绩效的结构要素。本节在综合考虑高职院校与普通高校学生生源构成、培养目标、就业岗位的区别后,以高职学生为主体,通过大量文献研究和实证调研,分析、归纳高技能人才的通用能力、专用能力、品德态度等因素,形成了高职高技能人才培养绩效的四大结构要素,即学习、素质、能力和实操。

（一）学习

1.学习的定义

关于学习，不同时期有着不同的理解，且由于对其实质内涵的理解不同，定义也五花八门。《现代汉语词典》（第 7 版）将"学习"释义为"从阅读、听讲、研究、实践中获得知识或技能"。早期联想主义学派认为学习是形成观念间的联想，联结派认为学习即形成刺激与反应间的联结，认知派认为学习即形成和改变认知结构。比较有代表性的有以下几种说法：

（1）由主体在某个规定情境中的重复经验引起的，对那个情境做出的行为或行为潜能的变化。但这种行为的变化是不能根据主体的先天反应倾向、成熟或暂时状态（如疲劳、酒醉、内驱力等）予以解释的（Ball et al.，1987）。

（2）形成有组织的知识并使之变得更有组织的过程（Charniak et al.，1985）。

（3）有机体或机器增加其知识和技能的所有的过程（Stillings et al.，1987）。

（4）依存于实际经验的、持久的内部表征的生成或矫正（Dudai，1986）。

（5）知识或技能的获得（Howard，1995）。

（6）是一个自我调节的过程，是通过下面几个过程实现的：努力解决个体原有的模式与新的顿悟之间的矛盾；用在文化背景下形成的工具和符号来建构新的关于现实的表征与模式；通过社会合作、交互来进一步确定意义（Fosnot，1996）。

综上所述，学习包含两层含义：一是通过学习，对所学的知识或技能有所了解、掌握以及运用；二是通过学习，逐步养成良好的习惯，其至内化为一种良好的习性。所以，我们认为学习是指获取知识、掌握技能、改善态度等学习活动实施并取得应有效果的认知过程。

2.学习的典型行为

Ⅰ级：在学习活动中，学习者对学习持有较为持久的肯定态度，个人情绪及意志等方面表现出认真与勤奋、主动与进取的能动心理状态，有强烈的学习意愿和个人素质提升需求；在主动学习的过程中注重探索和进步，具有一定的创造性。这一行为重点在于考量"想不想学习"，取决于个人的学习态度。

Ⅱ级：在学习活动中，学习者通过有效的方式或指导，获取新知识、新信息、新技能及新经验，并掌握科学的学习方法与学习技巧；将理论知识与经验技巧融入已有的知识体系，反复实践，转化为自身经验；注重知识的拓展与更新，致力于树立终身学习的意识，从而提升学习能力。这一行为重点在于考量"会不会学习"，取决于个人的学习能力。

Ⅲ级：在学习活动中，学习者对学习付诸一定的努力后，在基础知识、专业知识与行业知识上有了一定的储备和基础，在信息、技能与经验上也获得了预期的良好效果和功效。这一行为重点在于考量"学得怎么样"，取决于个人的学习成效。

3.高职学生学习的基本内涵

学习是基于学习活动实施经验而导致的认知或者行为产生持久变化的过程，是高职学生获取知识、掌握技能、改善态度等学习活动实施并取得应有效果的认知过程，是技能生成的基础。

不同的学习态度、学习能力，其学习效果差别很大。在这个过程中，学生的学习态度和学习能力是基础。学习态度的好坏，不仅直接影响高职学生的学习成效，而且直接关系学生个性与人格的形成与发展，形成积极主动的学习态度对每个学生都具有极为重要的意义。学习能力则在学生学习与技能的掌握过程中不断形成和提升，学习能力直接影响学习效率以及个体基本素质的形成和各种潜能的发挥。高职高技能人才的学习活动具有很强的针对性和实践性，针对高职学校的特点，通过对学生学习态度、能力、成效的评价，引导高职院校重视培养学生的学习主动性、进取心和创造性，提高其知识获取能力、知识运用能力、知识更新能力和知识拓展能力，使学生树立爱学习、会学习、终身学习的理念，有效提升学生基础知识、专业知识和行业知识的储备，为技能生成奠定基础。

（二）素质

1.素质的定义

素质是反映人的内在、本质、品行和心理特征范畴的抽象而又综合的概念。学界一般将素质视为一个发展的概念，既包括先天遗传特征，又包括后天习得的素养。所以大多从两个层面来理解素质：一是从生理、心理层面，认为素质是由遗传或先天因素决定的神经系统和感觉器官的特点，对一个人的心理发展有重要作用，将其分为个人先天所具有的解剖生理特点，主要包括神经系统、感觉器官、运动器官及大脑的特点。这种素质是人的身体、智慧、能力和个性乃至整个心理活动形成和发展的自然前提。二是从教育层面，认为素质是人在先天生理素质的基础上，通过环境影响和教育训练所获得的内在的、相对稳定的、长期发挥作用的身心特性及其基本的品质结构，这种素质并非天生的而是派生的，是人在发展过程中逐步形成的，是人的智慧、道德、审美性的系统整合。

可见，素质是由表象的知识、技能和潜在的价值观、态度、社会角色、自我形象、个性、品质、内驱力、社会动机等组成的，如身体素质、思想政治素质、心理素质等，是抽象的概念，很多指标无法直接进行观察和评价，只能通过间接的方法进行评价。由此，我们可以认为素质是个体在先天生理的基础上，受到后天环境、社会、教育等外在因素的影响,通过个人认识、修养及实践后形成的稳定的、内在的身心特征及其基本品质结构。所以,素质这一概念既包含人的身心潜能,又包含环境发展在人身心结构中积淀和内化所形成的思想、道德、职业等多方面的品质。

2. 素质的典型行为

Ⅰ级:个体通过良好的环境与教育,在一定的思想引导下,表现出相对稳定的品德行为,其包含意识行为、政治道德、思想倾向、人文修养等多个要素;个体在政治立场、政治品质等方面具有敏锐的政治觉悟和一定的政治修养,在实践中形成对未来社会和自身发展的理想追求,坚定不移地以此为信念不断充实、调整和完善,并经过科学、艺术、人文等熏陶和教育后所形成为人处世的综合品质,培养和积淀为一种良好的行为习惯。这一行为重点在于强调个体的思想品德。

Ⅱ级:个体一方面具有健康的身体状况,注重培养全面发展的身体耐力与适应性,自我具有良好的保持健康体格的意识;另一方面还具有健康的心理和健全的人格,能积极地面对困难,适应周围多变的环境,具有坚韧不拔的毅力,能够独立自主地发现问题并提出解决问题的设想,从而积极地调整自我、完善自我。这一行为重点在于强调个体的身心素质。

Ⅲ级:个体在环境、社会、教育等外在因素的影响下,能遵纪守法、尽职尽责、诚实守信、爱岗敬业,富有社会责任感、正义感、奉献精神和吃苦精神;能正确处理个人与社会、个人与他人的关系。这一行为重点在于强调个体的职业道德。

3. 高职学生素质的基本内涵

素质是以个人先天禀赋为基础,经过后天学习、实践所形成的内在素养和品质。从教育学角度出发,对于素质的划分,学界主要集中于两种观点:一种是将素质划分为品德、智慧、身体、审美和劳动五个子系统,以适应于德、智、体、美、劳的培养目标;另一种则是遵循人是自然、心理和社会统一体的观点,将素质划分为生理素质、心理素质和社会文化素质。高职高技能人才是生产、建设、服务与管理第一线的后备人才,就其素质而言,应包含身心、思想、道德、职业等多方面品质。

中共中央、国务院发布的《关于深化教育改革全面推进素质教育的决定》指出,素质教育要以培养创新精神和实践能力为重点,重视培养大学生创新能力、实践能力和创业精神,提高人文素养与科学素质,要有熟练的职业技能和适应变化的能力。这给高职高技能人才素质培养指明了方向。应注重培养高职学生的抗挫能力、自我调整能力和环境适应能力,而高技能人才的培养目标又对职业道德提出了更高的要求,因此,可以从身心素质、思想品德及职业道德三个方面来界定素质结构(见图4-3)。良好的身心素质是人才成长的基础,身心素质位于素质结构的基层,具体包括自我保健意识、身体健康状况、环境适应能力、挫折承受能力和自我调整能力等。职业道德位于中层,衡量高职学生做事的质素,包含遵纪守法意识、诚实守信意识、工作责任意识、吃苦耐劳精神等。思想品德则衡量高职学生做人的质素,位于最上层,包括政治素养、理想信念、人文素养、行为养成等方面。

图 4-3　素质结构

素质的结构具有相对稳定性、整体性与层次性,功能具有潜在性,生成具有内化性与发展性。从系统论的观点看,人的素质是一个开放的、有序的、分层次的系统,它具有无限的丰富性与多样性。身心素质、职业道德和思想品德这三者相互融合、相互作用、相互制约,共同构成了高职高技能人才素质的有机整体,促进了高职高技能人才整体素质的发挥和提高。这样的素质结构,遵循培养全面发展的人的理念,要求高等职业教育培养的学生不仅要具备良好的身心素质,还要具备职业岗位所需的知识和能力,而且更要具备健全人格、团队精神、敬业、诚信、开拓创新的全面素养。所以,和谐的素质结构必须以高职学生和谐发展和身心健康为目标,做到做事与做人统一,具有一定的稳定性、可塑性和综合性。

（三）能　力

1. 能力的定义

关于能力,在学界有很多不同的表述。如有的学者认为,能力是人依靠自我的智力、知识、技能等去认识和改造世界所表现出来的能量,是复杂结构的各种心理品质的总和;有的学者认为,能力是人的综合素质、知识基础、经验累积中所淬炼出来的可以判断、抉择、正确驾驭某种活动的实际本领、能量和实现人的价值的一种有效方式;有的学者认为,能力通常指完成一定活动的本领,包括完成一定活动的具体方式以及顺利完成一定活动所必需的心理特征。

能力可以分为动作技能和心智技能。动作技能,主要是指人的肌肉运动按照预定顺序组成的完整协调的动作系统,如实践操作能力等。心智技能,主要是指大脑对事物的分析、综合和描写概括的能力,如判断力、想象力、创造力等。

可见,能力是完成任务或活动的过程中所体现出来的本领和素质。因此,本书将能力归结为完成一定活动或胜任某项任务的具体方式和主观条件。这意味着能力与人完成任务的实践活动紧密相连,只有成功地完成任务所表现出来的心理特性和活动本领才能被称为能力。

2.能力的典型行为

Ⅰ级:个体具备适应或者融入社会生活所需的最基本的基础知识、基本技能、学习能力等;个体在使用口头、书面语言的过程中具备运用语言的能力;个体能够运用文字书写观点、意见并使其系统化和条理化;能够洞察、辨别和理解自己及与外界的关系,对于外界捕获的信息能做出分析、判断和处理;可以借助积极的思维活动理解事物的本质特征和内在联系。这一行为重点在于强调个体的基础能力。

Ⅱ级:个体在完成专业活动的过程中,通过学习和训练,日渐形成操作技能及专业水平等;能通过现场调查,依据调查结果探索和研究事物的实质、规律;通过动手实践和实际操作理解和掌握专业知识,将所学的专业知识与技能推广应用到实际;对在学习和应用过程中碰到的困难和问题能够质疑问难、排忧解惑,并在原有知识和专业的基础上不断改革和创新。这一行为重点在于强调个体的专业能力。

Ⅲ级:个体具备接触和融入社会的过程中所需的适应性行为和社会技能,能妥善处理人与人、组织内外及上下左右的关系,合理、科学地运用方法使组织内部协作配合、有效运作,能充分融入团队,各尽所能、互补互助,充分发挥团队合作精神;对个人的职业生涯有系统的计划,能够获得、保持工作并实现良好的职业生涯发展,能利用身边的人力、物力、财力等资源并运用自身的综合能力实现创业,并能将自身的专业知识和技能传授给他人。这一行为重点在于强调个体的社会能力。

3.高职学生能力的基本内涵

能力是在人的活动中形成和发展起来的,学界关于能力的划分较为多样,主要有以下几种:基于社会系统知识可分为组织能力、社会适应能力、管理能力、人际能力等;基于人自身系统知识可分为抵抗疾病能力、自我保健能力、心理适应能力、观察记忆能力等;基于人造系统与自然系统知识可分为实际动手操作能力、创造能力、思维能力等;基于能力所表现的活动领域可分为一般能力和特殊能力;基于活动创造性能力大小可分为模仿能力和创造能力;基于能力功能可分为认识能力、操作能力和社会交往能力。

就高职学生而言,能力结构主要包括基础能力、专业能力和社会能力。美国心理学家麦克利兰于1973年提出冰山模型,将个体素质的不同表现划分为表面的"冰山以上部分"和深藏的"冰山以下部分"。我们借鉴冰山模型对基础能力、专业能力和社会能力做进一步阐释(见图4-4)。基础能力是浮于水面上的最直接、外在的冰山部分,包含了最基本的语言表达能力、文字书写能力、自我认识能力等;专业能力位于浅水区的中层冰山区域,指的是高职学生在培养过程中逐渐积累起来的调查研究能力、动手操作能力、推广应用能力等专业能力;而人际交往能力、组织管理能力、团队协作能力等不易鉴别的社会能力,则深藏于冰山底部,这些能力需要经过在职业就业环境中的锻造后才能表现出来。这一冰山模型呈现了一个能力不断完善、不断提升的过程。

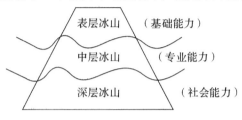

图 4-4　高职学生能力结构

（四）实操

1.实操的定义

关于实操,学界很少就其做一明确的概念定义,基本上都会将理论与实操对应起来加以研究,前者定位于专业理论,后者则定位于由理论转化后的实际操作过程。实操是职业教育特别注重的方面,与普通高等教育不同,高职院校培养的是面向生产、建设、服务和管理第一线的高技能人才,在人才培养目标上具有一定的独特性,更注重技术能力和实操水平。所以,这里的实操主要指具体实践操作活动所取得的实际成效和社会影响。

2.实操的典型行为

Ⅰ级:个体通过实践活动取得预期效果和功效,能够将完成工作或者学业所能达到的优劣程度维持在一定水平,并且能够最大限度地在单位时间内有效地完成工作量或者学习任务。这一行为重点在于强调个体的实践成效。

Ⅱ级:个体通过实践活动获得成果,包括个体参加各类职业技能大赛获奖荣誉的数量、通过利用现有的专业知识和技能改革创新的成果、论文发表以及专利发明数量等。这一行为重点在于强调个体的实践成果。

Ⅲ级:大众对于个体实践的接受和认可程度,包括个体身边的同学、实习或者工作单位以及社会对其的认可度。这一行为重点在于强调个体的实践认可度。

3.高职学生实操的基本内涵

近年来,各高职院校结合人才培养目标,提升办学理念,转变培养模式,突出实践教学，开展了产学合作、校企合作、工学交替、"2＋1"、订单式以及国外流行的教学工厂、双元制、建教合作等办学实践，并取得了较好的成效。因此，有必要对完成任务（学业）质量、完成任务（学业）效率、技能竞赛获奖数量、创新成果数量等实践成效和实践成果，以及同学认可度、企业认可度、社会认可度等实践认可度进行绩效考评，为高职院校提高人才培养质量提供信息参考。

二、结构要素间的相互关系

学习、能力、素质和实操这四大结构要素分别作为相对独立的部分，在高职高技能人才绩效评价的具体实践过程中各自起着作用，但四者之间的关系并不是简单的加和，而是相辅相成、相互推进地构成了一个系统性的四要素结构体，呈现出多级联动的结构状态。

（一）学习之于结构体的关系与意义

"终身学习""建立学习型社会""活到老、学到老"等都是现代社会极为推崇的观念和思想，表明现代人认识到了学习的重要性。只有具备良好的学习态度和学习能力，才能取得较佳的学习效果，最终才能掌握知识和技能，从而认识和改造自然、认识和改造社会。因此，对知识的传授和学习是形成人的素质、能力和实操的阶梯或载体，在整个结构体中处于基础性地位，是素质、能力和实操形成的基础，发挥着不可替代的核心作用。只有具备相应的知识，才可能将知识内化和升华而获得更高的素质、更强的能力和更有效的实操。

（二）能力之于结构体的关系与意义

人把所学的知识吸收、消化、融合、创新，有赖于人在实践活动中的能力，能力是在一定知识积累的基础上经过培养或实践锻炼而形成的技能，是知识与素质的外在表现。如果知识和素质离开了能力，就无法外显而诉诸实践，那么，知识的学习和素质的培养就无从表现和把握。因此，能力是促进知识更新与素质完善的动态过程，它会随着环境和时代的变化而变化，只有充分提升个体的能力，才能获得一定的实践成果，获得较高的认可度。

（三）素质之于结构体的关系与意义

如果说能力是一种外化的行为表现形式，那么素质则是把从外界获得的知识和能力升华内化为个体稳定的品质和潜能。这一内化的精神品质和发展潜力，需要长期培养、升华而形成相对稳定且能长期发挥作用的内在的基本品质，其来源于不断的知识传授和能力积淀，它不是学习和能力的简单加和，而是对知识与能力的组织与控制、领导与指挥。同时，素质的提升和完善，可以更好地发挥学习和实操的效能，也更有利于施展个体的能力，使已有的知识、能力和实操效能更好地发挥作用。

（四）实操之于结构体的关系与意义

实操是个体将知识的学习、能力的提升与素质的培养诉诸实践活动之后所取得的收获、成效与认可，学习、能力与素质只有不断融入社会实践，才能形成良好的实操技能。实践的历练和锻造，又为进一步学习指明方向，更能使人轻松地投入学习、有效学习，从而不断地提升自我的素质和能力。

综上所述，学习、素质、能力和实操构成了高职高技能人才培养绩效的四大结构要素。这四者环环相扣，相辅相成，构建了高职院校高技能人才培养的绩效评价模型（见图 4-5）。

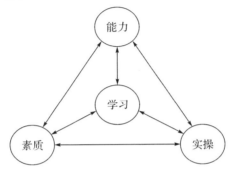

图 4-5　高职高技能人才培养的绩效评价模型

结构体四要素之间相互联系、相互制约、相互推进，使高职高技能人才技能的生成成了一个"知识学习—素质养成—能力提升—实践转化—反省学习—能力素质整合—再实践"的反复螺旋上升的过程。

实证篇

第五章　高职高技能人才培养绩效评价的指标设计

在经济发展方式转变、产业结构调整、技术革新步伐加快的背景下,劳动力供求的结构性矛盾突出,技能型人才缺口严重。近十年来,高等职业教育事业快速发展,体系建设稳步推进,办学规模不断扩大,人才培养质量得到迅速提升,特别是党的十八大以来,党中央、国务院对发展现代职业教育做出了新的战略部署,高等职业教育已进入由规模扩张向内涵深化的战略转型时期。然而,当前职业教育还不能完全适应经济社会发展和产业转型升级的迫切需要,生源出现危机,人才供求匹配度低下,人才培养绩效受到质疑,高职院校人才培养绩效亟待科学、客观的评价。评价是人类社会中一项经常性的极为重要的认识活动。在日常生活中经常会遇到这样的判断问题:哪个学生的素质高? 哪个高职院校的声望高? 高职教育培养出来的学生是否能达到人才培养的目标? 是否满足劳动力市场对人才的要求? 在高职院校三年的学习对学生今后的职业流动是否起作用? 是否满足人的可持续发展?

评价是在多因素相互作用下的一种综合判断,对于事物的评价常涉及多个因素或指标。比如,要判断哪个高职院校的声望高,就得从在校生数量、教学设计、教学质量、科研成果等多方面进行综合比较;要判断哪个高职院校的学生素质好,就得从学生的知识、能力、行为、业绩等多方面进行综合比较等。影响评价事物的因素众多而且复杂,仅从某一个方面对被评价事情进行评价是不合理的。因此,往往需要将反映评价事物的多方面信息加以汇集,得到综合指标体系,以此来反映被评价事物的整体情况。

指标体系是实现评价功能的落脚点,它就如一根"指挥棒"、一盏"照明灯",起着导航定位作用。评价指标体系是否合理是绩效评价能否科学、有效开展的关键。在评价指标的构建过程中,要明确对考核对象的哪些方面进行评价;评价对象与组织目标之间都有哪些相关方面;如何通过评价要素,将评价对象物化为指标内容或要素,进而准确地体现在各具体指标上;如何将评价对象与评价标准连接起来加以比较和评定,从而使综合复杂的评价对象得以条理化、简单化与操作化。课题组通过研究分析和实践调查,对高职高技能人才培养绩效的评价指标进行了理论遴选与实证筛选,尝试建立符合新形势下高职教育特点和人才培养目标要求的指标体系,这是进行高职院校高技能人才培养绩效评价的前提,也是引导我国高职院校进行教育教学改革,摆脱办学趋同现象,走向多样化、特色化、个性化办学正途的保障。

第一节　高职高技能人才培养绩效评价指标的理论遴选

20 世纪末,我国高等职业教育开始进入发展的快车道。为了引导高等职业教育的健康发展,2003 年教育部发布了《关于开展高职高专院校人才培养工作水平评估试点工作的通知》,公布了《高职高专院校人才培养工作水平评估方案(试行)》《高职高专院校人才培养工作水平评估工作指南(试行)》《高职高专院校人才培养工作水平评估专家组工作细则(试行)》三个文件,开启了高职院校人才培养评估的新篇章。自 2004 年起,在教育部高等教育司和高等教育教学评估中心的直接指导以及各省(区、市)教育主管部门的精心组织下,开展了高职高专院校人才培养工作水平评估。该项评估在加快院校建设、规范院校管理、增强质量意识、促进教学改革,以及加强宏观管理等方面取得了明显成效,特别对于许多新建、升格、合并组建的高职院校来说,无疑是"雪中送炭"。

进入"十一五"时期后,在党和政府的高度重视下,高等职业教育进入以质量提升、内涵建设为主的阶段,在办学模式和人才培养模式的改革上不断取得新的突破。为此,教育部于 2006 年颁发了《关于全面提高高等职业教育教学质量的若干意见》,提出了一系列提高教学质量的原则性、方向性的改革创新要求与重要举措,将高职院校人才培养的质量和评价工作摆在了前所未有的重要位置,揭开了我国高等职业教育历史上崭新的一页。

随着高职教育的迅猛发展,如何深化高职院校的教育教学改革、激发办学活力、提升内涵建设,更好地服务社会、办出特色、增强核心竞争能力等已成为摆在绝大多数高职院校面前迫切需要解决的问题。在这样的背景下,为响应高等职业院校的建设发展需要,2008 年教育部发布了《高等职业院校人才培养工作评估方案》(简称《方案》),标志着我国独立设置高职院校人才培养工作评估跨入了一个新的阶段。《方案》强调评估要以需求方为主体,以主要需求方为主要主体,把评估的目标与院校建设的目标、教育行政部门宏观管理的目标以及社会监督的目标融合在一起,努力站在主要利益相关方——用人单位、学生、教师、主办方、社会、家长等的立场上来审视高职院校的人才培养工作,从而引导学校抓内涵、抓改革、抓核心竞争能力。可以说,《方案》的出台与实施对促进高等职业院校加强内涵建设、深化校企合作、工学结合的人才培养模式,以及带动师资队伍、专业、课程、实践教学等的建设与改革,促进管理理念、管理水平的提高方面起到了积极的导向作用。

　　然而,教育行政部门开展的高职高专人才培养工作水平评估和高职院校内部组织的人才培养质量评价,基本都是从学校角度出发的,侧重于评价学校教学过程和办学构成要素,主要以办学状况、教学水平、教学设备、师资队伍建设等作为评价的主体因素评价高等教育教学质量和教学水平,是一种绝对量评估,评价的目的主要是促进高职院校深化内涵建设、提高办学水平和办学质量。从对学生的学习负责的角度出发,以学生为主体的受教育者的教育成效评价严重不足,使得高职人才培养缺乏导向及保障机制。2010 年,教育部在《关于推进高等职业教育改革发展的若干意见(征求意见稿)》中提出,要"根据高等职业教育培养目标和人才理念,建立适应高素质技能型专门人才培养要求的评价标准","遵循高素质技能型专门人才成长规律,建立适应社会需要和高素质技能型专门人才培养要求的质量评价标准和保障体系",并提出要"改革学生学业考核与评价办法","逐步形成以学校为核心、教育行政部门为引导、社会参与的教学质量保障体系"。由此可见,以学生为主导的多元评价主体下的高职人才培养质量评价已成为新形势下教育行政部门和高职院校的共识,是高职教育发展的必然趋势。有必要从学生的全面发展以及学生的整个职业生涯规划出发,设计科学、合理的高职院校人才培养绩效评价指标体系,对高职学生的实际教育成效进行评价,从而更好地了解和把握高职院校人才培养的实际状况,发现问题、找出差距,鞭策高职院校深化教学改革,引导学校更好地从学生的价值观入手,从学生职业的长远发展入手,培养符合社会需要的合格人才。

一、现有的高职高技能人才培养绩效评价指标的缺陷

　　学生教育评价最早源于 20 世纪 30 年代美国学者泰勒提出的"八年研究"七步评价理论,即学生教育评价需要经过以下七个步骤:确定教育方案的目标;根据行为和内容对每个目标加以定义;确定应用目标的情景;设计给出应用目标情景的途径;设计取得记录的途径;决定评定方式;决定获取代表性样本的方法。

　　随后,斯塔弗尔比姆于 20 世纪 60 年代首创了基于 CIPP 模式(Context-Input-Process-Product model,背景—输入—过程—成果模式)的综合评价模型,这种模式能提供整体的、全面的信息,帮助方案目标的确定、研究计划的修订、方案的实施以及方案实施结果的考核。CIPP 模式亦称决策导向或改良导向评价模式,认为评价就是为管理者做决策提供信息服务的过程。其分为四步:①背景评价,在特定的环境下评定其需要、问题、资源和机会;②输入评价,

在背景评价的基础上,对达到目标所需的条件、资源以及各被选方案的相对优点所做的评价,其实质是对方案的可行性和效用性进行评价;③过程评价,在方案实施过程中做连续不断的监督、检查和反馈;④成果评价,对目标达到程度所做的评价,包括测量、判断、解释方案的成就,确证人们的需要、满足的程度等。CIPP 模式的优势是回答了泰勒模式中的部分疑难问题,突出了评价的发展性功能,整合了诊断性评价、形成性评价和终结性评价,提高了人们对评价活动的认可程度。其局限性是缺乏价值判断,可能为决策者政治上的便利提供虚假伪证以及其适用范围仍受到挑战。

20 世纪 90 年代英国开放大学教育学院的纳托尔和克利夫特等人则提出了发展性教育评价的思想。美国学者韦伯所著的《有效的学生评价》则颇具代表性,其所阐述的"形成性评价和终结性评价"的思想对目前学生能力评价影响深远。

我国对于大学办学实力与水平的各种评价与大学排行榜屡见不鲜,但基于办学绩效的大学排行并不多见。2009 年,中央教育科学研究所公布了《中国高等学校绩效评价报告》,该报告主要针对 72 所教育部直属高校三年来的整体投入(包括人力资源、物力资源和财力资源等)、总体产出(涵盖培养的学生数量与质量、科学研究的项目数与成果数、科研成果获奖数及转化效益等),计算出各高校的绩效得分,并以此为依据对高校进行排名。可见,这是一项基于投入—产出理论,从高校资源利用效益方面评价高校的绩效评估。

高职教育由于历史较短,从文献资料检索来看,我国还没有对高职院校进行综合评价的排名,但教育部为了加快高职院校建设、规范院校管理、提高办学质量,于 2004 年和 2008 年分别发布了高职高专院校人才培养工作水平评估指标体系和高等职业院校人才培养工作评估指标体系,每个指标下设若干个观测点(见表 5-1)。

表 5-1　我国高职院校人才培养工作水平评估指标

评估版本	主要评价指标
高职高专院校人才培养工作水平评估指标体系(2004 年)	办学指导思想、师资队伍建设、教学条件与利用、教学建设与改革、教学管理、教学效果、特色或创新项目
高等职业院校人才培养工作评估指标体系(2008 年)	领导作用、师资队伍、课程建设、实践教学、特色专业建设、教学管理、社会评价

然而,现有的评价指标体系普遍存在以下不足:

（一）评价指标内容不全

高职院校的主要任务是培养面向生产、建设、管理、服务第一线需要的"下得去、留得住、用得上"，实践能力强，具有良好职业道德的高技能人才。高技能人才是经过专门培养与训练，掌握了较高水平的应用技术、技能和理论知识，并具有创新性能力和独立解决关键性问题能力的高素质劳动者。因此，知识是高技能人才成长的理论基础，技能是知识在岗位操作中的具体运用，能力是知识和技能在运用过程中的提升，高技能人才的特点决定了高技能人才评价不能通用人才评价的指标体系。

《高技能人才队伍建设中长期规划（2010—2020年）》中指出，应逐步建立"以职业能力为导向、以工作业绩为重点，注重职业道德和职业知识水平的高技能人才评价体系"，这意味着德、智、能、绩四个方面已成为高技能人才评价的核心内容。另外，高职院校"校企合作、工学结合"的人才培养模式，决定了学生专业理论知识的学习和企业实习实践技能的培养是高职学生不可偏废的"两条腿"，因此，对高职学生教育绩效的评价应包括理论知识、基本技能、通用能力以及学生的学习态度和兴趣等方面，既要评价学生的智力因素，也要评价学生的非智力因素，学习、能力、素质、实操等都应该成为评价高职院校高技能人才培养的关键指标。

从现有研究看，高职教育绩效评价都侧重于评价学校的教学过程和办学构成要素，多从教育投入、办学定位、教学活动等过程要素开展评价。然而，现有的高职院校人才评价体系往往是以学科知识为中心，以掌握知识的多少为标准，以卷面考试为主要手段，以考试成绩为指针的应试教育评价体系，忽略了学生的个体差异和个性化发展，无法实现对学生的素质、能力等的综合评价。针对高职学生综合素质评价问题所做的专门的、深入的研究仍很不够，大多数高职院校使用的学生综合素质评价体系仍然运用德、智、体的模块思路。这种模块划分方式，难以体现职业院校对人才的特殊要求，同时在实践中也容易使德、智、体三个模块互相独立，互不渗透，最终导致难以在学生发展中体现其切实的要求。

（二）评价指标针对性不高

高职院校是一种教育类型，主要是为区域经济发展培养发展型、复合型和创新型的技术技能人才，这就要求其培养的学生具备必需的理论知识，具有某一项专门技能，能从事某一种职业或某一类工作，是技术向生产力转换的直接体现者，其知识的讲授应以"能用为度，实用为本"，与普通本科高等学校在人才培养目标定位和人才培养规格上都有所不同。普通本科高等学校是培养较扎实地掌握本学科、本专业必需的基础理论、基本知识，并具有从事科学研究工作或担负专门技术工作初步能力的高级人才,知识的讲授不仅要向学科的纵深发展,还要注意学科间的横向关系,厚基础、宽专业、强能力、高素质是其培养人才的规格要求。针对不同的培养目标,对人才的评价应采用不同的评价标准,然而目前高职院校使用的评价指标体系大多借鉴于普通本科院校,没有体现出高职院校应有的重实践、重技能的特点,亦没有体现高职院校的培养思路和培养目的。

同时,高职教育的"校企合作、工学结合"的培养模式决定了高职学生的全面培养应由企业、学校和家长三方共同完成和承担,而参与制订评价标准的主要是从"学校"进入"学校"的专家,很少有企业、市场分析领域的专家参与,评价指标与市场需求脱节,出现合格的高职毕业生却不一定是合格的"职业人"的尴尬局面。因此,在对高职高技能人才培养绩效评价指标体系的设计中,必须要充分考虑职业教育的特性,才能使高职高技能人才培养绩效评价指标体系的设计更具有针对性和有效性,也才能真正地引导高职院校的教师和学生积极推行与生产劳动和社会实践相结合的教学模式和学习模式,把"工学结合"作为高等职业教育人才培养模式改革的重要切入点,带动专业调整与建设,引导课程设置、教学内容和教学方法改革。

此外,由于学科特点不同、专业特色不同,反映出来的学生各项能力、素质不同,因而用统一的绩效评价指标体系去衡量,势必会造成评价的不公平和不合理,忽略了学生的个体差异和个性化发展,无法实现综合性考量。因此,在绩效评价指标体系的设计中应该体现不同学科、专业以及各个发展阶段之间的差异性,从而确保绩效评价的公平性、科学性。

(三)评价指标操作性不强

高职院校的绩效评价对于学生择校、学校改进教学方法、提高人才培养质量均十分关键,面对学校自身提高、社会择校、企业招聘等多重要求,高职院校高技能人才培养绩效评价的落地势在必行。如前所述,指标体系是实现评价功能的落脚点,它就如一根"指挥棒"、一盏"照明灯",起着导航定位作用。评价指标的可操作性则是绩效评价能否切实执行的关键,再明确、再完善的评价指标倘若不具备可操作性,也会使评价过程出现过于复杂或过于简单的现象。如果评价指标设计过于复杂,那么在评价时间相对较紧和参评者较多的情况下,会加大工作量,增加统计难度;如果过于简单,又可能造成评价工作的片面性。因此,应在考核指标的全面性与可操作性之间找到一个契合点。

当前,我国高职院校均按照 2008 年的高等职业院校人才培养工作评估指标体系进行高职院校人才培养工作状态的数据采集,很多研究者根据这些数据进行相应的评价和院校排名。虽然与 2004 年的评估指标体系相比,2008 年的评估指标体系在设计方面更具体,更能体现高职教育的人才培养特点和目标定位,但在具体操作过程中,仍然存在由具体评价指标表述过于简单、抽象而导致的数据采集和评分过程困难、操作性不高的现象。比如"1.领导作用""1.3对人才培养重视程度"(见表5-2),对领导关注教学及学生情况的描述较为含糊,缺乏明确标准,区分度不足,难以客观地做出评价。

表 5-2　高等职业院校人才培养工作评估指标体系(简表)

主要评估　　指标	关键评估要素	建议重点考察内容
1.领导作用	1.1学校事业发展规划	当地区域社会经济发展规划、学校发展规划及专业结构
	1.2办学目标与定位	在校生结构
	1.3对人才培养重视程度	经费收入、经费支出、领导关注教学及学生情况、教师培训进修、校企合作、奖学金
	1.4校园稳定	无校园不稳定事件、违规办学事件发生
2.师资队伍	2.1专任教师	校内专任教师基本情况
	2.2兼职教师	兼职教师基本情况
3.课程建设	3.1课程内容	课程教学目标、校企合作开发课程
	3.2教学方法手段	课程教学设计、教学方法、手段、考试/考核方法、授课地点
	3.3主讲教师	授课教师情况
	3.4教学资料	选用教材、校企合作开发教材、馆藏图书资料、校园网
4.实践教学	4.1顶岗实习	专业顶岗实习记录、校外实习基地
	4.2实践教学课程、体系设计	专业课程设置、专业产学合作
	4.3教学管理	校内外实践教学管理、教学质量管理、专职教学管理人员、专职学生管理人员
	4.4实践教学条件	校内实训基地、校外实习基地、实践教学经费、专业合作、社会捐助
	4.5双证书获取	专业职业资格证书
5.特色专业建设	5.1特色	专业设置、特色专业建设规划、现场专业剖析

续表

主要评估　指标	关键评估要素	建议重点考察内容
6.教学管理	6.1 管理规范	教学制度与运行管理、专职教学管理人员基本情况,随机访谈教师、学生、管理干部
	6.2 学生管理	教学制度与运行管理、专职学生管理人员基本情况,随机访谈学生、家长、教师
	6.3 质量监控	教学制度与运行管理、专职督导人员基本情况,随机访谈教师、管理干部
7.社会评价	7.1 生源	招生
	7.2 就业	就业
	7.3 社会服务	教师技术服务情况、产学合作、社会技能培训开展情况、鉴定站(所)

注:此表按照教育部发布的《高等职业院校人才培养工作评估方案》修改完成。

(四)评价指标发展性不足

评价具有导向、诊断、甄别、选拔和发展的功能,教育教学改革的成功最终要通过评价来保障。评价指标是学校人才培养目标在学生学习成效上的分解,评价指标的设计应该与学校的自身特点和学校的战略发展目标、人才培养目标相结合,这样才能将个人的发展与学校的发展结合起来。而且,随着职业结构和需求的深刻变化,就业方式也发生了根本性的改变,人们不再从一而终地守在一个固定的职业岗位上。因此不能将高职学生在高职院校的教育当成一种现实的"校园式"终结教育,要更多地培养学生在今后激烈的工作竞争中应具备的可持续发展的就业能力,对高职学生的培养和评价都应具备一定的前瞻性和发展性。

然而,现有的评价指标的设计过程往往没有广泛征求专家和教师的意见,而是直接由管理者通过讨论和研究来制订,缺乏相关方面的调研,这样势必造成指标层次偏低或偏高、评价标准不能反映实际工作状况等结果。在实际的绩效评价过程中,高校往往会长期沿用一个绩效评价指标体系,不能根据实际情况的变化进行相应的调整。在评价方式上存在较单一的问题,主要由教师评价为主,忽视学生自我评价的可行性方案研究,主要体现在评价指标由校方有关部门制订,评价者是校方有关部门教师,学生完全是被动地接受等级判断,存在重评价结果、轻评价过程,重评价的甄别功能、轻发展功能的问题。

二、高职高技能人才培养绩效评价指标设计的指导思想

对高职高技能人才培养绩效进行评价,既要从高职教育的目标要求出发,也要从人的全面发展出发，从社会劳动力市场对人的要求出发，从个体发展需要出发，因此，在构建评价指标设计的时候，应有以下几点构建思路：

（一）以技术规范性与价值导向性为指导

高职院校人才培养绩效评价不仅是一项技术性强的管理工作，而且是一项价值色彩浓厚的评价工作。在进行绩效评价的时候，不仅要关注技术上的规范性与科学性，更要重视技术背后的价值层面上的合理性与导向性。因此，要高度重视高职高技能人才培养绩效评价指标的选取，不仅要追求指标选择的技术规范性，而且要重视指标取舍的价值导向性；不仅要将指标的选择同绩效评价的技术方法、评价模型与数据来源等相关技术问题进行整体考虑，而且要充分考虑和科学预测到指标选取对绩效评价结果的影响以及评价结果对高职院校办学走向的潜在导向作用。

（二）以促进受教育者全面发展为导向

高职院校人才培养之核心职能的价值取向和技术思路应紧密围绕"人（受教育者）"来展开，充分体现以"学生为中心"的教育理念。因此，绩效评价指标的设定必须能充分体现促进受教育者全面发展的中心指向；否则，指标体系不仅难以实现技术上的科学性，而且将对我国高职院校的办学行为产生误导。学生作为人才培养最直接、最深入的参与者，对教学质量的感知在教育绩效评价中不容忽视，教师亦是如此。只有从学生或教师等参与主体视角进行人才培养绩效或教育质量评价，才能引导高职院校进行教育教学改革，摆脱办学趋同现象，走向多样化、特色化、个性化办学正途。

（三）以职业教育的特殊性为特征

按照职业教育对人才规格的要求，我们的评价不能再停留在传统的、注重结果的评价方法上，而应立足于学生可持续的发展需要、社会劳动力市场之上，既要重视实操等结果性指标，也要重视学习、素质、能力等过程性指标，与传统的只重分数、只重结果的终结性评价相比，应具有以下特点：①动态性——立足于当今国内外高职教育发展需求，立足于学生的发展和市场的需求，关心学生学习的变化与成长，做到过程指标与结果指标相结合，过去绩效评价与未来绩效评价预测相结合，不断发展与相对稳定相结合；②多元性——结合多元智能理论、人的全面发展理论、工作价值观理论等，不仅重视问题解决和创造性能力培养，更要兼顾情感、技能等非智力的学习成果；③真实性——评价的目的在于促进内在智能与品格的发展，评价要将学生所学与其经验相结合，充分体现学生的真实情况。

同时，技能的生成是一个"知识学习—素质养成—能力提升—实践转化—反省学习—能力素质整合—再实践"的反复螺旋式上升的过程，高职院校生源参差不齐,学生个体差异较大,加上社会对人才需求的多样化,决定了对高技能人才的评价也应该是动态的、多元的、发展的。

根据高职教育的培养目标,我们可以从以下几个方面完善和深化高职院校高技能人才评价指标体系:①从学生的综合能力出发,制定适用于职业教育的知识加技能的考试制度,建立适用于区域经济发展和职业发展要求的个人综合素质评价体系,科学确立评价指标,正确运用评价方法,定期测评学生实际达到的知识技能水平,从而指导课程体系和教学模式等改革;②从学生职业技能出发,调研行业企业的评价体系,结合岗位生产所要求的指标模块,制订学生职业技能考核评价体系,通过开展各种形式的职业技能竞赛和岗位练兵活动加以测评;③从国家的职业标准出发,创造条件,让行业、企业、高职院校参与国家职业标准的开发,使国家职业标准涵盖各专业领域,技能鉴定题库体现地方特色,适应企业现实岗位要求;④增加行业企业对实践教学内容的要求,使高职院校与社会行业、企业深入融合,做到职业技能鉴定机制与学校教学评价体系的有机整合,从而保证高职教育人才培养的质量。

总之,高职教育是一种将理论与实践紧密结合的教育,强调的是知识的应用性、知识应用的逻辑性和岗位技术的培养,其教育目标是培养具有综合职业能力和全面素质的在第一线从事生产和管理的应用型、技能型人才。高职院校高技能人才的绩效评价必须立足于当今国内外高职教育发展需求的大背景,立足于学生发展需要、社会劳动力市场,按照职业能力与工作业绩相结合、国家职业标准与岗位要求相结合的原则,构建动态的、多元的、开放的高职高技能人才培养的绩效评估指标体系。

三、高职高技能人才培养绩效评价指标的设计原则

高职高技能人才培养绩效评价指标是由相互联系的多个指标所构成的具有内在结构的有机整体,是高职院校人才培养质量的衡量和评价工具,为了保证这一评价工具科学有效,评价结果准确、客观、全面,在构建和设计评价指标时,应遵循以下六项基本原则:

(一)系统性原则

高职教育具有高教性、职业性等特点,其培养的学生不仅要有理论基础知识的储备,还要有良好的职业道德和过硬的技能素质。这就要求所建立的评价指标体系应具有足够的涵盖面,能够充分地、全面地反映高职高技能人才培养的系统性特征。同时,评价体系并不是各个子系统的评价指标的简单集合,而应按照一定的原则合理地划分,从不同层次、不同角度反映高职院校高技能人才培养的实际效果。同一层面的评价指标与不同层面的评价指标应该相互联

系、相辅相成、相互补充,形成由多模块系统集成、各子系统对应相应指标的综合性评价系统,充分反映高职高技能人才培养的系统性特征。

(二)可操作性原则

构建评价指标体系的目的是能在高职高技能人才培养评价中得到具体应用,将宏观的理论依据转化为客观的统计数据,这就要求评价指标体系具有可行性与可操作性,具体包括:①数据易采集。评价指标的数据可通过对现有资料的简单的二次加工或问卷调查、专家访谈等获得。②数据可测量。调查问卷所要测度的定性指标应尽量选取那些能通过专家、评价对象等间接赋值或测算予以转化的(正式问卷测量中通常采用等级来表示),且能保证评价指标数据真实、可靠和有效;③指标少而精。评价指标体系设置应简洁明了、便于操作和把握,避免出现层次复杂的指标树或规模庞大的指标群。因此,评价指标的层次和数量应合理、客观,便于操作,使指标评价切实可行。

(三)可比性原则

在构建评价指标体系时各个指标都应具有独立的信息,不能互相代替,同时要明确指标的内涵、统计口径、使用范围等比较因素,便于横向与纵向地比较评价结果,区分和把握不同高职院校的人才培养实际绩效。在评价过程中,要依据评价标准,开展定性与定量相结合的评价方式,从而确保评价结果的可比性与科学性。

(四)有效性原则

有效性原则是指所构建的评价指标体系必须与评价对象的内涵与结构相符,从而真正反映高职高技能人才培养的实际绩效,体现高职教育的宗旨和人才培养目标。人们通常用效度来表示评价体系的有效性好坏。所谓效度就是指所用的评价指标体系对想要测量的特质能够真正测量到的有效程度,程度越高,表明测量结果越有效,反之亦然。效度评定常用的方法有内容效度、聚合效度、辨别效度和效标关联效度等。

(五)动态性原则

随着社会需求的不断变化以及教育的发展,高职人才培养的水平和要求处于不断发展提升中,而高职高技能人才培养绩效是一个动态的积累过程,会随着时间的推移发生变化,它具有滞后性。因此,在选择高职高技能人才培养绩效评价指标时,既要有评价高职教育的结果性指标,又要有过程性指标,能综合地预测未来的发展趋势。此外,高职高技能人才培养绩效的内涵会随着社会经济所处的阶段和形势的不同而发生一些变化,因此高职高技能人才培养绩效评价指标也应进行相应的调整和完善。所以,评价体系本身应是一个动态和开放的系统。当然,也要考虑人才培养评价指标的连续性和相对稳定性,指标内容不宜频繁改动,以此保证评价指标具有一定的可比性,实现人才培养指标在动态和静态分析上的结合。

(六)导向性原则

高职高技能人才培养绩效评价的目的在于通过评价获得有效的高技能人才培养内容和培养方式,了解和把握现阶段高职高技能人才培养的基本现状,发现问题、找出差距,使高技能人才培养的实现路径及对策优化更具针对性、导向性,更好地促进高职院校高技能人才培养的创新。因此,要高度重视绩效评价指标的选取,不仅要追求指标选择的技术规范性,而且要充分考虑和科学预测指标选取对绩效评价结果的影响以及评价结果对高职院校办学走向的潜在导向作用。同时,要建立绩效评价结果与学生培养相结合的共通机制,以数据库的形式直观、真实地反映学生从入校到毕业这一区间内的进步幅度与培养质量(包括增值测量的结果),并向学生、家长和社会公开数据信息,拓展高职院校绩效评价的社会功能。因此,要高度重视评价指标的价值导向性。

四、高职高技能人才培养绩效评价指标的初步设计

根据国内外学者对绩效的研究,以及对高职高技能人才培养绩效的内涵与构成要素分析,结合高职高技能人才培养绩效评价指标遴选的六项原则和我国高职高技能人才培养的实践,课题组分以下几个步骤初步确定高职高技能人才培养绩效评价指标体系的理论指标 $X^{(1)}$:

(一)明确评价的目标

在前几章中,课题组分析了高职院校与普通高校学生生源构成、培养目标、就业岗位的区别后,借鉴胜任力模型和胜任特征理论,以高职学生为主体,通过研究大量文献和实证调研,分析、归纳高技能人才的通用能力、专用能力、品德态度等因素,提出了学习、素质、能力、实操四要素结构体。依据这一结构模型,确定学习、素质、能力、实操四个要素为评价高职高技能人才培养的评价目标。这四大要素从总体上概括了高职高技能人才培养的基本要求,同时也区别于普通意义的人才评价结构模型——知识、素质、能力和业绩,成为评价指标体系的一级评价指标,体现高职学生和培养目标的特殊性,这样也构成了高职高技能人才培养绩效评价体系的大框架。

可以看出,以上评价要素既有动态的,也有发展性、开放性的指标,改变了传统的停留在一些既定事实和结果上的评价方法,充分考虑了高技能人才成长规律、高技能形成的机理、高技能的结构、高技能的外在表现形式,体现了"以职业能力为导向,以工作业绩为重点,注重职业道德和职业知识水平"的职业教育新特点。

(二)收集并初步确定相应的指标项目

第一步,开放式问卷设计与调查。运用工作行为特征分析法,深入分析每个结构要素的典型行为特征,归纳出具体的工作行为指标,对工作行为指标进行分析和解读,归纳出完整的评价项目,形成指标体系的二级评价指标(见表5-3)。围绕这些评价项目,通过设计开放式问卷来收集高职院校高技能人才评价的具体指标项目,即三级评价指标。问卷主要由 7 个开放式问题构成,包括"您认为高职院校的毕业生在岗位定位和职业素养或岗位能力方面和中职毕业生应该有哪些不同?""您认为高职院校毕业生与普通本科院校毕业生在理论基础知识、技术应用能力或技能方面有哪些不同?""您认为高职院校的高技能人才应该具备哪些基本的知识、素质和技能?""您认为高职院校应该加强学生哪些方面的教育、培养?""针对您目前所从事的行业或岗位,您认为适合高职院校毕业生的岗位有哪些? 这些岗位应该具备哪些核心能力?""您认为高职院校的毕业生到企业工作的优势、对企业的贡献主要体现在哪些方面?""您认为现代企业最看重学生哪些方面的职业素质和能力?"等。共发放问卷 150 份,回收141 份,调查对象主要是来自校企合作企业的人力资源专业人员(32 人)和直线部门经理(22 人)、高职院校从事教学管理的人员(30 人)、一线教育工作者(37人)、高职大三学生(20 人)。经过归类、汇总、频数统计(选取频数大于等于 3 的项目),得到了 103 条具体指标项目。

表 5-3　高职高技能人才典型行为评价项目

要素指标 (一级评价 指标)	典型行为特征	评价项目 (二级评价 指标)
学习	Ⅰ级:对学习持有持久的肯定态度,个人情绪及意志等方面表现出认真与勤奋、主动与进取的能动心理状态,有强烈的学习意愿和个人素质提升需求;在主动学习的过程中注重探索和进步,具有一定的创造性	学习态度
	Ⅱ级:通过有效的方式或指导,获取新知识、新信息、新技能及新经验,并掌握科学的学习方法与学习技巧;将理论知识与经验技巧融入已有的知识体系,反复实践,转化为自身经验;注重知识的拓展与更新,致力于树立终身学习的意识,提升学习能力	学习能力
	Ⅲ级:对学习付诸一定努力后,在基础知识、专业知识与行业知识上有了一定的储备和基础,在信息、技能与经验上也获得了预期的良好效果和功效	学习成效

续表

要素指标（一级评价指标）	典型行为特征	评价项目（二级评价指标）
素质	Ⅰ级：通过良好的环境与教育，在一定的思想引导下，表现出相对稳定的品德行为；个体具有敏锐的政治觉悟和一定的政治修养，在实践中形成对未来及自身发展的理想追求，并不断充实、调整和完善，且经过科学、艺术、人文等熏陶和教育后形成为人处世的综合品质和良好的行为习惯	思想品德
	Ⅱ级：具有健康的身体状况，注重培养全面发展的身体耐力与适应性，有保持健康体格的意识；具有健康的心理和健全的人格，能积极地面对困难、适应环境，具有坚韧不拔的毅力，能自主地发现问题并提出解决问题的设想，从而积极地调整自我、完善自我	身心素质
	Ⅲ级：在环境、社会、教育等外在因素的影响下，能遵纪守法、尽职尽责、诚实守信、爱岗敬业、富有社会责任感、正义感和奉献精神；能正确处理个人与社会、个人与他人的关系	职业道德
能力	Ⅰ级：具备适应或融入社会所需的基础知识、基本技能、学习能力等；具备运用口头、书面语言的能力；能运用文字书写观点、意见并使其系统、条理化；能洞察、辨别和理解自己与外界的关系，对于外界捕获的信息能做出分析、判断和处理；可借助思维活动理解事物的本质特征和内在联系	基础能力
	Ⅱ级：通过学习和训练日渐形成操作技能及专业水平等；能通过调查、探索和研究事物实质、规律；通过动手实践和实际操作理解和掌握专业知识，将知识与技能推广应用到实际；对在学习和应用过程中碰到的困难和问题能排忧解惑，并在原有知识和专业的基础上不断改革和创新	专业能力
	Ⅲ级：具备融入社会所需的适应性行为和社会技能，能妥善处理人与人、组织内外及上下左右的关系，运用合理科学的方法使组织有效运作，能充分融入团队，各尽所能、互补互助发挥团队合作精神；对个人的职业生涯有计划，能实现良好的职业生涯发展，能利用身边资源及自身综合能力实现创业，并能将知识和技能传授他人	社会能力

续表

要素指标 （一级评价 指标）	典型行为特征	评价项目 （二级评价 指标）
实操	Ⅰ级：通过实践活动取得预期效果和功效，能够将完成工作或者学业所能达到的优劣程度维持在一定水平，并且能够最大限度地在单位时间内有效地完成工作量或者学习任务	实践成效
	Ⅱ级：通过实践活动获得成果，包括参加各类职业技能大赛获奖荣誉的数量、通过利用现有的专业知识和技能改革创新的成果、论文发表以及专利发明数量等	实践成果
	Ⅲ级：大众对于个体实践的接受和认可程度，包括个体身边的同学、实习或者工作单位以及社会对其的认可度。	实践认可度

第二步，深度访谈。本研究完成了对 20 名专业人员（高职院校负责人、教务处处长、系部主任）、20 名企业中高层管理者以及 20 名高职毕业班的学生的深度访谈。为保证访谈的效果，访谈在平等交流的氛围中进行，采用了二对一的访谈形式，访问者一人主谈，另一人做笔录。在访谈前根据相关文献制订访谈提纲并详细了解被访谈者的个人经历和业务背景。访谈主要以开放式问题开始。比如，"您认为高职院校的高技能人才应该具备哪些知识和素质？""请谈一谈您接触或指导的高职学生中最成功或最不成功的 2～3 个具体事例""您认为高职学生主要存在哪些不足，学校应加强哪些方面的培养？""您认为当前企业最缺乏哪方面的人才？"等，最后由负责访谈的两名学生或老师对访谈记录进行内容分析，通过整理、归类、汇总，删去只含一个项目的类别，保留指标项目频数为 3 及以上的项目，再经研究小组按重要程度排序、讨论，得到 60 条具体指标项目。

第三步，专家讨论。由 10 名高职教育专家和 8 名企业界代表进行小组讨论，专家们首先对由以上两个步骤搜集到的 163 个具体指标项目进行识别和评定，删除内容重复、语意欠明的项目 99 个，并将余下的具有歧义、难以操作、不易理解的 64 个指标项目转换为意义明晰、便于理解和可操作的项目，同时增加多数专家认为能较好地反映高职院校高技能人才培养绩效的 12 个指标项目，这样得到的 76 个评价指标组成了第一轮高职高技能人才培养绩效评价的指标体系 $X^{(1)}$（见表 5-4）。

表 5-4 高职高技能人才培养绩效的评价指标体系 $X^{(1)}$

要素指标 （一级评价指标）	评价项目 （二级评价指标）	具体评价指标 （三级评价指标）	变量标识
学习	学习态度	学习的主动性	X_1
		学习的进取心	X_2
		学习的创造性	X_3
		学习的意识	X_4
		学习的动力	X_5
		学习的毅力	X_6
	学习能力	知识获取能力	X_7
		知识运用能力	X_8
		知识更新能力	X_9
		知识拓展能力	X_{10}
		知识转化能力	X_{11}
	学习成效	基础知识储备	X_{12}
		专业知识储备	X_{13}
		行业通用知识储备	X_{14}
		岗位通用知识储备	X_{15}
		岗位实操知识储备	X_{16}
素质	思想品德	政治素养	X_{17}
		社会公德	X_{18}
		理想信念	X_{19}
		人文素养	X_{20}
		审美情趣	X_{21}
		行为养成	X_{22}
	身心素质	自我保健意识	X_{23}
		身体健康状况	X_{24}
		自我认知能力	X_{25}
		环境适应能力	X_{26}
		挫折承受能力	X_{27}
		自我调整能力	X_{28}

续表

要素指标 （一级评价指标）	评价项目 （二级评价指标）	具体评价指标 （三级评价指标）	变量标识
素质	职业道德	遵纪守法意识	X_{29}
		诚实守信意识	X_{30}
		工作责任意识	X_{31}
		吃苦耐劳精神	X_{32}
		敬业奉献精神	X_{33}
		求真务实精神	X_{34}
能力	基础能力	语言表达能力	X_{35}
		文字书写能力	X_{36}
		自我认识能力	X_{37}
		自我管理能力	X_{38}
		信息处理能力	X_{39}
		逻辑思维能力	X_{40}
		分析理解能力	X_{41}
	专业能力	调查研究能力	X_{42}
		动手操作能力	X_{43}
		任务编排能力	X_{44}
		计划执行能力	X_{45}
		生产作业能力	X_{46}
		现场应变能力	X_{47}
		推广应用能力	X_{48}
		排疑解难能力	X_{49}
		事故处理能力	X_{50}
		技术革新能力	X_{51}
	社会能力	人际交往能力	X_{52}
		自我推销能力	X_{53}
		组织管理能力	X_{54}
		团队协作能力	X_{55}

续表

要素指标 （一级评价指标）	评价项目 （二级评价指标）	具体评价指标 （三级评价指标）	变量标识
能力	社会能力	职业规划能力	X_{56}
		市场开拓能力	X_{57}
		就业创业能力	X_{58}
		带徒传艺能力	X_{59}
		综合职业能力	X_{60}
实操	实践成效	完成任务（学业）质量	X_{61}
		完成任务（学业）效率	X_{62}
		绝招绝技	X_{63}
	实践成果	技能竞赛获奖数量	X_{64}
		其他各类荣誉数量	X_{65}
		技能证书考取数量	X_{66}
		一专多能程度	X_{67}
		创新成果数量	X_{68}
		论文发表数量	X_{69}
		专利发明数量	X_{70}
	实践认可度	同学认可度	X_{71}
		学校认可度	X_{72}
		企业认可度	X_{73}
		社会认可度	X_{74}
		就业竞争力	X_{75}
		社会影响力	X_{76}

建立一套完备的指标体系进行评价研究，并保证评价结果的客观性和准确性，有赖于所选用的评价指标。本研究依据评价指标选取的原则，遵循指标选择的发散、收敛规律，根据高职教育的特点，以人才培养为切入点制订评价指标体系的框架。共召开了三轮专家咨询会议（见表5-5），时间自2008年7月至2013年5月，所选专家：①具有高级专业技术职务；②正在从事或有相关专业管理经验；③在相关专业工作10年以上；④具有良好的科学道德和职业道德。每次专题讨论会都会将经前一次专题组讨论会确定下来的指标体系结果及相关

资料分发给专家。听取各专家的意见并进行汇总、整理分析后，对指标体系进行进一步的筛选和修正，专家意见基本趋于一致时结束调查。

表 5-5　专家咨询会议

会议内容	第一轮专家咨询会议	第二轮专家咨询会议	第三轮专家咨询会议
目标	获取专家相关资料；对初步拟订的一、二、三级指标进行筛选和修改	对第一轮的结果进行反馈，进行指标的进一步筛选	确定指标体系权重
处理	回收资料进行汇总、整理和分析后，进行指标初筛和意见分析整理，并将结果进行反馈	回收第二轮资料，进行汇总分析，综合分析专家意见，再次筛选指标，修订指标体系的内涵	回收专家评分意见资料，进行平均化处理，确定评价指标体系权重

第二节　高职高技能人才培养绩效评价指标的实证筛选

高职高技能人才培养绩效评价指标体系是根据高职高技能人才培养的目标与宗旨、课题组成员的专业知识和实践经验以及经过专家咨询构建的，具有较强的主观色彩。为提高评价指标的科学性、合理性和可操作性，主要采用隶属度分析、鉴别力分析和相关分析对上述的理论指标进行实证筛选。

课题组在全国多个省级行政区（浙江、湖北、黑龙江、四川等）选择了从事高职高技能人才培养工作的专家进行咨询，这些专家长期从事高职教育教学工作，在此领域有着丰富的知识和经验。虽然单个专家的选择和判断必然具有主观性，但若能集成多数专家的意见，便可以化主观为客观，排除个体的主观偏差，最终建立科学合理的高职高技能人才培养绩效评价指标体系。

本研究将理论筛选的评价指标制成专家咨询表，采用邮寄、面访、发送电子邮件、专家研讨会等多种方式，把咨询表发送给专家，共发放 260 份专家咨询表，回收 255 份，有效专家咨询表 240 份。专家们根据自身知识和经验，从 76 个指标中选择出 49 个最重要的高职高技能人才绩效评价指标。

一、高职高技能人才培养绩效评价指标的隶属度分析

为了深入了解各位专家对理论筛选评价指标的意见，课题组根据回收的专家咨询表，对评价指标进行隶属度分析。隶属度的概念源于模糊数学，模糊数学又称 fuzzy 数学。在经典的集合论中，概念和事物有着明确的外延，元素对集

合的隶属关系是明确的,而在模糊数学中突破了此限制,其认为模糊现象在客观世界中是大量存在的,一些概念和事物的外延是不分明的,不能说某元素属于某集合,只能说多大程度上属于。隶属度是指某元素属于某集合的程度。高职高技能人才培养绩效是一个模糊概念,基于模糊数学的思想,可以把高职高技能人才培养绩效评价指标体系视为一个集合 $\{X\}$,把每个评价指标视为该集合中的一个元素。假设在第 i 个评价指标 X_i 上,专家选择 X_i 的总次数为 M_i,即总共有 M_i 位专家认为指标 X_i 是评估高职高技能人才培养绩效最重要的指标,若有效咨询表数目为 N,则该评价指标的隶属度就为 $R_i = M_i/N$。R_i 的值较大时,代表该指标在很大程度上属于模糊集合,即评价指标 X_i 在评价体系中很重要,可以保留并进入下一轮评价体系 $X^{(2)}$;反之,删除该评价指标。

通过对 240 份有效的专家咨询表进行统计分析,得出了 76 个评价指标的隶属度,删除隶属度低于 0.3 的 11 个评价指标,保留下来的 65 个评价指标,构成了第二轮高职高技能人才培养绩效评价指标体系 $X^{(2)}$。被删除的 11 个评价指标如表 5-6 所示。

表 5-6　高职高技能人才培养绩效评价的第一轮指标体系 $X^{(1)}$ 中被删除的评价指标

一级指标	二级指标	三级指标	隶属度
学习	学习态度	学习的毅力	0.27
	学习成效	岗位通用知识储备	0.21
		岗位实操知识储备	0.25
素质	思想品德	审美情趣	0.11
能力	专业能力	任务编排能力	0.22
		计划执行能力	0.29
		生产作业能力	0.20
		现场应变能力	0.28
	社会能力	市场开拓能力	0.19
实操	实践成果	其他各类荣誉数量	0.18
	实践认可度	学校认可度	0.28

二、高职高技能人才培养绩效评价指标的鉴别力分析

评价指标的鉴别力,指的是评价指标区分评估对象特征差异的能力。在构建高职高技能人才培养绩效评价指标的过程中,本研究对指标进行了鉴别力分析,以评价指标对区分高职高技能人才培养绩效差异的能力。如果所有被调查

对象在某个评价指标上的给分基本一致,那么就可以认为该评价指标鉴别力较弱,无法判断和识别高职高技能人才培养绩效的强弱;相反,如果被调查对象在某个评价指标上的给分出现显著差异,那么该评价指标具有较强的鉴别力,它能够判断和识别高职高技能人才培养绩效的强弱。基于指标反应理论,指标的特征曲线的斜率可作为评价指标的鉴别力参数,斜率越大意味着其鉴别力越强。图 5-1 给出了评价指标 A、B、C 的特征曲线,由图可得,指标 C 的特征曲线的斜率最大,其次是指标 B,而指标 A 的特征曲线的斜率最小。因而可以得出指标 C 的鉴别力最强,指标 B 次之,而指标 A 的鉴别力最弱。

由于构造指标的特征曲线需要较多的实际资料,难度较大。在实际应用中,可采用变差系数,变差系数的公式如下:

$$V_i = \frac{S_i}{\overline{X}}$$

其中,V_i 为某指标的变差系数,$\overline{X} = \frac{1}{n}\sum_{i=1}^{n}X_i$ 为平均值,$S_i =$

$\sqrt{\frac{1}{n-1}\sum_{i=1}^{n}(X_i - \overline{X})^2}$ 为标准差。变差系数越大说明该指标的鉴别能力越强;反之,则说明该指标的鉴别能力越弱。

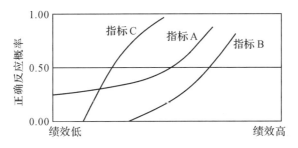

图 5-1　三个评价指标的特征曲线

研究采用分层随机取样法,对温州职业技术学院的 150 名师生进行了调查,请他们对第二轮评价指标体系 $X^{(2)}$ 中的 65 个指标进行勾选,得到有效问卷 133 份。运用 SPSS 20.0 统计分析软件对这些评价指标进行方差分析,并计算第二轮评价指标体系 $X^{(2)}$ 中各个评价指标的变差系数,删除了鉴别力低于 0.3 的 7 个指标,保留其余的 58 个指标构成第三轮高职高技能人才绩效评价指标体系 $X^{(3)}$。被删除的 7 个评价指标如表 5-7 所示。

表 5-7　　高职高技能人才培养绩效评价的第二轮指标体系 $X^{(2)}$ 中被删除的评价指标

一级指标	二级指标	三级指标	变差系数
素质	思想品德	社会公德	0.26
能力	基础能力	自我管理能力	0.28
	专业能力	事故处理能力	0.22
	社会能力	综合职业能力	0.22
实操	实践成效	绝招绝技	0.27
	实践成果	技能证书考取数量	0.23
		一专多能程度	0.20

三、高职高技能人才培养绩效评价指标的相关分析

经过上述两个步骤筛选得到的第三轮高职高技能人才培养绩效评价指标体系 $X^{(3)}$ 中,还有一些指标之间可能存在一定的相关性。这种相关性会导致被评价对象信息的重复使用,从而降低评估结果的科学性和合理性。为解决这个问题,本研究对第三轮的指标采用相关分析。相关分析是通过测量评价指标之间的相关度,删去其中鉴别力偏低并与其他指标高度相关的指标,以消除或降低这些指标重复反应评价对象所带来的不利影响,保留其余指标构成高职院校高技能人才培养绩效的第四轮评价指标 $X^{(4)}$。

相关分析包括以下几个步骤:

(1)评价指标的标准化处理。由于评价指标的量纲不同,故需要对原始数据进行无量纲处理,消除计量单位不同对分析结果产生的影响。设 Z_i 为标准化值,X_i 为评价指标的原始数据,S_i 为评价指标的标准差,则

$$Z_i = \frac{X_i - \overline{X}}{S_i}$$

(2)计算评价指标间的简单相关系数 R_{ij}。计算公式为:

$$R_{ij} = \frac{\sum_{k=1}^{n}(Z_{ki} - \overline{Z}_i)(Z_{kj} - \overline{Z}_j)}{\sqrt{\sum_{k=1}^{n}(Z_{ki} - \overline{Z}_i)^2(Z_{kj} - \overline{Z}_j)^2}}$$

(3)基于实际需要,确定一个阈值 $M(0 < M < 1)$。若 $R_{ij} > M$,则删除其中的一个评价指标;若 $R_{ij} \leqslant M$,则同时保留两个指标。基于前述鉴别力分析所做的调查问卷结果,运用 SPSS 20.0 统计分析软件对第三轮的 58 个评价指标 $X^{(3)}$ 进行相关分析,得到各个评价指标的相关系数矩阵。给定阈值 M 为 0.85,在相关

系数矩阵中共有 9 对评价指标的相关系数大于 0.85,删除了其中鉴别力相对较小的 9 个评价指标(见表 5-8)。

表 5-8　相关系数大于阈值的 9 对评价指标

保留的评价指标	删除的评价指标	相关系数
学习的主动性	学习的意识	0.923
学习的进取心	学习的动力	0.911
知识运用能力	知识转化能力	0.856
自我认识能力	自我认知能力	0.878
分析理解能力	逻辑思维能力	0.901
排疑解难能力	事故处理能力	0.889
人际交往能力	自我推销能力	0.851
企业认可度	就业竞争力	0.854
社会认可度	社会影响力	0.884

　　基于隶属度分析、鉴别力分析和相关分析三轮实证筛选,得到最终的高职高技能人才培养绩效评价指标体系,如表 5-9 所示。其中,学习指标 10 个,素质指标 14 个,能力指标 16 个,实操指标 9 个。此指标体系具有较强的科学性、合理性和可操作性,可以用来进行高职高技能人才培养绩效评价。

表 5-9　高职高技能人才培养绩效评价指标体系

一级评价指标	二级评价指标	三级评价指标	变量标识
学习	学习态度	学习的主动性	X_1
		学习的进取心	X_2
		学习的创造性	X_3
	学习能力	知识获取能力	X_4
		知识运用能力	X_5
		知识更新能力	X_6
		知识拓展能力	X_7
	学习成效	基础知识储备	X_8
		专业知识储备	X_9
		行业通用知识储备	X_{10}

续表

一级评价指标	二级评价指标	三级评价指标	变量标识
素质	思想品德	政治素养	X_{11}
		理想信念	X_{12}
		人文素养	X_{13}
		行为养成	X_{14}
	身心素质	自我保健意识	X_{15}
		身体健康状况	X_{16}
		环境适应能力	X_{17}
		挫折承受能力	X_{18}
		自我调整能力	X_{19}
	职业道德	遵纪守法意识	X_{20}
		诚实守信意识	X_{21}
		工作责任意识	X_{22}
		吃苦耐劳精神	X_{23}
		敬业奉献精神	X_{24}
能力	基础能力	语言表达能力	X_{25}
		文字书写能力	X_{26}
		自我认识能力	X_{27}
		信息处理能力	X_{28}
		分析理解能力	X_{29}
	专业能力	调查研究能力	X_{30}
		动手操作能力	X_{31}
		推广应用能力	X_{32}
		排疑解难能力	X_{33}
		技术革新能力	X_{34}
	社会能力	人际交往能力	X_{35}
		组织管理能力	X_{36}
		团队协作能力	X_{37}
		职业规划能力	X_{38}

续表

一级评价指标	二级评价指标	三级评价指标	变量标识
能力	社会能力	就业创业能力	X_{39}
		带徒传艺能力	X_{40}
实操	实践成效	完成任务(学业)质量	X_{41}
		完成任务(学业)效率	X_{42}
	实践成果	技能竞赛获奖数量	X_{43}
		创新成果数量	X_{44}
		论文发表数量	X_{45}
		专利发明数量	X_{46}
	实践认可度	同学认可度	X_{47}
		企业认可度	X_{48}
		社会认可度	X_{49}

第三节 高职高技能人才培养绩效评价指标的信度和效度检验

本节基于问卷调查的实际测评结果,对前一节中得到的高职高技能人才培养绩效评价指标体系进行信度和效度检验。

一、信度检验

本研究采用折半信度和内部一致性信度来检验高职高技能人才培养绩效评价指标体系的信度。折半信度是指将一个测验项目按奇偶项分成两半分别记分,计算这两部分项目分数之间的相关系数,再据此确定整个测量的信度系数。基于斯皮尔曼—布朗(Spearman-Brown)公式,运用 SPSS 20.0 统计软件可直接计算得到折半信度系数。基于测评结果,得到折半信度为 0.961。内部一致性信度反映测验内部题目之间的关系,考察测验的各个题目是否测量了相同的内容或特质,常用克龙巴赫 α 系数(Cronbach's α coefficient)来表示。克龙巴赫 α 系数的计算公式如下:

$$R_{is} = \frac{K}{K-1}(1 - \frac{\sum S_i^2}{S^2})$$

运用 SPSS 20.0 统计软件可直接计算得到克龙巴赫 α 系数，结果如表 5-10 所示。所有维度的评估指标的克龙巴赫 α 系数均超过 0.9，二级指标的克龙巴赫 α 系数接近 0.9。而总体量表克龙巴赫 α 系数为 0.975。总的来说，高职高技能人才培养绩效评价指标体系的信度很高。

表 5-10　高职高技能人才培养绩效评价指标体系的信度

维度	二级指标	克龙巴赫 α 系数
学习	知识维度总(10)	0.935
	学习态度	0.871
	学习能力	0.886
	学习成效	0.849
素质	素质维度总(14)	0.951
	思想品德	0.897
	身心素质	0.896
	职业道德	0.921
能力	能力维度总(16)	0.949
	基础能力	0.878
	专业能力	0.897
	社会能力	0.892
实操	实操维度总(9)	0.913
	实践成效	0.839
	实践成果	0.924
	实践认可度	0.846
总量表(49)		0.975

二、效度检验

本研究采用测评效度和结构效度来检验高职高技能人才培养绩效评价指标体系。测评效度是指测量的指标是否能够准确测出想要测量的事物。高职高技能人才培养绩效评价指标体系是基于前人研究、专家访谈和课题组自身的经验和思考得到的，理论上涵盖了高职高技能人才培养绩效的各个重要维度，应具有较高的测评效度。

结构效度是指测量结果体现出来的某种结构与测值之间的对应程度，通常采用因子分析来检验，检验结果发现，除了个别指标没有落入理想的维度，大部分指标都落入了理论划分的维度，且具有较大的因子负荷。这说明学习、素质、能力、实操这四大维度的理论划分是合理的。

对高职院校人才培养绩效量表进行探索性因子分析发现,可提取四个公因子(按因子载荷高低),分别对应素质、能力、学习和实操四个维度,且除个别指标外(带徒传艺能力),其余指标均落入预设维度,累计方差贡献率为 61.6%,具有较高的结构效度。对四个维度进行二阶因子分析、探索性因子分析,结果显示,四个维度提取的公因子结构清晰,且累计总方差贡献率均大于 60%(见表5-11),问卷具有较高效度。

表 5-11 高职高技能人才培养绩效评价指标体系的效度

维度	二级指标	累计方差贡献率/%
学习	学习维度总(10)	63.2
	学习态度	79.5
	学习能力	74.6
	学习成效	76.8
素质	素质维度总(14)	68.3
	思想品德	76.3
	身心素质	70.5
	职业道德	76.1
能力	能力维度总(16)	63.4
	基础能力	67.2
	专业能力	70.9
	社会能力	65.4
实操	实操维度总(9)	72.7
	实践成效	86.2
	实践成果	81.5
	实践认可度	76.5
总量表(49)		61.6

注:效度检验指标采用分别对各维度因子分析中的因子累计方差贡献率。

第六章 高职高技能人才培养绩效的 实证调查与统计分析

　　随着经济社会的发展,人们不再只关注学生修读课程的多少,而更加关注学生通过高职教育学到了什么,以及毕业以后是否能满足社会对人才的需求。高职高技能人才培养的绩效研究就是基于高职教育培养高技能人才的人才培养目标定位,从学生学习成效的角度考察高职学生经过三年的高职教育后,与进入高职院校之初相比,他们各方面水平的提高程度,即将自己的现在与过去做比较,提高程度越高,人才培养质量就越好,绩效也就越高。

　　高职高技能人才培养绩效的实证调查与统计分析是科学、客观地评估高职教育人才培养实际绩效的重要环节。课题组严格按照规范的调研程序、科学的取样方法和统计方法,运用已建立的学习、素质、能力、实操四个维度 49 个测评项目的指标体系,对全国 21 所高职院校的学生经过在校三年的学习教育所取得的实际成效进行了测评,并运用 SPSS 20.0 软件,采用主成分分析法对调研数据进行统计分析,分析了不同高职院校、不同专业之间人才培养绩效的差异。

第一节　高职高技能人才培养绩效评价指标的数据采集

一、问卷设计

　　为确保实证研究尽可能体现科学性、有效性、针对性和实用性,在第五章确定的高职高技能人才培养绩效评价指标的基础上,课题组按照问卷调查表的编制原则和步骤,编制了《高职高技能人才培养绩效问卷调查表》,并根据不同的研究视角,将问卷调查表分为教师问卷和学生问卷。

　　为了获取有效的研究数据,问卷尽量采用客观、中立的语言,使题项不存在倾向性和诱导性,力图获取调研对象的真实想法。问卷包括指导语、参与调研的人员的相关背景资料以及问卷主体三部分。第一部分为问卷指导语,清晰地指明了本项研究的来源和研究的主要目的,强调将为参与调研的人员严格保密,引导参与调研的人员客观、真实地表达自己的想法;第二部分为被调研人员的相关背景资料,教师问卷和学生问卷略有差异:教师问卷主要是教师所在学校的背景资料,而学生问卷中的背景资料由学生个人的背景资料以及高中阶段就读学校(即生源学校)的背景资料两部分内容组成;第三部分为问卷主体,主要包括测评的指标项目以及记分方法,本次调研的记分方法采用利克特五点量表法,要求参与调研的人员根据自身的实际感受对高职高技能人才培养绩效进行 1 到 5 级的评价。因为绩效是个增量概念,故要求教师判断他的学生与进高职院校之初的水平相比,各项指标的提高程度,包括提高很大、提高较大、一般、提高较小、没有提高,并分别用数字 5、4、3、2、1 来表示;要求学生判断与进入高职院校之初的水平相比,自己各项指标的提高程度,包括提高很大、提高较大、一般、提高较小、没有提高,并分别用数字 5、4、3、2、1 来表示。

二、样本选取

（一）高职院校类型的选择

不同的角度,可以有不同的类型分类标准,就目前而言,可以将高职院校分为公办高职院校、国有民办高职院校,也可以分为国家示范高职院校、国家骨干高职院校、省级示范高职院校、省级骨干高职院校、一般高职院校等,还可以分为理工类院校、文史类院校、财经类院校、政法类院校、艺术类院校、综合类院校等。为使研究结果更加具有可比性,也更有意义,课题组将院校分为国家示范高职院校、国家骨干高职院校、省级示范高职院校和一般高职院校四类进行调查分析,在一定程度上反映不同类型高职院校的人才培养绩效。

（二）样本的代表性

本项研究不可能进行全国性的调查,但是部分省（区、市）高职院校的情况在一定程度上可以反映整个中国的情况。课题组以浙江为主要调查对象,同时对江苏、重庆、黑龙江、西安等省（区、市）的高职院校进行问卷调查,参与调研的高职院校共有 21 所。

（三）样本的专业、性别等选择

为使研究结果更具科学性、广泛性,参与调研的人员由高职大三即将毕业的学生(如果学生毕业步入社会多年,那么该学生各项指标的提升就不一定是因高职院校的教育培养引起的,有可能是社会、企业等共同培养和影响的结果)和从事高职教育的教师组成,学生和教师按一定比例抽取,同时充分考虑各专业的比例,学生干部与普通学生的比例,高级、中级、初级职称教师的比例等。

在上述思想的指导下,课题组按照分层随机抽样原则,选择了 21 所高职院校的学生和教师进行问卷调查,并将这 21 所高职院校分别用代码表示。为方便区分,代码的前两位是院校类型的拼音字母简写,中间的 2~4 位表示院校所在的省(区、市),最后两位是编号。他们分别为国家示范高职院校 GSHB01、GSHBWH02、GSHLJ03、GSJSCZ04、GSXZ05、GSZJNB06、GSZJWZ07 等 7 所,国家骨干高职院校 GGXJ01、GGZJ02、GGZJ03 等 3 所,省级示范高职院校 SSZJ01、SSZJHZ02、SSZJSX03、SSZJLS04 等 4 所,一般高职院校 YBZJWZ01、YBZQ02、YBXA03、YBFZ04、YBZJMB05、YBZJMB06、YBZJMB07 等 7 所。其中 YBZJMB05、YBZJMB06、YBZJMB07 为浙江省三所国有民办高职院校;GSHLJ03、SSZJSX03、YBZJWZ01 为理工类院校,其余是综合类院校。

三、数据获取与样本特征

问卷发放采用邮寄、发电子邮件等方式,共发放问卷 1820 份,其中教师问卷 510 份,学生问卷 1310 份。回收问卷 1608 份,其中教师问卷 446 份,学生问卷 1162 份。剔除不合格问卷(主要是填写不全的、整张问卷从上到下都是同一个答案的问卷等)193 份,得到有效问卷 1415 份,其中教师问卷 385 份,学生问卷 1030 份,问卷有效回收率为 77.7%。为保证调查资料的真实、可靠,要求被调查者匿名填写问卷。

样本的人口统计学分析结果如下:

(一)性别构成

回收 1030 份有效学生问卷中,男生 550 份,女生 480 份,男女比例基本持平(见图 6-1)。

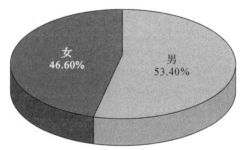

图 6-1　学生自评问卷性别构成

(二)参与调研的高职院校构成

表 6-1 显示了 1415 份有效问卷中被调查者的院校分布情况。填写问卷的 1415 名被调查者来自 21 所院校,每所院校参与调研的人数中教师数为 14~20 人,学生数为 42~62 人,分布较为均匀。

表 6-1　被调研人员的院校分布情况

序号	院校代码	院校类型	参与调研人数/人		占总人数的比例/%	
			教师	学生	教师	学生
1	GSHB01	国家示范高职院校	16	46	4.16	4.47
2	GSHBWH02	国家示范高职院校	19	47	4.94	4.56
3	GSHLJ03	国家示范高职院校	20	52	5.19	5.05
4	GSJSCZ04	国家示范高职院校	21	46	5.45	4.47
5	GSXZ05	国家示范高职院校	20	43	5.19	4.17
6	GSZJNB06	国家示范高职院校	17	45	4.42	4.37
7	GSZJWZ07	国家示范高职院校	30	62	7.79	6.02
8	GGXJ01	国家骨干高职院校	15	45	3.90	4.37
9	GGZJ02	国家骨干高职院校	15	44	3.90	4.27
10	GGZJ03	国家骨干高职院校	19	55	4.94	5.34
11	SSZJ01	省级示范高职院校	18	57	4.68	5.53
12	SSZJHZ02	省级示范高职院校	14	57	3.64	5.53
13	SSZJSX03	省级示范高职院校	19	42	4.94	4.08
14	SSZJLS04	省级示范高职院校	19	45	4.94	4.37
15	YBZJWZ01	一般高职院校	18	45	4.68	4.37
16	YBZQ02	一般高职院校	18	57	4.68	5.53
17	YBXA03	一般高职院校	20	47	5.19	4.56
18	YBFZ04	一般高职院校	17	52	4.42	5.05
19	YBZJMB05	一般高职院校	20	53	5.19	5.15
20	YBZJMB06	一般高职院校	14	46	3.64	4.47
21	YBZJMB07	一般高职院校	16	44	4.16	4.27
合计			385	1030	100	100

（三）参与调研的高职院校类别构成

从表 6-1 可以看出，教师问卷中国家示范高职院校 7 所共 143 份，国家骨干院校 3 所共 49 份，省级示范高职院校 4 所共 70 份，一般院校 7 所共 123 份。学生问卷中各类型院校分别为 341 份、144 份、201 份、344 份，具体比例如图 6-2 所示。

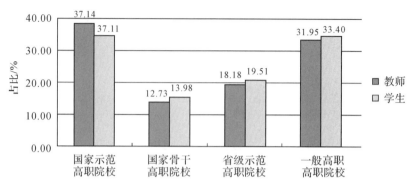

图 6-2　被调研院校的类别分布（教师和学生问卷）

（四）专业大类构成

由于高职院校专业众多，而且名称五花八门，所以统计数据时，对回收的问卷按《普通高等学校高等职业教育（专科）专业目录》（2012 年版）进行专业大类归类。删掉被调研人员人数不足 20 人的大类，对剩余的 9 类专业大类进行统计分析（由于收集的公共事业大类的教师调研数据不合格，剔除后，被调研教师的专业大类分布只有 8 类），各大类分布如图 6-3、图 6-4 所示。

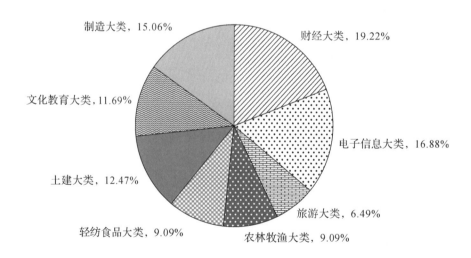

图 6-3　被调研教师所属专业大类分布①

———————————

①　在计算百分比时，有时会因四舍五入而出现比例相加不为 100％的情况，但这并不影响数据的客观性。

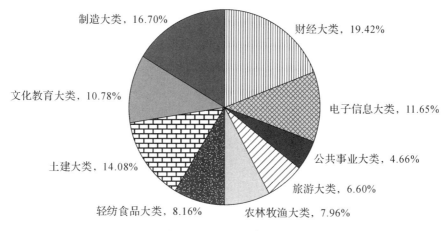

图 6-4　被调研学生所属专业大类分布

第二节　评价方法的选择

评价指标体系建立之后,需要选择一种合适的评价方法。评价方法根据评价对象的具体要求不同而有所不同。总的来说,在评价方法的选择上应尽量选择成熟的、公认的方法,并注意评价方法与评价目的的匹配以及评价方法的内在约束。高职高技能人才绩效评价是将反映高职学生不同方面的多个指标的信息综合起来,得到一个综合指标,由此对高职学生在高职院校三年的教育成效做一个整体上的评判,并进行横向或纵向比较。因此,高职高技能人才培养绩效评价是一个系统概念,需要采用多指标综合评价方法。这种综合评价方法克服了采用单一指标对事物进行评价的局限,并随着人们研究领域的不断扩大,综合评价方法被广泛运用于各个领域。

一、综合评价方法

(一)综合评价的概念

所谓综合评价就是指通过一定的数学函数(或称综合评价函数)将多个评价指标值"合成"为一个整体性的综合评价值。其基本思想是将多个指标转化为一个能够反映综合情况的指标来进行评价,如不同国家经济实力、不同地区社会发展水平、小康生活水平达标进程、企业经济效益评价等,都可以应用这种方法。而用于"合成"的数学方法很多,评价者可根据决策需要和被评价系统的特点来选择较为合适的方法。

20世纪60年代,模糊数学在综合评价中得到了较为成功的应用,产生了特别适合于对主观或定性指标进行评价的模糊综合评价方法。20世纪70年代至90年代,是现代科学评价蓬勃兴起并向纵深发展的年代。随着相关知识的不断渗入,评价方法不断被丰富,有关研究也不断深入。目前使用较多的综合评价方法包括主成分分析法、数据包络分析法、模糊评价法等。

(二)综合评价的特点

与简单评价比较,综合评价的特点表现为:评价过程并非逐个指标依次完成,而是通过一些特殊方法将多个指标的评价同时完成;在评价过程中,一般需要根据指标的重要性进行加权处理;评价结果不再是具有具体含义的统计指标,而是以指数或分值表示参评单位的综合状况排序。

由于本研究所构建的高职高技能人才培养绩效评价的指标较多,而且指标之间又有一定的相关性,因此,课题组采用综合评价法中的主成分分析法对高职高技能人才培养绩效评价进行统计分析。

二、几种典型综合评价方法的比较

(一)层次分析法

层次分析法是美国运筹学家 Thomas L. Saaty 在20世纪70年代初提出的一种用于解决复杂问题排序和传统主观定权缺陷问题的方法。该法以系统分层分析为手段,对评价对象总的目标进行连续性分解,通过两两比较确定各层子目标权重,并以最下层目标的组合权重定权,加权求出综合指数,依据综合指数的大小来评定目标实现情况。层次分析法适用于总目标不确定且分解的各目标层次适中的情况,该法分层确定权重,以组合权重计算综合指数,减少了传统主观定权存在的偏差,且能客观检验思维标准的一致性,常和其他评价方法联合应用,可提高评价的准确性和可信性。但在实际应用中,因一致性检验是在一定概率范围内进行的,在一致性有效范围内,构造不同的判断矩阵,可能会得出不同的结果。为使评价结果最接近于真实情况,需在具备较丰富的专业知识的条件下,紧密结合实际,构造合适的判断矩阵。

(二)模糊评价法

模糊评价法借助于模糊数学,运用模糊关系合成原理将模糊概念定量化,以此对评判对象的优劣等级进行综合评价。基本思想是依据单因素评判矩阵,采取合适的合成算子对模糊因素集对应的模糊权向量集进行模糊变换,得到一个模糊综合评判结果,并对结果进行比较分析来评价事物的优劣。模糊评价法常用于对不能准确度量的事物的评价,如质量评估、风险决策等。在对结果向量进行比较分析时可采用两种方法:最大隶属度法和加权平均法。

(三)数据包络分析法

数据包络分析法通过保持决策单元的输入或输出不变,借助数学规划将决策单元投影到前沿面上,并通过比较决策单元偏离前沿面的程度来评价它们的相对有效性。该方法适用范围广,易于处理大量的输入与输出问题,同时在不同的测度中受决策单元影响不大,不需要指标权重,不受决策者的主观影响。

(四)综合指数法

综合指数法是最基本、最简便的综合评价方法之一,是用单一统计指标定量地反映多个指标综合变动水平的一种方法。基本思想是将不同性质、不同单位的各种实测指标值通过指数变换、加权得出综合指数,并对综合指数进行比较分析,评价其优劣。综合指数法适用于评价目的、标准有明确规定,评价对象差异不太悬殊,各单项指标值波动不太大的情况,如技术创新和能力评价等。

(五)主成分分析法

主成分分析法是将多个变量通过线性变换选出较少个重要变量的一种多元统计分析方法。基本思想是设法将原来众多具有一定相关性的指标,重新组合成一组新的互相无关的综合指标来代替原来的指标。在很多情形中,变量之间是有一定的相关关系的,当两个变量之间有一定相关关系时,可以解释为这两个变量反映此课题的信息有一定的重叠。主成分分析法是将原先提出的所有变量中的重复变量(关系紧密的变量)删去,建立尽可能少的新变量,使得这些新变量是两两不相关的,而且这些新变量在反映课题的信息方面尽可能保持原有的信息。

对以上五种评价方法的比较分析如表 6-2 所示。

表 6-2　典型综合评价方法比较分析

评价方法	评价基本原理	优势	劣势	适用性
层次分析法	将复杂问题进行分解,再按支配关系分组,形成有序的层次结构,通过两两比较确定各因素的相对重要性的顺序	(1)简洁,表现形式简单,易于操作; (2)评价结果需通过一致性检验,可信度高; (3)实用,定量、定性研究均可以使用	(1)对于决策问题有较高的定量要求时,不能单纯使用该方法; (2)决策者应该对所面临的问题有比较深入以及全面的认识	定量及定性研究
模糊评价法	应用模糊关系合成原理,用多个因素对被评判事物的隶属等级进行综合评判	(1)克服了传统数学方法结果单一的缺陷,其结果包含大量的信息; (2)简易可行,易于使用	(1)不能解决因评价指标间的相关性造成的评价信息重复的问题; (2)隶属函数的确定没有统一方法; (3)合成的算法需要进一步改进	定性研究

续表

评价方法	评价基本原理	优势	劣势	适用性
数据包络分析法	保持决策单元的输入或输出不变,借助数学规划将决策单元投影到前沿面上,并通过对比决策单元偏离前沿面的程度来评价相对有效性	(1)适用范围广,易于处理大量的输入与输出问题;(2)受决策单元影响不大;(3)不需要指标权重,不受决策者的主观影响	(1)必须分析分类数据的有效性及可信性;(2)样本大小的限制性很强	定量研究
综合指数法	将不同性质、不同单位的各种实测指标值通过指数变换、加权得出综合指数,并对综合指数进行比较分析,评价其优劣	(1)评价过程系统、全面,计算简单;(2)数据利用充分,通过对综合指数和个体指数的分析,找出薄弱环节,为改进提高提供依据	(1)对比较标准依赖太强,同时标准的确定较为困难;(2)指标值无上下限,若存在极大值会影响评价结果的准确性	定量分析
主成分分析法	设法将原来众多具有一定相关性的指标,重新组合成一组新的互相无关的综合指标来代替原来的指标	(1)可消除评价指标之间的相关影响;(2)可减少指标选择的工作量;(3)尽可能多地保留原始变量的信息;(4)权数客观、合理;(5)计算规范,便于在计算机上实现	(1)必须保证所提取的前几个主成分的累计贡献率达到一个较高的水平,否则主成分将空有信息量而无实际含义;(2)主成分的含义一般都带有一定的模糊性,不像原始变量的含义那么清楚、确切	定量分析

三、主成分分析法

(一)主成分分析法的基本原理

影响高职高技能人才培养的变量(或因素)是多种多样的,每个变量都在不同程度上反映了某些信息。而在用统计分析方法研究和分析这个多变量的事物时,变量数太多会增加研究和分析的难度和复杂性。而且,在实际问题中,变量之间往往存在一定的相关性,这种相关性可以解释为变量间在一定程度上具有信息量的重叠。主成分分析法,也称主分量分析法,最早由具有"统计学之父"之称的K. Pearson针对非随机变量的计算提出,后由美国的数理统计学家Harold于1933年将此方法推广到随机变量计算的情形,该方法现已被广泛应用于社会学、医学、经济学、气象学、生物学、地质学等各个领域。主成分分析法利用变量间的相关性把问题简单化,找出变量中的主要成分和次要成分,采用降维的方法,用几个综合因子来代替原来众多的变量,使这些综合因素尽可能地反映原来变量的信息量,且彼此之间互不相关。因此,主成分分析法的最大优点就是,在力保数据丢失最少的原则下,对多维变量空间进行降维处理,降低数据空间的维度,简化系统结构,消除指标间的信息重叠。同时,还可以很好地再现各主成分因子与原始变量之间的相互关系,配合指标所提供的原始信息确定权重系数。可以说,主成分分析法既是一种权重确定方法,也是一种成熟的综合评价方法。

（1）基本原理:假定有 n 个样本,每个样本共有 p 个变量,构成一个 $n \times p$ 阶的数据矩阵:

$$\boldsymbol{X} = \begin{bmatrix} x_{11} & x_{12} & \cdots & x_{1p} \\ x_{21} & x_{22} & \cdots & x_{2p} \\ \vdots & \vdots & & \vdots \\ x_{n1} & x_{n2} & \cdots & x_{np} \end{bmatrix}$$

记原变量指标为 $x_1, x_2, \cdots, x_p$,设对它们降维处理后的综合指标,即新变量为 $z_1, z_2, z_3, \cdots, z_m (m \leqslant p)$,则:

$$\begin{cases} z_1 = l_{11}x_1 + l_{12}x_2 + \cdots + l_{1p}x_p \\ z_2 = l_{21}x_1 + l_{22}x_2 + \cdots + l_{2p}x_p \\ z_m = l_{m1}x_1 + l_{m2}x_2 + \cdots + l_{mp}x_p \end{cases}$$

（2）系数 l_{ij} 的确定原则:

①z_i 与 $z_j (i \neq j; i, j = 1, 2, \cdots, m)$ 相互无关。

②z_1 是 $x_1, x_2, \cdots, x_p$ 的一切线性组合中方差最大者,z_2 是与 z_1 不相关的 $x_1, x_2, \cdots, x_p$ 的所有线性组合中方差最大者;z_m 是与 $z_1, z_2, \cdots, z_{m-1}$ 不相关的 $x_1, x_2, \cdots, x_p$ 的所有线性组合中方差最大者。

新变量指标 $z_1, z_2, \cdots, z_m$ 分别被称为原变量指标 $x_1, x_2, \cdots, x_p$ 的第1,第2,$\cdots$,第 m 主成分。

从以上分析可以看出,主成分分析的实质就是确定原来变量 $x_j (j = 1, 2, \cdots, p)$ 在诸主成分 $z_i (i = 1, 2, \cdots, m)$ 上的荷载 $l_{ij} (i = 1, 2, \cdots, m; j = 1, 2, \cdots, p)$。

从数学上可以证明,它们分别是相关矩阵 m 个较大的特征值所对应的特征向量。

（二）确定主成分个数的判定原则

一般来说,成分个数等于原始变量的个数,如果原始变量个数较多,进行综合评价就比较麻烦。所以利用主成分分析对样本排序时,总是希望选取个数较少的主成分,同时还要使损失的信息量尽可能地少。在实践中比较常用的确定主成分个数方法的原则有以下几种:

（1）$\alpha(k) \geqslant 85\%$ 准则。$\alpha(k)$ 表示前 k 个主成分保留原观测变量信息的比重。根据国内外用主成分分析进行多指标综合评价的实践来看,$\alpha(k) \geqslant 85\%$ 通常可以保证样本排序的稳定。

（2）$\lambda g > \lambda$ 准则。先计算特征根 λg 的均值 λ，选取 $\lambda g > \lambda$ 的前 k 个成分作为主成分。由标准化数据的相关矩阵 $\boldsymbol{R}$ 求得的 λ 为 1，因此只要取 $\lambda g > 1$ 的前 k 个主成分即可。

（3）选取第一主成分用于综合评价。主成分分析法作为数据降维方法，其每个主成分均有特定的经济含义，可以用于揭示原始样本中的基本性质。第一主成分说明了原始数据变动的总规模，而其余各主成分则说明了样本内部的各方面的特征。

（三）主成分分析法的实现步骤

第一步，对原始数据进行标准化处理。

为了明确各纵向数据的可比性，应该消除各指标数值由于表现形式不一、计量单位不同而给评价结果带来的影响，在进行数据分析前，需要对原始数据进行处理，即对不同计量单位的指标数据进行同量度处理，将不同单位指标转化为无量纲数值。

第二步，计算相关系数矩阵。

利用基于相关矩阵的主成分分析法，运用 SPSS 20.0 统计分析软件，计算得到绩效评价指标数据的相关系数矩阵：

$$\boldsymbol{R} = \begin{bmatrix} r_{11} & r_{12} & \cdots & r_{1p} \\ r_{21} & r_{22} & \cdots & r_{2p} \\ \vdots & \vdots & & \vdots \\ r_{p1} & r_{p2} & \cdots & r_{pp} \end{bmatrix}$$

$r_{ij}(i,j = 1,2,\cdots,p)$ 为原变量 x_i 与 x_j 的相关系数，$r_{ij} = r_{ji}$，其计算公式为：

$$r_{ij} = \frac{\sum_{k=1}^{n} (x_{ki} - \bar{x}_i)(x_{kj} - \bar{x}_j)}{\sqrt{\sum_{k=1}^{n} (x_{ki} - \bar{x}_i)^2 \sum_{k=1}^{n} (x_{kj} - \bar{x}_j)^2}}$$

第三步，计算特征值与特征向量。

解特征方程 $|\lambda \boldsymbol{I} - \boldsymbol{R}| = 0$，常用雅可比法（Jacobi method）求出特征值，并使其按大小顺序排列 $\lambda_1 \geqslant \lambda_2 \geqslant \cdots \geqslant \lambda_p \geqslant 0$。

分别求出对应于特征值 λ_i 的特征向量 $e_i(i = 1,2,\cdots,p)$，要求 $\| e_i \| = 1$，即 $\sum_{j=1}^{p} e_{ij}^2 = 1$，其中 e_{ij} 表示向量 e_i 的第 j 个分量。

第四步，计算各主成分的方差贡献率及累计贡献率，确定主成分个数。

根据计算出来的相关系数矩阵，在 SPSS 20.0 中求出矩阵特征值，根据最初几个特征值在全部特征值中的累计方差贡献率大于等于一定的百分率的原则(实际应用中常取累计方差贡献率大于等于 85%),确定选取的主成分个数。假如选取的主成分个数为 m,那么主成分因子得分为:

$$\begin{cases} z_1 = l_{11}x_1 + l_{12}x_2 + \cdots + l_{1p}x_p \\ z_2 = l_{21}x_1 + l_{22}x_2 + \cdots + l_{2p}x_p \\ \vdots \qquad \vdots \qquad \vdots \qquad \qquad \vdots \\ z_m = l_{m1}x_1 + l_{m2}x_2 + \cdots + l_{mp}x_p \end{cases}$$

$$Z = z_1 a_1 + z_2 a_2 + \cdots + z_m a_m$$

其中 $a_1, a_2 + \cdots + a_m$ 为各主成分的方差贡献率。Z 的得分越高,说明被测量对象在该项目的绩效水平越高,反之说明绩效水平越低。

第三节　基于主成分分析法的高职高技能人才培养绩效评估的实证分析

为全面、客观地分析高职院校高技能人才培养的实际效果,课题组借助 SPSS 20.0 软件,采用描述性统计分析法和主成分分析法分别从各个测评项目的绩效水平、各个维度的绩效水平以及综合绩效等三个方面对调研数据进行统计分析,并按高职院校的院校类型、专业大类等进行对比分析。

一、高职高技能人才培养绩效各测评项目的描述性统计分析

课题组首先对高职院校高技能人才培养绩效的测评结果进行了描述性统计分析,目的在于了解和把握学习、素质、能力、实操四个维度的各个测评项目的均值和标准差,以便更好地把握高职高技能人才培养的实际效果。本研究从教师对学生的评价以及学生自评两个视角对四个不同维度的 49 个测评项目分别进行描述性统计分析。

（一）学习维度各测评项目的统计分析

采用 SPSS 20.0 软件,对学习维度 10 个测评项目进行统计分析,结果如表 6-3 和表 6-4 所示。

表 6-3　学习维度测评结果的描述性统计分析(教师评学生)

指标	样本数	极小值	极大值	均值	标准差
学习的主动性	385	1	5	3.71	0.798
学习的进取心	385	1	5	3.77	0.786
学习的创造性	385	1	5	3.61	0.854
知识获取能力	385	1	5	3.83	0.796

续表

指标	样本数	极小值	极大值	均值	标准差
知识运用能力	385	1	5	3.82	0.841
知识更新能力	385	1	5	3.70	0.828
知识拓展能力	385	1	5	3.65	0.838
基础知识储备	385	1	5	3.84	0.792
专业知识储备	385	1	5	3.98	0.811
行业通用知识储备	385	1	5	3.78	0.875

表 6-4　学习维度测评结果的描述性统计分析(学生自评)

指标	样本数	极小值	极大值	均值	标准差
学习的主动性	1030	1	5	3.33	1.005
学习的进取心	1030	1	5	3.36	0.969
学习的创造性	1030	1	5	3.25	0.993
知识获取能力	1030	1	5	3.39	0.945
知识运用能力	1030	1	5	3.37	0.952
知识更新能力	1030	1	5	3.35	0.933
知识拓展能力	1030	1	5	3.33	0.961
基础知识储备	1030	1	5	3.38	0.954
专业知识储备	1030	1	5	3.43	0.945
行业通用知识储备	1030	1	5	3.30	0.944

　　以上是代表高职学生经过高职院校三年的教育培养,其学习态度、学习能力以及学习成效等与进入高职院校之初相比的提高程度,从测评结果的统计分析可以看出,均值、极大值和极小值的取值范围均为[1,5],即绩效的最高值为5,最低值为1。从教师对学生的评价以及学生自评的结果可以看出,均值范围均在3到4之间,处于相对较高的区间。均值最大的均为"专业知识储备",教师对学生的评价均值为3.98,学生自评的均值为3.43。均值最小的为"学习创造性",教师对学生的评价均值为3.61,学生自评的均值为3.25。

　　在标准差的统计结果中,教师对学生的评价的标准差最大的为"行业通用知识储备",标准差为0.875;最小的为"学习的进取心",标准差为0.786。学生自评的标准差最大的为"学习的主动性",标准差为1.005;最小的为"知识更新能力",标准差为 0.933。标准差,也称均方差,是指各数据偏离平均数的距离(离均差)的平均数,它是离差平方和平均后的平方根,反映一个数据集的离散程度。标准差较大,代表大部分数值和其平均值之间差异较大;标准差较小,代表这些数值较接近平均值。

从教师和学生给出的评价可以看出,大家对学习这一维度的评价总体保持一致,认为经过高职院校三年的教育培养,学生的专业知识储备提高最明显,但学生的学习主动性、创造性仍有待提高,而在"学习的主动性"这一指标的评价上,学生的观点差异明显。

学习维度测评结果的描述性统计分析如图 6-5 所示。

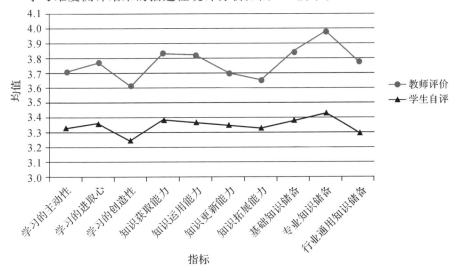

图 6-5　学习维度测评结果的描述性统计分析

(二)素质维度各测评项目的统计分析

该维度各测评项目的统计分析结果如表 6-5 和表 6-6 所示。

表 6-5　素质维度测评结果的描述性统计分析(教师评学生)

指标	样本数	极小值	极大值	均值	标准差
政治素养	385	1	5	3.95	0.828
理想信念	385	1	5	3.92	0.834
人文素养	385	1	5	3.93	0.836
行为养成	385	1	5	3.89	0.872
自我保健意识	385	1	5	3.91	0.772
身体健康状况	385	1	5	3.97	0.763
环境适应能力	385	1	5	3.99	0.755

续表

指标	样本数	极小值	极大值	均值	标准差
挫折承受能力	385	1	5	3.78	0.788
自我调整能力	385	1	5	3.83	0.807
遵纪守法意识	385	1	5	4.13	0.786
诚实守信意识	385	1	5	4.10	0.780
工作责任意识	385	1	5	4.03	0.829
吃苦耐劳精神	385	1	5	3.87	0.880
敬业奉献精神	385	1	5	3.87	0.864

表 6-6　素质维度测评结果的描述性统计分析(学生自评)

指标	样本数	极小值	极大值	均值	标准差
政治素养	1030	1	5	3.83	0.953
理想信念	1030	1	5	3.76	0.956
人文素养	1030	1	5	3.76	0.946
行为养成	1030	1	5	3.76	0.939
自我保健意识	1030	1	5	3.80	0.944
身体健康状况	1030	1	5	3.75	0.984
环境适应能力	1030	1	5	3.86	0.959
挫折承受能力	1030	1	5	3.76	0.961
自我调整能力	1030	1	5	3.80	0.952
遵纪守法意识	1030	1	5	3.94	0.968
诚实守信意识	1030	1	5	3.97	0.973
工作责任意识	1030	1	5	3.93	0.971
吃苦耐劳精神	1030	1	5	3.93	0.971
敬业奉献精神	1030	1	5	3.87	0.969

　　以上是代表高职学生经过高职院校三年的教育培养,其思想品德、身心素质、职业道德等与进入高职院校之初相比的提高程度,共有 14 个测评项目,从测评结果的统计分析可以看出,均值、极大值和极小值的取值范围均为[1,5],即绩效的最高值为 5,最低值为 1。从教师对学生的评价与学生自评的结果可以看出,均值范围均在 3 到 5 之间,处于相对较高的区间。教师对学生的评价

均值最大的为"遵纪守法意识",均值为 4.13;最小的为"挫折承受能力",均值为 3.78。学生自评的均值最大的为"诚实守信意识",均值为 3.97;最小的为"身体健康状况",均值为 3.75。

在标准差的统计结果中,教师对学生的评价的标准差最大的为"吃苦耐劳精神",标准差为 0.880;最小的为"环境适应能力",标准差为 0.755。学生自评的标准差最大的为"身体健康状况",标准差为 0.984;最小的为"行为养成",标准差为 0.939。标准差都在 1 以内,数值与平均值之间差异不大,偏离程度不高。

综上所述,参与评价的教师与学生认为高职学生的遵纪守法意识、诚实守信意识较强,但挫折承受能力以及身体健康状况相对较差。在今后的教育教学中,高职院校应加强这些方面的训练和培养。

素质维度测评结果的描述性统计分析如图 6-6 所示。

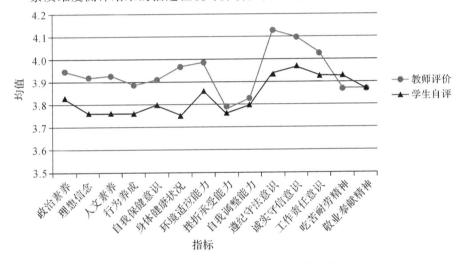

图 6-6　素质维度测评结果的描述性统计分析

(三)能力维度各测评项目的统计分析

该维度各测评项目的统计分析结果如表 6-7 和表 6-8 所示。

表 6-7　能力维度测评结果的描述性统计分析(教师评学生)

指标	样本数	极小值	极大值	均值	标准差
语言表达能力	385	1	5	3.90	0.777
文字书写能力	385	1	5	3.70	0.836
自我认识能力	385	1	5	3.82	0.775
信息处理能力	385	1	5	3.90	0.771

续表

指标	样本数	极小值	极大值	均值	标准差
分析理解能力	385	1	5	3.82	0.832
调查研究能力	385	1	5	3.80	0.788
动手操作能力	385	1	5	4.09	0.776
推广应用能力	385	1	5	3.79	0.821
排疑解难能力	385	1	5	3.68	0.820
技术革新能力	385	1	5	3.58	0.881
人际交往能力	385	1	5	4.00	0.797
组织管理能力	385	1	5	3.90	0.787
团队协作能力	385	1	5	3.98	0.819
职业规划能力	385	1	5	3.81	0.788
就业创业能力	385	1	5	3.84	0.840
带徒传艺能力	385	1	5	3.62	0.928

表 6-8　能力维度测评结果的描述性统计分析(学生自评)

指标	样本数	极小值	极大值	均值	标准差
语言表达能力	1030	1	5	3.65	0.964
文字书写能力	1030	1	5	3.51	0.947
自我认识能力	1030	1	5	3.68	0.923
信息处理能力	1030	1	5	3.62	0.922
分析理解能力	1030	1	5	3.61	0.938
调查研究能力	1030	1	5	3.51	0.960
动手操作能力	1030	1	5	3.60	0.975
推广应用能力	1030	1	5	3.45	0.960
排疑解难能力	1030	1	5	3.45	0.954
技术革新能力	1030	1	5	3.36	0.998
人际交往能力	1030	1	5	3.72	0.978
组织管理能力	1030	1	5	3.67	0.983
团队协作能力	1030	1	5	3.72	0.960
职业规划能力	1030	1	5	3.58	0.980
就业创业能力	1030	1	5	3.46	1.005
带徒传艺能力	1030	1	5	3.29	1.084

以上代表了高职学生经过高职院校三年的教育培养,其基础能力、专业能力、社会能力等与进入高职院校之初相比的提高程度,共有 16 个测评项目。从测评结果的统计分析可以看出,均值、极大值和极小值的取值范围均为[1,5],即绩效的最高值为 5,最低值为 1。从教师对学生的评价与学生自评的结果可以看出,均值范围均在 3 到 5 之间,处于相对较高的区间。教师对学生的评价均值最大的为"动手操作能力",均值为 4.09;得分相对较低的有"技术革新能力",均值为 3.58,以及"带徒传艺能力",均值为 3.62。学生自评的均值最大的为"人际交往能力""团结协作能力",均值为 3.72;最低的为"带徒传艺能力",均值为 3.29。

标准差的统计结果发现,教师对学生的评价的标准差最大的为"带徒传艺能力",标准差为 0.928;最小的为"信息处理能力",标准差为 0.771。学生自评的标准差最大的为"带徒传艺能力",标准差为 1.084;最小的为"信息处理能力",标准差为 0.922。

教师普遍认为经过三年的教育培养,学生的动手操作能力提升最快,绩效最明显。学生对自身的"带徒传艺能力"评价相对较低,而且"就业创业能力"和"带徒传艺能力"标准差的数值与平均值之间差异相对较高,偏离程度在 1 以上,说明有相当多的高职学生对自己的就业创业能力和带徒传艺能力信心不足,高职院校应加强对学生这方面的教育和培养。

能力维度测评结果的描述性统计分析如图 6-7 所示。

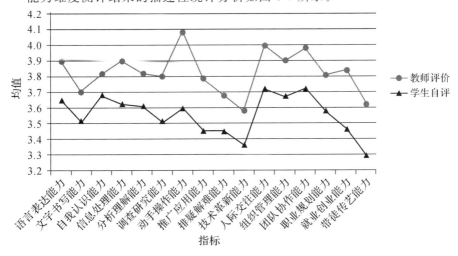

图 6-7　能力维度测评结果的描述性统计分析

（四）实操维度各测评项目的统计分析

该维度各测评项目的统计分析结果如表 6-9 和表 6-10 所示。

表 6-9 实操维度测评结果的描述性统计分析（教师评学生）

指标	样本数	极小值	极大值	均值	标准差
完成任务（学业）质量	385	1	5	3.89	0.717
完成任务（学业）效率	385	1	5	3.89	0.764
技能竞赛获奖数量	385	1	5	3.88	0.862
创新成果数量	385	1	5	3.62	0.884
论文发表数量	385	1	5	3.39	1.007
专利发明数量	385	1	5	3.22	1.132
同学认可度	385	1	5	3.87	0.849
企业认可度	385	1	5	3.98	0.818
社会认可度	385	1	5	3.99	0.781

表 6-10 实操维度测评结果的描述性统计分析（学生自评）

指标	样本数	极小值	极大值	均值	标准差
完成任务（学业）质量	1030	1	5	3.60	0.965
完成任务（学业）效率	1030	1	5	3.55	1.009
技能竞赛获奖数量	1030	1	5	3.09	1.234
创新成果数量	1030	1	5	3.00	1.239
论文发表数量	1030	1	5	2.92	1.243
专利发明数量	1030	1	5	2.86	1.264
同学认可度	1030	1	5	3.58	0.988
企业认可度	1030	1	5	3.37	1.052
社会认可度	1030	1	5	3.42	1.048

上表代表了高职学生经过高职院校三年的教育培养，其实践成效、实践成果、实践认可度与进入高职院校之初相比的提高程度，共有 9 个测评项目。从测评结果的统计分析可以看出，均值、极大值和极小值的取值范围均为 [1,5]，即绩效的最高值为 5，最低值为 1。从教师对学生的评价以及学生自评的结果可以看出，均值范围均在 2 到 4 之间，处于中等偏上的区间。教师对学生的评价均值最大的为"社会认可度"，均值为 3.99；最小的为"专利发明数量"，均值为 3.22。学生自评的均值最大的为"完成任务（学业）质量"，均值为 3.60；最小的为"专利发明数量"，均值为 2.86。

在标准差的统计结果中,教师对学生的评价的标准差最大的为"专利发明数量",标准差为 1.132;最小的为"完成任务(学业)质量",标准差为 0.717。学生自评的标准差最大的为"专利发明数量",标准差为 1.264;最小的为"完成任务(学业)质量",标准差为 0.965。

实操维度测评结果的描述性统计分析如图 6-8 所示。

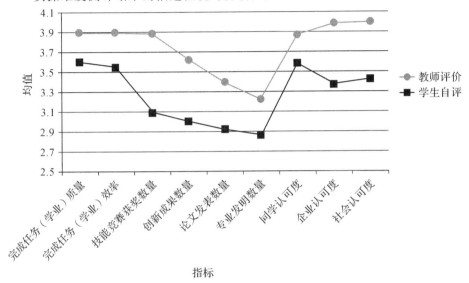

图 6-8　实操维度测评结果的描述性统计分析

综上所述,相比前三个维度,这一维度的绩效相对较弱,特别对"专利发明数量""论文发表数量"等的评价不高,而且标准差数值与平均值之间差异相对较高,说明高职学生在这几个指标上的学习成效不是很明显。

二、高职高技能人才培养绩效四个维度的测评结果统计分析

在对高职高技能人才培养绩效四个维度进行测评时,应解决以下两个问题:①评价指标赋权问题;②指标之间的相关性问题。主成分分析法正是解决上述两个问题的一种多元统计方法。为更好地进行数据的分析与比较,课题组对教师问卷和学生问卷收集到的数据分别按学校进行了均值化处理,这样处理以后,每个学校的 49 个测评项目对应的都只有一个平均值。然后按主成分分析法的基本原理和步骤,运用 SPSS 20.0 数据分析软件从教师对学生的评价以及学生自评两个角度分别对学习、素质、能力、实操四个维度的绩效水平进行统计分析。

（一）学习维度测评结果的统计分析

1.教师对学生测评结果的统计分析

按照主成分分析法的原理，课题组按以下几个步骤进行统计分析：

（1）通过 KMO(Kaiser-Meyer-Olkin)检验和 Bartlett 检验（见表 6-11），可进行主成分分析。

（2）对学习维度的 10 个测评项目进行主成分分析，得到初始和经旋转后的各个主成分的特征值、方差贡献率和累计方差贡献率（见表 6-12），并提取两个主成分（见表 6-13）。从表中可以看出，这两个主成分的累计方差贡献率达到 92.287%，足以解释这一维度 10 个指标的大部分变差。

表 6-11　KMO 和 Bartlett 检验

取样足够度的 KMO 度量		0.853
Bartlett 的球形度检验	近似卡方	336.272
	df	45
	Sig.	0.000

表 6-12　解释的总方差

成分	初始特征值			提取平方和载入后的特征值			旋转平方和载入后的特征值		
	合计	方差贡献率/%	累计方差贡献率/%	合计	方差贡献率/%	累计方差贡献率/%	合计	方差贡献率/%	累计方差贡献率/%
1	8.744	87.442	87.442	8.744	87.442	87.442	5.127	51.271	51.271
2	0.485	4.845	92.287	0.485	4.845	92.287	4.102	41.016	92.287
3	0.298	2.977	95.264						
4	0.197	1.968	97.232						
5	0.088	0.877	98.109						
6	0.068	0.683	98.792						
7	0.046	0.463	99.255						
8	0.043	0.429	99.684						
9	0.023	0.227	99.911						
10	0.009	0.089	100.000						

表 6-13　旋转成分矩阵

指标	成分	
	1	2
学习的创造性	0.893	0.407
学习的进取心	0.863	0.470
学习的主动性	0.847	0.464
知识更新能力	0.788	0.573
知识拓展能力	0.788	0.559
知识获取能力	0.709	0.655
专业知识储备	0.385	0.896
基础知识储备	0.480	0.815
知识运用能力	0.664	0.697
行业通用知识储备	0.550	0.690

提取方法:主成分分析法。

旋转法:具有 Kaiser 标准化的正交旋转法。

旋转在 3 次迭代后收敛。

（3）以两个主成分各自的方差贡献率归一化处理的数据为权重系数 a_1、a_2，计算高职高技能人才培养学习维度绩效测评的标准化分值:

$$a_1 = 51.271/92.287, a_2 = 41.016/92.287$$

标准化分值的计算函数为:$F = F_1 a_1 + F_2 a_2$，由此得出这一维度的标准化分值。

（4）为了便于对比分析,将标准化分值进行转换,采用效用值来表征这一维度绩效的高低,并规定效用值的取值区域范围为$[1,5]$,即绩效最高的效用值为5,最低的效用值为1。如果用 X_i 表示第 i 个综合得分,X_{imax} 表示综合得分的最大值,X_{imin} 表示得分的最小值,则第 i 个综合得分的效用值 Y_i 可以表示为:$Y_i = \dfrac{X_i - X_{imin}}{X_{imax} - X_{imin}} \times 5$,得出各院校在这一维度的效用值,具体如表 6-14、图 6-9 所示。为方便、直观,图 6-9 横坐标的院校从左到右依次为国家示范高职院校、国家骨干高职院校、省级示范高职院校、一般高职院校等。

表 6-14　学习维度绩效测评结果(教师评学生)

院校代码	院校类型	所在省(区、市)	参评人数/人	绩效得分		排名
				标准化分值	效用值	
GGXJ01	国家骨干高职院校	新疆	15	1.4828	5.00	1
GGZJ03	国家骨干高职院校	浙江	19	1.0938	4.39	2
YBZQ02	一般高职院校	重庆	18	0.6606	3.71	3
GGZJ02	国家骨干高职院校	浙江	15	0.4793	3.43	4
SSZJSX03	省级示范高职院校	浙江	19	0.3994	3.30	5
SSZJ01	省级示范高职院校	浙江	18	0.3959	3.30	6
SSZJLS04	省级示范高职院校	浙江	19	0.2571	3.08	7
GSHLJ03	国家示范高职院校	黑龙江	20	0.2136	3.01	8
YBFZ04	一般高职院校	福建	17	0.1123	2.85	9
GSHB01	国家示范高职院校	湖北	16	0.0467	2.75	10
SSZJHZ02	省级示范高职院校	浙江	14	0.0459	2.75	11
YBZJWZ01	一般高职高职院校	浙江	18	0.0288	2.72	12
GSJSCZ04	国家示范高职院校	江苏	21	−0.0771	2.56	13
GSHBWH02	国家示范高职院校	湖北	19	−0.1084	2.51	14
GSZJNB06	国家示范高职院校	浙江	17	−0.1623	2.42	15
GSZJWZ07	国家示范高职院校	浙江	30	−0.2109	2.35	16
YBXA03	一般高职院校	陕西	20	−0.2622	2.27	17
YBZJMB05	一般高职院校	浙江	20	−0.3968	2.06	18
YBZJMB07	一般高职院校	浙江	16	−0.5802	1.77	19
GSXZ05	国家示范高职院校	西藏	20	−1.3070	1.23	20
YBZJMB06	一般高职院校	浙江	14	−1.7113	1.00	21

　　利用 SPSS 20.0 软件分析得出在学习维度教师对学生评价的效用值的均值为 2.78,标准差为 0.9304,处于相对较高的区间,且数据的离散程度不高。从表 6-14、图 6-9 可以看出,GGXJ01、GGZJ03 两所国家骨干高职院校的得分较高,分别达到 5.00 和 4.39。得分较低的为 GSXZ05、YBZJMB06,得分基本接近取值范围的最低点。

　　由于经过标准化等处理,该效用值已无法精确表示这一维度的实际感知

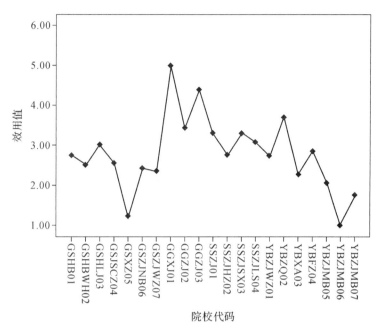

图 6-9　学习维度绩效测评结果（教师评学生）

值,但依旧可以体现各个学校学习维度的绩效差异和总体状况。从测评结果的效用值可以看出,除个别特殊的高职院校外,国家示范高职院校、国家骨干高职院校、省级示范高职院校在学习维度的绩效水平总体高于一般高职院校的绩效水平,而国家示范高职院校、国家骨干高职院校、省级示范高职院校间没有明显差异。但仍有一半左右的高职院校在这一维度的得分达不到效用值的均值,这跟学生学习意识、学习习惯养成欠缺,学习态度不端正,学习动力不足有关。因此,高职院校应该重视培养学生学习的主动性、进取心和创造性,提高其知识获取能力、知识运用能力、知识更新能力和知识拓展能力,使学生树立爱学习、会学习、终身学习的理念,有效提高学生基础知识、专业知识和行业通用知识的储备。

2.学生自评结果的统计分析

按照主成分分析法的原理,课题组采取以下几个步骤进行统计分析:

(1)通过 KMO 检验和 Bartlett 检验(见表 6-15),可进行主成分分析。

(2)对学习维度的 10 个测评项目进行主成分分析,得到初始和经旋转后的各个主成分的特征值、方差贡献率和累计方差贡献率(见表 6-16),并提取两个主成分(见表 6-17)。从表中可以看出,这两个主成分的累计方差贡献率达到87.919%,足以解释这一维度 10 个指标的大部分变差。

表 6-15　KMO 和 Bartlett 检验

取样足够度的 KMO 度量		0.835
Bartlett 的球形度检验	近似卡方	252.465
	df	45
	Sig.	0.000

表 6-16　解释的总方差

成分	初始特征值			提取平方和载入后的特征值			旋转平方和载入后的特征值		
	合计	方差贡献率/%	累计方差贡献率/%	合计	方差贡献率/%	累计方差贡献率/%	合计	方差贡献率/%	累计方差贡献率/%
1	7.891	78.905	78.905	7.891	78.905	78.905	5.499	54.991	54.991
2	0.901	9.014	87.919	0.901	9.014	87.919	3.293	32.928	87.919
3	0.368	3.682	91.601						
4	0.267	2.672	94.273						
5	0.176	1.763	96.036						
6	0.150	1.497	97.533						
7	0.116	1.161	98.694						
8	0.075	0.752	99.446						
9	0.033	0.332	99.778						
10	0.022	0.222	100.000						

表 6-17　旋转成分矩阵

指标	成分	
	1	2
学习的主动性	0.852	0.232
学习的进取心	0.846	0.278
学习的创造性	0.747	0.391
知识获取能力	0.643	0.500
专业知识储备	0.256	0.840
行业通用知识储备	0.253	0.818
基础知识储备	0.365	0.739
知识更新能力	0.559	0.597
知识拓展能力	0.541	0.596
知识运用能力	0.587	0.595

提取方法:主成分分析法。

旋转法:具有 Kaiser 标准化的正交旋转法。

旋转在 3 次迭代后收敛。

（3）以两个主成分各自的方差贡献率归一化处理的数据为权重系数 a_1、a_2，计算高职高技能人才培养学习维度绩效测评的标准化分值：

$$a_1 = 54.991/87.919, a_2 = 32.928/87.919$$

标准化分值的计算函数为：$F = F_1 a_1 + F_2 a_2$，由此得出这一维度的标准化分值。

（4）为了便于对比分析，将标准化分值进行转换，采用效用值来表征这一维度绩效的高低，并规定效用值的取值区域范围为 $[1,5]$，即绩效最高的效用值为 5，最低的效用值为 1。如果用 X_i 表示第 i 个综合得分，X_{imax} 表示综合得分的最大值，X_{imin} 表示得分的最小值，则第 i 个综合得分的效用值 Y_i 可以表示为：$Y_i = \dfrac{X_i - X_{imin}}{X_{imax} - X_{imin}} \times 5$，得出各院校在这一维度的效用值，具体如表 6-18、图 6-10 所示。为方便、直观，图 6-10 横坐标的学校从左到右依次为国家示范高职院校、国家骨干高职院校、省级示范高职院校、一般高职院校等。

表 6-18　学习维度绩效测评结果（学生自评）

院校代码	院校类型	所在省（区、市）	参评人数/人	绩效得分		排名
				标准化分值	效用值	
GSZJNB06	国家示范高职院校	浙江	45	1.5240	5.00	1
YBZQ02	一般高职院校	重庆	57	0.9084	3.89	2
YBXA03	一般高职院校	陕西	47	0.8442	3.77	3
SSZJ01	省级示范高职院校	浙江	57	0.4913	3.14	4
SSZJIIZ02	省级示范高职院校	浙江	57	0.4596	3.08	5
SSZJLS04	省级示范高职院校	浙江	45	0.4149	3.00	6
GGZJ03	国家骨干高职院校	浙江	55	0.4082	2.99	7
SSZJSX03	省级示范高职院校	浙江	42	0.3940	2.96	8
GGZJ02	国家骨干高职院校	浙江	44	0.3845	2.94	9
YBZJWZ01	一般高职院校	浙江	45	0.3154	2.82	10
GSZJWZ07	国家示范高职院校	浙江	62	−0.0259	2.20	11
YBZJMB07	一般高职院校	浙江	44	−0.0480	2.16	12
GSHB01	国家示范高职院校	湖北	46	−0.0486	2.16	13
GSHBWH02	国家示范高职院校	湖北	47	−0.2806	1.74	14
YBZJMB05	一般高职院校	浙江	53	−0.4046	1.52	15

续表

院校代码	院校类型	所在省（区、市）	参评人数/人	绩效得分		排名
				标准化分值	效用值	
GSXZ05	国家示范高职院校	西藏	43	−0.5034	1.34	16
GSJSCZ04	国家示范高职院校	江苏	46	−0.5168	1.32	17
YBZJMB06	一般高职院校	浙江	46	−0.5441	1.27	18
YBFZ04	一般高职院校	福建	52	−1.2048	1.07	19
GSHLJ03	国家示范高职院校	黑龙江	52	−1.2212	1.05	20
GGXJ01	国家骨干高职院校	新疆	45	−1.2463	1.00	21

利用 SPSS 20.0 软件分析得出学习维度的学生自评的效用值的均值为 2.40，标准差为 1.0918，可以看出在学习维度的学生自评比教师对学生的评价要低，且离散程度较高。从表 6-18、图 6-10 可以看出，该维度的绩效得分除国家示范院校 GSZJNB06 明显高于其他院校外，其余院校的绩效得分跟院校类型没有直接联系，甚至一些非示范高职院校的得分比一些示范高职院校还要高。由于经过标准化等处理，该效用值已无法精确表示这一维度的实际感知值，但依旧可以体现各个学校学习维度的绩效差异和总体状况。

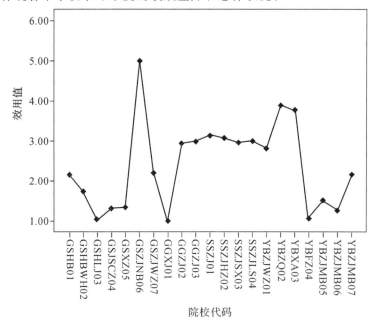

图 6-10　学习维度绩效测评结果（学生自评）

（二）素质维度测评结果的统计分析

1. 教师对学生测评结果的统计分析

同样，在对素质这一维度进行测评时，依然采用主成分分析法赋权。为考察高职学生素质的实际绩效表现，采取以下步骤进行分析：

（1）通过 KMO 检验和 Bartlett 检验（见表 6-19），可进行主成分分析。

表 6-19　KMO 和 Bartlett 检验

取样足够度的 KMO 度量		0.848
Bartlett 的球形度检验	近似卡方	510.535
	df	91
	Sig.	0.000

（2）对素质维度的 14 个测评项目进行主成分分析，得到初始和经旋转后的各个主成分的特征值、方差贡献率和累计方差贡献率（见表 6-20），并提取两个主成分（见表 6-21）。这两个主成分的累计方差贡献率达到 91.720%，足以解释该维度 14 个指标的大部分变差。

表 6-20　解释的总方差

成分	初始特征值			提取平方和载入后的特征值			旋转平方和载入后的特征值		
	合计	方差贡献率/%	累计方差贡献率/%	合计	方差贡献率/%	累计方差贡献率/%	合计	方差贡献率/%	累计方差贡献率/%
1	12.354	88.246	88.246	12.354	88.246	88.246	6.906	49.325	49.325
2	0.486	3.474	91.720	0.486	3.474	91.720	5.935	42.394	91.720
3	0.329	2.353	94.073						
4	0.204	1.455	95.528						
5	0.192	1.371	96.899						
6	0.167	1.196	98.095						
7	0.099	0.704	98.799						
8	0.059	0.421	99.220						
9	0.036	0.254	99.474						
10	0.027	0.193	99.668						
11	0.023	0.163	99.831						
12	0.014	0.103	99.933						
13	0.005	0.037	99.970						
14	0.004	0.030	100.000						

表 6-21　旋转成分矩阵

指标	成分	
	1	2
环境适应能力	0.821	0.272
身体健康状况	0.775	0.288
自我调整能力	0.775	0.362
挫折承受能力	0.774	0.360
自我保健意识	0.691	0.408
吃苦耐劳精神	0.657	0.488
敬业奉献精神	0.629	0.537
工作责任意识	0.605	0.565
理想信念	0.331	0.862
政治素养	0.292	0.852
人文素养	0.396	0.815
行为养成	0.399	0.746
诚实守信意识	0.558	0.599
遵纪守法意识	0.560	0.580

提取方法：主成分分析法。

旋转法：具有 Kaiser 标准化的正交旋转法。

旋转在 3 次迭代后收敛。

（3）以两个主成分各自的方差贡献率归一化处理的数据为权重系数 a_1、a_2，计算高职高技能人才培养绩效素质维度测评的标准化分值：

$$a_1 = 49.325/91.720, a_2 = 42.394/91.720$$

标准化分值的计算函数为：$F = F_1 a_1 + F_2 a_2$，由此得出各学校在素质这一维度的标准化分值。

（4）为了便于对比分析，用效用值表征这一维度绩效的高低，并规定效用值的取值区域范围为[1,5]，即绩效最高的效用值为 5，最低的效用值为 1。如果用 X_i 表示第 i 个综合得分，X_{imax} 表示综合得分的最大值，X_{imin} 表示得分的最小值，则第 i 个综合得分的效用值 Y_i 可以表示为：$Y_i = \dfrac{X_i - X_{imin}}{X_{imax} - X_{imin}} \times 5$，得出这一维度的效用值。具体如表 6-22 及图 6-11 所示。为方便、直观，图 6-11 横坐标的院校从左到右依次为国家示范高职院校、国家骨干高职院校、省级示范高职院校、一般高职院校等。

表 6-22　素质维度绩效测评结果(教师评学生)

院校代码	院校类型	所在省(区、市)	参评人数/人	绩效得分		排名
				标准化分值	效用值	
GGZJ03	国家骨干高职院校	浙江	19	1.4609	5.00	1
GGXJ01	国家骨干高职院校	新疆	15	0.8355	4.11	2
YBZQ02	一般高职院校	重庆	18	0.8244	4.10	3
GSHB01	国家示范高职院校	湖北	16	0.4746	3.60	4
SSZJSX03	省级示范高职院校	浙江	19	0.3345	3.41	5
GSHLJ03	国家示范高职院校	黑龙江	20	0.2852	3.34	6
YBFZ04	一般高职院校	福建	17	0.2386	3.27	7
YBZJWZ01	一般高职院校	浙江	18	0.2066	3.22	8
SSZJ01	省级示范高职院校	浙江	18	0.1823	3.19	9
SSZJLS04	省级示范高职院校	浙江	19	0.1666	3.17	10
GGZJ02	国家骨干高职院校	浙江	15	0.0889	3.06	11
GSJSCZ04	国家示范高职院校	江苏	21	−0.0560	2.85	12
GSZJNB06	国家示范高职院校	浙江	17	−0.0735	2.83	13
SSZJHZ02	省级示范高职院校	浙江	14	−0.0831	2.81	14
GSZJWZ07	国家示范高职院校	浙江	30	−0.0902	2.80	15
GSHBWH02	国家示范高职院校	湖北	19	−0.1038	2.78	16
YBXA03	一般高职院校	陕西	20	−0.2384	2.59	17
YBZJMB05	一般高职院校	浙江	20	−0.4077	2.35	18
YBZJMB07	一般高职院校	浙江	16	−0.5312	2.18	19
GSXZ05	国家示范院校	西藏	20	−0.6440	2.02	20
YBZJMB06	一般高职院校	浙江	14	−2.0703	1.00	21

利用 SPSS 20.0 软件分析得出在素质维度教师对学生评价的效用值的均值为 3.03,标准差为 0.8260,绩效得分在相对较高的区间,且离散程度不高。从表 6-22 及图 6-11 可以看出,高职学生素质维度的绩效得分明显高于学习维度,而且除个别院校外,素质维度的绩效得分高低与院校类型有一定的关系,国家示范高职院校、国家骨干高职院校、省级示范高职院校普遍比一般高职院校的绩效得分要高。

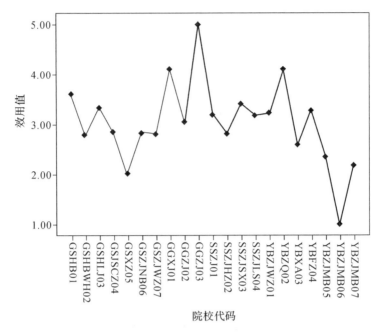

图 6-11 素质维度绩效测评结果（教师评学生）

2.学生自评结果的统计分析

同样，在对素质这一维度进行测评时，依然采用主成分分析法赋权。为考察高职学生素质的实际绩效表现，采取以下步骤进行分析：

（1）通过 KMO 检验和 Bartlett 检验（见表 6-23），可进行主成分分析。

表 6-23　KMO 和 Bartlett 检验

取样足够度的 KMO 度量		0.867
Bartlett 的球形度检验	近似卡方	387.888
	df	91
	Sig.	0.000

（2）对素质维度的 14 个测评项目进行主成分分析，得到初始和经旋转后的各个主成分的特征值、方差贡献率和累计方差贡献率（见表 6-24），提取两个主成分（见表 6-25）。这两个主成分的累计方差贡献率达到 87.863%，足以解释该维度 14 个指标的大部分变差。

表 6-24　解释的总方差

成分	初始特征值			提取平方和载入后的特征值			旋转平方和载入后的特征值		
	合计	方差贡献率/%	累计方差贡献率/%	合计	方差贡献率/%	累计方差贡献率/%	合计	方差贡献率/%	累计方差贡献率/%
1	11.520	82.286	82.286	11.520	82.286	82.286	6.273	44.809	44.809
2	0.781	5.577	87.863	0.781	5.577	87.863	6.028	43.054	87.863
3	0.392	2.801	90.664						
4	0.302	2.154	92.818						
5	0.214	1.531	94.350						
6	0.190	1.355	95.704						
7	0.172	1.228	96.932						
8	0.135	0.963	97.895						
9	0.118	0.842	98.737						
10	0.072	0.516	99.252						
11	0.047	0.336	99.588						
12	0.027	0.190	99.778						
13	0.020	0.139	99.917						
14	0.012	0.083	100.000						

表 6-25　旋转成分矩阵

指标	成分	
	1	2
吃苦耐劳精神	0.819	0.288
工作责任意识	0.810	0.348
敬业奉献精神	0.790	0.312
诚实守信意识	0.783	0.353
遵纪守法意识	0.743	0.402
自我调整能力	0.592	0.496
挫折承受能力	0.544	0.533
理想信念	0.267	0.803
政治素养	0.263	0.790
人文素养	0.363	0.781
行为养成	0.358	0.744
自我保健意识	0.402	0.685
身体健康状况	0.446	0.636
环境适应能力	0.523	0.589

提取方法:主成分分析法。

旋转法:具有 Kaiser 标准化的正交旋转法。

旋转在 3 次迭代后收敛。

（3）以两个主成分各自的方差贡献率归一化处理的数据为权重系数 a_1、a_2，计算高职高技能人才培养绩效素质维度测评的标准化分值：

$$a_1 = 44.809/87.863, a_2 = 43.054/87.863$$

标准化分值的计算函数为：$F = F_1 a_1 + F_2 a_2$，由此得出这一维度的标准化分值。

（4）为了便于对比分析，用效用值表征这一维度绩效的高低，并规定效用值的取值区域范围为 $[1,5]$，即绩效最高的效用值为5，最低的效用值为1。如果用 X_i 表示第 i 个综合得分，X_{imax} 表示综合得分的最大值，X_{imin} 表示综合得分的最小值，则第 i 个综合得分的效用值 Y_i 可以表示为：$Y_i = \dfrac{X_i - X_{imin}}{X_{imax} - X_{imin}} \times 5$，得出这一维度的效用值。具体如表 6-26 及图 6-12 所示。为方便、直观，图 6-12 横坐标的院校从左到右依次为国家示范高职院校、国家骨干高职院校、省级示范高职院校、一般高职院校等。

表 6-26　素质维度绩效测评结果（学生自评）

院校代码	院校类型	所在省（区、市）	参评人数/人	绩效得分		排名
				标准化分值	效用值	
GSZJNB06	国家示范高职院校	浙江	45	1.4645	5.00	1
GGZJ03	国家骨干高职院校	浙江	55	0.8046	3.80	2
YBXA03	一般高职高职院校	陕西	47	0.7286	3.66	3
GGZJ02	国家骨干高职院校	浙江	44	0.7215	3.65	4
GSHB01	国家示范高职院校	湖北	46	0.6826	3.58	5
SSZJSX03	省级示范高职院校	浙江	42	0.4513	3.16	6
YBZQ02	一般高职院校	重庆	57	0.3188	2.92	7
YBZJWZ01	一般高职院校	浙江	45	0.2950	2.87	8
YBZJMB07	一般高职院校	浙江	44	0.2296	2.75	9
GGXJ01	国家骨干高职院校	新疆	45	0.1601	2.63	10
SSZJ01	省级示范高职院校	浙江	57	0.1580	2.62	11
SSZJHZ02	省级示范高职院校	浙江	57	0.1545	2.62	12
GSZJWZ07	国家示范高职院校	浙江	62	−0.0603	2.23	13
SSZJLS04	省级示范高职院校	浙江	45	−0.3737	1.66	14
YBZJMB05	一般高职院校	浙江	53	−0.4677	1.49	15
GSHLJ03	国家示范高职院校	黑龙江	52	−0.5718	1.30	16
GSHBWH02	国家示范高职院校	湖北	47	−0.6911	1.18	17
GSXZ05	国家示范高职院校	西藏	43	−0.7255	1.12	18
YBZJMB06	一般高职院校	浙江	46	−0.8588	1.08	19
YBFZ04	一般高职院校	福建	52	−1.0353	1.05	20
GSJSCZ04	国家示范高职院校	江苏	46	−1.2848	1.00	21

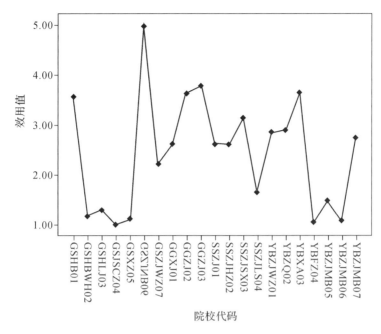

图 6-12　素质维度绩效测评结果（学生自评）

利用 SPSS 20.0 软件分析得出素质维度的学生自评的效用值的均值为 2.45，标准差为 1.1363，比教师对学生的评价要低，且标准差的值超过 1，离散程度较高。从表 6-26 及图 6-12 可以看出，高职学生在素质维度的绩效水平与院校类型没有直接联系，且有些国家示范高职院校在这一维度的得分远远低于平均值，甚至比一般高职院校都要低。

（三）能力维度测评结果的统计分析

1. 教师对学生测评结果的统计分析

同样，在对能力这一维度进行测评时，采用主成分分析法赋权。为考察高职学生能力的实际绩效表现，采取以下步骤进行分析：

（1）通过 KMO 检验和 Bartlett 检验（见表 6-27），可进行主成分分析。

表 6-27　KMO 和 Bartlett 检验

取样足够度的 KMO 度量		0.769
Bartlett 的球形度检验	近似卡方	590.389
	df	120
	Sig.	0.000

（2）对能力维度的 16 个测评项目进行主成分分析，得到初始和经旋转后的各个主成分的特征值、方差贡献率和累计方差贡献率（见表 6-28），并提取两个

主成分(见表 6-29)。从表 6-28 可知,这两个主成分的累计方差贡献率达到 91.861%,足以解释这一维度 16 个指标的大部分变差。

表 6-28　解释的总方差

成分	初始特征值			提取平方和载入后的特征值			旋转平方和载入后的特征值		
	合计	方差贡献率/%	累计方差贡献率/%	合计	方差贡献率/%	累计方差贡献率/%	合计	方差贡献率/%	累计方差贡献率/%
1	13.860	86.623	86.623	13.860	86.623	86.623	7.718	48.237	48.237
2	0.838	5.238	91.861	0.838	5.238	91.861	6.980	43.624	91.861
3	0.351	2.192	94.053						
4	0.273	1.706	95.759						
5	0.211	1.321	97.081						
6	0.123	0.769	97.850						
7	0.090	0.562	98.412						
8	0.063	0.393	98.805						
9	0.048	0.297	99.102						
10	0.042	0.261	99.363						
11	0.037	0.229	99.592						
12	0.026	0.162	99.754						
13	0.021	0.134	99.888						
14	0.011	0.066	99.954						
15	0.007	0.043	99.996						
16	0.001	0.004	100.000						

表 6-29　旋转成分矩阵

指标	成分	
	1	2
文字书写能力	0.796	0.239
技术革新能力	0.767	0.317
排疑解难能力	0.761	0.378
调查研究能力	0.751	0.334
分析理解能力	0.741	0.427
带徒传艺能力	0.737	0.289
自我认识能力	0.704	0.418
推广应用能力	0.669	0.484
信息处理能力	0.658	0.493
职业规划能力	0.637	0.529
就业创业能力	0.616	0.518

续表

指标	成分	
	1	2
语言表达能力	0.579	0.540
人际交往能力	0.217	0.878
组织管理能力	0.394	0.784
团队协作能力	0.410	0.765
动手操作能力	0.446	0.610

提取方法：主成分分析法。

旋转法：具有 Kaiser 标准化的正交旋转法。

旋转在 3 次迭代后收敛。

（3）以两个主成分各自的方差贡献率归一化处理的数据为权重系数 a_1、a_2，计算高职高技能人才培养绩效能力维度测评的标准化分值：

$$a_1 = 48.237/91.861, a_2 = 43.624/91.861$$

标准化分值的计算函数为：$F = F_1 a_1 + F_2 a_2$，由此得出各学校在能力这一维度的标准化分值。

（4）为了便于对比分析，用效用值表征这一维度绩效的高低，并规定效用值的取值区域范围为 [1,5]，即绩效最高的效用值为 5，最低的效用值为 1。如果用 X_i 表示第 i 个综合得分，X_{imax} 表示综合得分的最大值，X_{imin} 表示综合得分的最小值，则第 i 个综合得分的效用值 Y_i 可以表示为：$Y_i = \dfrac{X_i - X_{imin}}{X_{imax} - X_{imin}} \times 5$，得出这一维度的效用值，具体如表 6-30 及图 6-13 所示。为方便、直观，图 6-13 横坐标的院校从左到右依次为国家示范高职院校、国家骨干高职院校、省级示范高职院校、一般高职院校等 21 所。

表 6-30　能力维度绩效测评结果（教师评学生）

院校代码	院校类型	所在省（区、市）	参评人数/人	绩效得分		排名
				标准化分值	效用值	
GGXJ01	国家骨干高职院校	新疆	15	1.1000	5.00	1
GGZJ03	国家骨干高职院校	浙江	19	1.0794	4.96	2
YBZQ02	一般高职院校	重庆	18	0.7056	4.31	3
GSHLJ03	国家示范高职院校	黑龙江	20	0.4943	3.94	4

续表

院校代码	院校类型	所在省（区、市）	参评人数/人	绩效得分		排名
				标准化分值	效用值	
SSZJSX03	省级示范高职院校	浙江	19	0.4553	3.87	5
YBFZ04	一般高职院校	福建	17	0.3642	3.71	6
SSZJ01	省级示范高职院校	浙江	18	0.3288	3.65	7
GGZJ02	国家骨干高职院校	浙江	15	0.2658	3.54	8
SSZJHZ02	省级示范高职院校	浙江	14	0.2518	3.52	9
YBZJWZ01	一般高职院校	浙江	18	0.2163	3.45	10
GSJSCZ04	国家示范高职院校	江苏	21	0.1733	3.38	11
SSZJLS04	省级示范高职院校	浙江	19	0.1270	3.30	12
GSZJWZ07	国家示范高职院校	浙江	30	0.0104	3.09	13
GSHB01	国家示范高职院校	湖北	16	−0.0487	2.99	14
GSHBWH02	国家示范高职院校	湖北	19	−0.1211	2.86	15
GSZJNB06	国家示范高职院校	浙江	17	−0.2204	2.69	16
YBZJMB05	一般高职院校	浙江	20	−0.2492	2.64	17
YBXA03	一般高职院校	陕西	20	−0.3782	2.41	18
YBZJMB07	一般高职院校	浙江	16	−0.7104	1.83	19
GSXZ05	国家示范高职院校	西藏	20	−1.3672	1.38	20
YBZJMB06	一般高职院校	浙江	14	−1.7561	1.00	21

利用 SPSS 20.0 软件分析得出在能力维度教师对学生评价的效用值的均值为 3.22，标准差为 1.0186。除了 3 所高职院校教师对学生的评分较低以外，其余得分基本在 2～5，属于相对较高的区间。其中国家骨干高职院校 GGXJ01、GGZJ03 得分较高，分别达到 5 和 4.96，国家示范高职院校 GSXZ05、一般高职院校（国有民办院校）YBZJMB06 得分较低。由于经过标准化等处理，该效用值已无法精确表示这一维度的实际感知值，但依旧可以体现各个院校能力维度的绩效差异和总体状况。从测评结果可以看出，高职学生能力维度的绩效测评得分明显高于学习、素质两个维度的得分。高职教育培养的是面向第一线需要的实践能力强的高技能型人才，其技术应用的能力和动手操作能力强是其主要特征，该结果显示目前高职教育的人才培养具有较强的针对性。

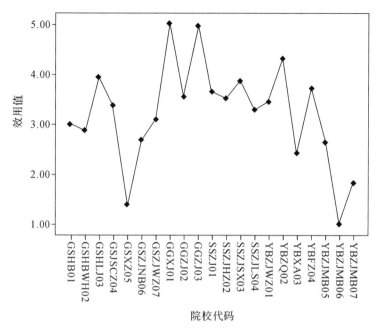

图 6-13 能力维度绩效测评结果(教师评学生)

2.学生自评结果的统计分析

在对能力这一维度进行测评时,采用主成分分析法赋权。为考察高职学生能力的实际绩效表现,采取以下步骤进行分析:

(1)通过 KMO 检验和 Bartlett 检验(见表 6-31),可进行主成分分析。

(2)对能力维度的 16 个测评项目进行主成分分析,得到初始和经旋转后的各个主成分的特征值、方差贡献率和累计方差贡献率(见表 6-32),并提取两个主成分(见表 6-33)。这两个主成分的累计方差贡献率达到 84.643%,足以解释这一维度 16 个指标的大部分变差。

表 6-31 KMO 和 Bartlett 检验

取样足够度的 KMO 度量		0.789
Bartlett 的球形度检验	近似卡方	502.535
	df	120
	Sig.	0.000

表 6-32　解释的总方差

成分	初始特征值			提取平方和载入后的特征值			旋转平方和载入后的特征值		
	合计	方差贡献率/%	累计方差贡献率/%	合计	方差贡献率/%	累计方差贡献率/%	合计	方差贡献率/%	累计方差贡献率/%
1	12.335	77.095	77.095	12.335	77.095	77.095	7.053	44.080	44.080
2	1.208	7.548	84.643	1.208	7.548	84.643	6.490	40.563	84.643
3	0.767	4.792	89.435						
4	0.585	3.657	93.092						
5	0.287	1.792	94.884						
6	0.221	1.383	96.267						
7	0.215	1.341	97.608						
8	0.132	0.825	98.433						
9	0.096	0.598	99.031						
10	0.053	0.334	99.365						
11	0.036	0.226	99.591						
12	0.034	0.215	99.806						
13	0.014	0.089	99.895						
14	0.008	0.050	99.945						
15	0.005	0.031	99.976						
16	0.004	0.024	100.000						

表 6-33　旋转成分矩阵

指标	成分	
	1	2
带徒传艺能力	0.776	0.188
就业创业能力	0.754	0.326
技术革新能力	0.735	0.319
推广应用能力	0.720	0.361
排疑解难能力	0.702	0.396
职业规划能力	0.695	0.367
动手操作能力	0.664	0.439
调查研究能力	0.642	0.462
自我认识能力	0.223	0.802
语言表达能力	0.259	0.777
人际交往能力	0.336	0.702
信息处理能力	0.417	0.685
文字书写能力	0.355	0.671
分析理解能力	0.426	0.668

指标	成分	
	1	2
组织管理能力	0.515	0.593
团队协作能力	0.504	0.583

提取方法:主成分分析法。

旋转法:具有 Kaiser 标准化的正交旋转法。

旋转在 3 次迭代后收敛。

(3)以两个主成分各自的方差贡献率归一化处理的数据为权重系数 a_1、a_2，计算高职高技能人才培养绩效能力维度测评的标准化分值：

$$a_1 = 44.080/84.643, a_2 = 40.563/84.643$$

标准化分值的计算函数为：$F = F_1 a_1 + F_2 a_2$，由此得出各学校在能力这一维度的标准化分值。

(4)为了便于对比分析，用效用值表征这一维度绩效的高低，并规定效用值的取值区域范围为 $[1,5]$，即绩效最高的效用值为 5，最低的效用值为 1。如果用 X_i 表示第 i 个综合得分，表示 X_{imax} 综合得分的最大值，X_{imin} 表示综合得分的最小值，则第 i 个综合得分的效用值可以表示为：$Y_i = \dfrac{X_i - X_{imin}}{X_{imax} - X_{imin}} \times 5$，得出这一维度的效用值，具体如表 6-34 及图 6-14 所示。为方便、直观，图 6-14 横坐标的院校从左到右依次为国家示范高职院校、国家骨干高职院校、省级示范高职院校、一般高职院校等。

表 6-34　能力维度绩效测评结果(学生自评)

院校代码	院校类型	所在省(区、市)	参评人数/人	绩效得分		排名
				标准化分值	效用值	
GSZJNB06	国家示范高职院校	浙江	45	1.6901	5.00	1
YBXA03	一般高职院校	陕西	47	0.7991	3.44	2
GGZJ03	国家骨干高职院校	浙江	55	0.6904	3.25	3
SSZJSX03	省级示范高职院校	浙江	42	0.5702	3.04	4
SSZJHZ02	省级示范高职院校	浙江	57	0.5607	3.02	5
GGZJ02	国家骨干高职院校	浙江	44	0.4812	2.88	6
YBZJWZ01	一般高职院校	浙江	45	0.4667	2.85	7
YBZQ02	一般高职院校	重庆	57	0.4354	2.80	8

续表

院校代码	院校类型	所在省（区、市）	参评人数/人	绩效得分		排名
				标准化分值	效用值	
GSZJWZ07	国家示范高职院校	浙江	62	0.3205	2.60	9
GSHB01	国家示范高职院校	湖北	46	0.3082	2.58	10
SSZJ01	省级示范高职院校	浙江	57	0.2432	2.46	11
GSHBWH02	国家示范高职院校	湖北	47	−0.1647	1.75	12
SSZJLS04	省级示范高职院校	浙江	45	−0.4657	1.22	13
YBZJMB05	一般高职院校	浙江	53	−0.4992	1.16	14
YBZJMB07	一般高职院校	浙江	44	−0.5119	1.14	15
GGXJ01	国家骨干高职院校	新疆	45	−0.5584	1.13	16
GSHLJ03	国家示范高职院校	黑龙江	52	−0.6159	1.10	17
GSJSCZ04	国家示范高职院校	江苏	46	−0.6486	1.09	18
GSXZ05	国家示范高职院校	西藏	43	−0.6577	1.06	19
YBZJMB06	一般高职院校	浙江	46	−0.9833	1.02	20
YBFZ04	一般高职院校	福建	52	−1.1601	1.00	21

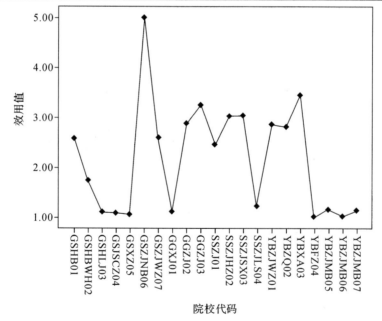

图 6-14 能力维度绩效测评结果（学生自评）

利用 SPSS 20.0 软件分析得出能力维度学生自评的效用值的均值为 2.17，标准差为 1.1074。这一维度的学生自评明显低于教师对学生的评价，且超过半数的高职院校得分低于平均值，且有 8 所院校的得分接近最低值。从整体来说，该维度的绩效得分高低跟院校类型没有直接联系。由于经过标准化等处理，该效用值已无法精确表示这一维度的实际感知值，但依旧可以体现各个学校能力模块的绩效差异和总体状况。

（四）实操维度测评结果的统计分析

1. 教师对学生测评结果的统计分析

同样，在对实操这一维度进行测评时，依然采用主成分分析法赋权。为考察高职学生实操维度的实际绩效表现，采取以下步骤进行分析：

（1）通过 KMO 检验和 Bartlett 检验（见表 6-35），可进行主成分分析。

（2）对实操维度的 9 个测评项目进行主成分分析，得到初始和经旋转后的各个主成分的特征值、方差贡献率和累计方差贡献率（见表 6-36），并提取两个主成分（见表 6-37）。这两个主成分的累计方差贡献率达到 93.605%，足以解释实操这一维度 9 个指标的大部分变差。

表 6-35　KMO 和 Bartlett 的检验

取样足够度的 KMO 度量		0.832
Bartlett 的球形度检验	近似卡方	306.734
	df	36
	Sig.	0.000

表 6-36　解释的总方差

成分	初始特征值			提取平方和载入后的特征值			旋转平方和载入后的特征值		
	合计	方差贡献率/%	累计方差贡献率/%	合计	方差贡献率/%	累计方差贡献率/%	合计	方差贡献率/%	累计方差贡献率/%
1	7.032	78.132	78.132	7.032	78.132	78.132	5.318	59.086	59.086
2	1.393	15.472	93.605	1.393	15.472	93.605	3.107	34.519	93.605
3	0.249	2.762	96.367						
4	0.149	1.657	98.024						
5	0.077	0.861	98.885						
6	0.047	0.518	99.403						
7	0.029	0.322	99.725						
8	0.014	0.153	99.877						
9	0.011	0.123	100.000						

表 6-37　旋转成分矩阵

指标	成分	
	1	2
企业认可度	0.873	0.219
社会认可度	0.857	0.247
同学认可度	0.815	0.284
完成任务(学业)效率	0.808	0.330
完成任务(学业)质量	0.786	0.252
技能竞赛获奖数量	0.675	0.457
论文发表数量	0.234	0.887
专利发明数量	0.232	0.879
创新成果数量	0.457	0.740

提取方法:主成分分析法。

旋转法:具有 Kaiser 标准化的正交旋转法。

旋转在 3 次迭代后收敛。

(3)以两个主成分各自的方差贡献率归一化处理的数据为权重系数 a_1、a_2,计算高职高技能人才培养绩效实操维度测评的标准化分值:

$$a_1 = 59.086/93.605, a_2 = 34.519/93.605$$

标准化分值的计算函数为:$F = F_1 a_1 + F_2 a_2$,由此得出各院校在实操这一维度的标准化分值。

(4)为了便于对比分析,用效用值表征这一维度绩效的高低,并规定效用值的取值区域范围为 [1,5],即绩效最高的效用值为 5,最低的效用值为 1。如果用 X_i 表示第 i 个综合得分,X_{imax} 表示综合得分的最大值,X_{imin} 表示综合得分的最小值,则第 i 个综合得分的效用值 Y_i 可以表示为:$Y_i = \dfrac{X_i - X_{imin}}{X_{imax} - X_{imin}} \times 5$,得出这一维度的效用值,具体如表 6-38 及图 6-15 所示。为方便、直观,图 6-15 横坐标的院校从左到右依次为国家示范高职院校、国家骨干高职院校、省级示范高职院校、一般高职院校等。

表 6-38　实操维度绩效测评结果(教师评学生)

院校代码	院校类型	所在省(区、市)	参评人数/人	绩效得分		排名
				标准化分值	效用值	
GGZJ03	国家骨干高职院校	浙江	19	0.9845	5.00	1
YBZQ02	一般高职院校	重庆	18	0.9158	4.87	2

续表

院校代码	院校类型	所在省（区、市）	参评人数/人	绩效得分		排名
				标准化分值	效用值	
GGXJ01	国家骨干高职院校	新疆	15	0.8870	4.82	3
GGZJ02	国家骨干高职院校	浙江	15	0.7009	4.47	4
GSHLJ03	国家示范高职院校	黑龙江	20	0.6634	4.40	5
SSZJSX03	省级示范高职院校	浙江	19	0.5721	4.23	6
SSZJ01	省级示范高职院校	浙江	18	0.3268	3.76	7
GSJSCZ04	国家示范高职院校	江苏	21	0.2859	3.69	8
YBFZ04	一般高职院校	福建	17	0.2660	3.65	9
SSZJHZ02	省级示范高职院校	浙江	14	0.1883	3.50	10
YBZJWZ01	一般高职院校	浙江	18	0.1436	3.42	11
GSHB01	国家示范高职院校	湖北	16	0.1016	3.34	12
SSZJLS04	省级示范高职院校	浙江	19	−0.0081	3.14	13
GSZJWZ07	国家示范高职院校	浙江	30	−0.0337	3.09	14
GSZJNB06	国家示范高职院校	浙江	17	−0.1723	2.83	15
GSHBWH02	国家示范高职院校	湖北	19	−0.1909	2.79	16
YBXA03	一般高职院校	陕西	20	−0.5197	2.18	17
YBZJMB05	一般高职院校	浙江	20	−0.6402	1.95	18
YBZJMB07	一般高职院校	浙江	16	−1.0156	1.24	19
GSXZ05	国家示范高职院校	西藏	20	−1.2776	1.05	20
YBZJMB06	一般高职院校	浙江	14	−1.6778	1.00	21

利用 SPSS 20.0 软件分析得出在实操维度教师对学生评价的效用值的均值为 3.26,标准差为 1.2208,反映出数据集离散程度偏高。从表 6-38 和图 6-15 可以看出,除个别国家示范高职院校得分不高外,其余大部分国家示范高职院校、国家骨干高职院校、省级示范高职院校得分较高,且明显高于一般高职院校。反映了通过国家的大力投入和近些年的大力发展,国家示范高职院校、国家骨干高职院校、省级示范高职院校在办学理念、人才培养模式、校企合作的效果以及高职院校的社会影响力方面的认同感有较大提升。

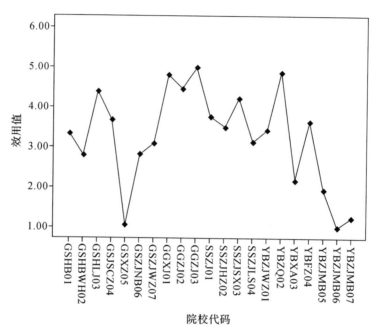

图 6-15　实操维度绩效测评结果（教师评学生）

2.学生自评结果的统分析

同样,在对实操这一维度进行测评时,依然采用主成分分析法赋权。为考察高职学生实操维度的实际绩效表现,采取以下步骤进行分析:

(1)通过 KMO 检验和 Bartlett 检验(见表 6-39),可进行主成分分析。

(2)对实操维度的 9 个测评项目进行主成分分析,得到初始和经旋转后的各个主成分的特征值、方差贡献率和累计方差贡献率(见表 6-40),并提取两个主成分(见表 6-41)。这两个主成分的累计方差贡献率达到 90.190％,足以解释实操这一维度 9 个指标的大部分变差。

表 6-39　KMO 和 Bartlett 检验

取样足够度的 KMO 度量		0.848
Bartlett 的球形度检验	近似卡方	240.770
	df	36
	Sig.	0.000

表 6-40　解释的总方差

成分	初始特征值			提取平方和载入后的特征值			旋转平方和载入后的特征值		
	合计	方差贡献率/%	累计方差贡献率/%	合计	方差贡献率/%	累计方差贡献率/%	合计	方差贡献率/%	累计方差贡献率/%
1	6.650	73.886	73.886	6.650	73.886	73.886	4.212	46.798	46.798
2	1.467	16.304	90.190	1.467	16.304	90.190	3.905	43.391	90.190
3	0.312	3.463	93.653						
4	0.240	2.665	96.317						
5	0.131	1.459	97.776						
6	0.096	1.071	98.847						
7	0.043	0.479	99.326						
8	0.038	0.426	99.752						
9	0.022	0.248	100.000						

表 6-41　旋转成分矩阵

指标	成分	
	1	2
论文发表数量	0.886	0.256
专利发明数量	0.879	0.188
创新成果数量	0.853	0.328
技能竞赛获奖数量	0.788	0.355
完成任务(学业)质量	0.171	0.823
完成任务(学业)效率	0.197	0.806
同学认可度	0.253	0.745
社会认可度	0.427	0.691
企业认可度	0.483	0.628

提取方法：主成分分析法。

旋转法：具有 Kaiser 标准化的正交旋转法。

旋转在 3 次迭代后收敛。

(3)以两个主成分各自的方差贡献率归一化处理的数据为权重系数 a_1、a_2，计算高职高技能人才培养绩效实操维度测评的标准化分值：

$$a_1 = 46.798/90.190, \quad a_2 = 43.391/90.190$$

标准化分值的计算函数为：$F = F_1 a_1 + F_2 a_2$，由此得出各院校在实操这一维度的标准化分值。

(4)为了便于对比分析，用效用值表征这一维度绩效的高低，并规定效用值的取值区域范围为$[1,5]$，即绩效最高的效用值为 5，最低的效用值为 1。如果用 X_i 表示第 i 个综合得分，$X_{i\max}$ 表示综合得分的最大值，$X_{i\min}$ 表示综合得分的最小值，则第 i 个综合得分的效用值可以表示为：$Y_i = \dfrac{X_i - X_{i\min}}{X_{i\max} - X_{i\min}} \times 5$，得出这一维度的效用值，具体如表 6-42 及图 6-16 所示。为方便、直观，图 6-16 横坐标的院校从左到右依次为国家示范高职院校、国家骨干高职院校、省级示范高职院校、一般高职院校等。

表 6-42   实操维度绩效测评结果（学生自评）

院校代码	院校类型	所在省（区、市）	参评人数/人	绩效得分		排名
				标准化分值	效用值	
GSZJNB06	国家示范高职院校	浙江	45	1.5709	5.00	1
YBXA03	一般高职院校	陕西	47	0.9373	3.84	2
SSZJHZ02	省级示范高职院校	浙江	57	0.8390	3.65	3
YBZQ02	一般高职院校	重庆	57	0.6397	3.29	4
SSZJSX03	省级示范高职院校	浙江	42	0.6236	3.26	5
GGZJ02	国家骨干高职院校	浙江	44	0.5982	3.21	6
GSHBWH02	国家示范高职院校	湖北	47	0.2344	2.54	7
GSZJWZ07	国家示范高职院校	浙江	62	0.1047	2.31	8
YBZJWZ01	一般高职院校	浙江	45	0.0955	2.29	9
GSHB01	国家示范高职院校	湖北	46	0.0521	2.21	10
SSZJ01	省级示范高职院校	浙江	57	0.0461	2.20	11
GGZJ03	国家骨干高职院校	浙江	55	0.0347	2.18	12
SSZJLS04	省级示范高职院校	浙江	45	−0.1096	1.91	13
GSJSCZ04	国家示范高职院校	江苏	46	−0.2064	1.73	14
GSXZ05	国家示范高职院校	西藏	43	−0.2619	1.63	15
YBZJMB07	一般高职院校	浙江	44	−0.5218	1.15	16
YBZJMB06	一般高职院校	浙江	46	−0.6604	1.09	17
GSHLJ03	国家示范高职院校	黑龙江	52	−0.7768	1.08	18
GGXJ01	国家骨干高职院校	新疆	45	−0.9677	1.06	19
YBZJMB05	一般高职院校	浙江	53	−1.0217	1.02	20
YBFZ04	一般高职院校	福建	52	−1.1499	1.00	21

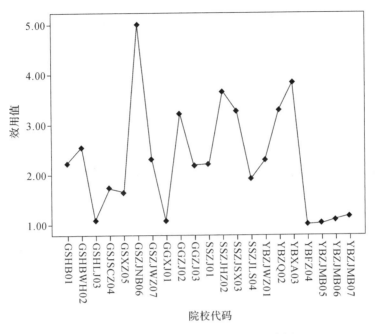

图 6-16　实操维度绩效测评结果(学生自评)

利用 SPSS 20.0 软件分析得出实操维度的学生自评的效用值的均值为 2.27,标准差为 1.1029,反映出这一维度的数据集离离散程度偏高。从表 6-42、图 6-16 可以看出,学生在这一维度的自评明显低于教师对学生的评价,且除了 6 所院校得分较高外,其余大部分高职院校的得分大大低于平均值。说明学生对自己在实操方面的自信心不足,自我评价不高。

(五)综合分析

为直观地进行比较分析,将以上四个维度的绩效得分进行描述性统计分析,其均值和标准差如表 6-43 所示。可以看出:教师对学生的评价均高于学生对自己的评价,说明高职学生存在较为严重的自卑心理,对自我缺乏足够的自信心。高职院校的教师除了对学生要有正确的评价外,还应加强对学生自我肯定、自我欣赏等方面的培养。另外,从四个维度的绩效均值来看,教师评价的绩效测评结果从高到低依次为实操维度、能力维度、素质维度、学习维度。这个结果跟高职学生学习基础、学习兴趣、知识储备等较欠缺的特点相吻合,跟高职院校注重培养综合素质较高的技术技能型人才的培养目标相吻合。而学生自评的结果从高到低依次为素质维度、学习维度、实操维度、能力维度,与一般认知有所不同。课题组认为造成这一结果可能是由于学生参与高职学习时,对自身实操和能力的提升有较高的期望,尽管通过高职教育在这些方面得到了提升,但与社会和家长等的期望值还存在一定差距。

表 6-43　各维度测评结果的描述性统计分析

评价类型	学习维度		素质维度		能力维度		实操维度		总绩效	
	均值	标准差	均值	标准差	均值	标准差	均值	标准差	均值	标准差
教师评价	2.78	0.9304	3.03	0.8260	3.22	1.0186	3.26	1.2208	3.296	1.052
学生自评	2.40	1.0918	2.45	1.1363	2.17	1.1074	2.27	1.1029	2.224	1.147

第四节　高职高技能人才培养绩效评估的结果分析

为全面、客观地分析高职高技能人才培养绩效的综合水平,课题组将教师对学生的评价以及学生自评的数据进行合并,并按院校分别对各测评项目进行了均值化处理。利用 SPSS 20.0 从高职院校的院校类型、专业大类以及综合绩效等方面对测评结果进行统计分析。

一、基本结论:高职院校人才培养绩效总体评价较高但仍有待提升

通过学生和教师两个主体对高职学生经过高职院校三年的培养后,在学习、素质、能力和实操四个维度与进入高职院校之初相比的提高程度的评价,反映学生和教师的真实想法,这能够帮助我们清晰、全面地认识高职院校人才培养的绩效及存在的主要问题。对教师评价学生和学生自评的具体评分分布进行描述性统计分析,能更加明确地了解参与主体对高职院校人才培养绩效的感知(见表 6-44)。将利克特五点量表中的评分 1、2 归为 Ⅰ 类,即对高职院校人才培养成效持否定态度,认为高职教育"基本没有提升"学生的各项能力;评分 3 归为 Ⅱ 类,即中立态度,认为高职教育使学生能力"得到一定提升";评分 4、5 归为 Ⅲ 类,即对高职院校人才培养成效持肯定态度,认为高职教育使学生能力"得到较大提升"。

表 6-44　各测评项目学生自评与教师评价

观测要点	全体样本/%		
	Ⅰ 类	Ⅱ 类	Ⅲ 类
学习的主动性	12.8	38.9	48.3
学习的进取心	12.5	36.6	51.0
学习的创造性	15.8	40.6	43.6
知识获取能力	12.3	35.5	52.3
知识运用能力	12.1	37.7	50.2

续表

观测要点	全体样本/%		
	Ⅰ类	Ⅱ类	Ⅲ类
知识更新能力	12.6	40.0	47.4
知识拓展能力	14.1	39.0	46.9
基础知识储备	11.5	37.6	50.9
专业知识储备	10.9	34.1	55.0
行业通用知识储备	13.6	39.5	46.9
政治素养	6.8	25.0	68.2
理想信念	7.2	26.9	65.9
人文素养	7.5	26.7	65.8
行为养成	7.5	27.2	65.3
自我保健意识	6.9	25.6	67.5
身体健康状况	7.7	26.6	65.8
环境适应能力	6.7	23.4	69.9
挫折承受能力	7.2	29.1	63.6
自我调整能力	7.3	26.4	66.3
遵纪守法意识	5.8	20.3	73.9
诚实守信意识	5.9	19.8	74.3
工作责任意识	6.7	21.3	72.0
吃苦耐劳精神	6.8	23.3	69.9
敬业奉献精神	6.5	26.8	66.7
语言表达能力	8.4	29.3	62.3
文字书写能力	10.8	34.6	54.6
自我认识能力	7.6	30.2	62.1
信息处理能力	7.6	32.1	60.3
分析理解能力	8.2	33.8	58.0
调查研究能力	10.3	34.1	55.6
动手操作能力	9.0	28.2	62.7
推广应用能力	11.0	36.9	52.1
排疑解难能力	11.5	36.7	51.8
技术革新能力	15.1	38.8	46.1
人际交往能力	7.9	27.2	64.9
组织管理能力	8.2	29.3	62.4
团队协作能力	8.1	26.4	65.5
职业规划能力	9.3	34.1	56.6
就业创业能力	12.6	33.6	53.9
带徒传艺能力	17.5	35.3	47.2

续表

观测要点	全体样本/%		
	Ⅰ类	Ⅱ类	Ⅲ类
完成任务(学业)质量	8.2	30.9	60.9
完成任务(学业)效率	9.2	32.4	58.4
技能竞赛获奖数量	21.9	32.4	45.8
创新成果数量	24.9	32.9	42.2
论文发表数量	28.0	34.1	37.9
专利发明数量	32.3	32.0	35.7
同学认可度	8.9	32.7	58.4
社会认可度	11.2	33.9	54.9
企业认可度	12.9	32.9	54.2
总体	11.1	31.5	57.4

从各测评项目的提升程度分布来看,高职院校人才培养绩效总体得到学生和教师的肯定,但仍有待提升。调查中,半数以上的被调查者(57.4%)对高职院校人才培养成效持肯定态度,而有近11.1%的被调查者认为经过高职院校三年的培养,学生的各项能力并未得到显著提升。其中,素质维度的各项目的提升程度相对较高,每项都有60%以上的被调查者持肯定态度。四个维度的具体情况如下:

(1)高职院校人才培养在知识积累方面有待提升,对学习维度测评项目的提升持否定态度的占所有被调查者的10%以上。其中,被调查者认为通过三年学习"专业知识储备"提升最大(55.0%的被调查者持肯定态度),而"学习的创造性"提升程度最小(43.6%的被调查者持肯定态度,15.8%的被调查者持否定态度),与一般认知相符。由于高等职业教育培养的是面向技术、操作和管理第一线的人才,因此在教学过程中倾向于学生专业知识和技能实践的积累,而从一定程度上忽略了对学生创造性的培养。事实上,在科学技术更新速度极快的今天,学习的创造性和举一反三的能力是应对技术变迁不可或缺的能力,学生创造性的提升应引起高职教育的重视。

(2)对高职院校学生素质培养的认可度最高。认为在三年学习中"诚实守信意识"(74.3%的被调查者持肯定态度)、"遵纪守法意识"(73.9%的被调查者持肯定态度)、"工作责任意识"(72.0%的被调查者持肯定态度)提升程度最高,持肯定态度的被调查者比例均在70%以上。相对而言,"挫折承受能力"与"身体健康状况"两项关系学生终身生活和健康的项目评价不够理想,63.6%的被调查者对于学生的"挫折承受能力"提升持肯定态度,而7.7%的被调查者认为"身体健康状况"并未得到提升。

（3）对学生"动手操作能力"的培养得到普遍认可。"团队协作能力"（65.5％的被调查者持肯定态度）、"人际交往能力"（64.9％的被调查者持肯定态度）提升程度最高，能够为今后工作中的团队合作打下坚实基础。特别值得注意的是，62.7％的被调查者认为高职学生的"动手操作能力"得到较大的提升，标志着高职教育区别于普通高等教育的职业技能培养得到了参与主体的认可。但"技术革新能力""带徒传艺能力"还存在很大提升空间，"带徒传艺能力"对于高技能人才是不可或缺的一项能力，但在校生技能经验不足，未达到带徒的能力实属正常，从长远角度看"人际交往能力"和"团结协作能力"均能影响"带徒传艺能力"，无须过于担忧。

（4）实践成效、实践认可度提升均得到了普遍肯定，但实践成果的提升程度在所有项目中最低。高职院校对学生实操能力的培养是其区别于普通高等教育的重要特征，但从实证分析结果来看，"完成任务（学业）质量"（60.9％的被调查者持肯定态度）和"完成任务（学业）效率"（58.4％的被调查者持肯定态度）两个任务性实操指标确实得到了较大提升。同时通过三年的学习，过半学生得到了同学、企业和社会的认同；然而，部分高职学生在三年学习中并未取得实操成果，分别有 21.9％、24.9％、28.0％、32.3％的被调查者认为"技能竞赛获奖数量""创新成果数量""论文发表数量"和"专利发明数量"方面没有得到提升。

二、比较分析：高职高技能人才培养绩效的分类讨论

（一）各类院校人才培养综合绩效测评

通过对不同类型院校间的人才培养绩效比较分析，能够把握高职院校人才培养的实际状况，发现问题，找出差距。本研究根据院校类型将被调查院校分为国家骨干高职院校、国家示范高职院校、省级示范高职院校和一般高职院校四种，通过方差分析研究不同院校类型间的人才培养绩效差异。通过各维度指标均值比较分析发现，研究样本中国家骨干高职院校在素质、能力和实操维度得到的评价最高，而在学习维度绩效最高的是省级示范高职院校，一般高职院校在实操、能力维度绩效相对较低，而国家示范高职院校在学习、素质维度的绩效水平最低。这与我们的认知存在较大的差异，有待深入分析其原因。当然，这可能与国家示范高职院校的学生对教育质量和其自身的要求较高有关，尽管通过三年的学习各方面都有了提升，但并未真正达到他们的期望。

方差分析结果显示（见表 6-45），不同类型院校间的人才培养绩效在学习维度（$F=8.66$，$p<0.001$）、素质维度（$F=11.38$，$p<0.001$）、能力维度（$F=8.36$，$p<0.001$）、实操维度（$F=7.74$，$p<0.001$）存在显著差异，同样在综合评价中也存在显著差异（$F=9.75$，$p<0.001$）。

表 6-45 不同类型院校间人才培养绩效差异性分析

评价维度	国家骨干高职院校		国家示范高职院校		省级示范高职院校		一般高职院校		方差分析
	均值	标准差	均值	标准差	均值	标准差	均值	标准差	F 值
学习维度	3.57	0.85	3.36	0.76	3.63	0.73	3.46	0.73	8.66***
素质维度	4.13	0.66	3.78	0.75	3.92	0.67	3.84	0.72	11.38***
能力维度	3.81	0.70	3.57	0.74	3.74	0.66	3.57	0.71	8.36***
实操维度	3.69	0.77	3.50	0.74	3.68	0.74	3.44	0.76	7.74***
综合评价	3.80	0.68	3.55	0.67	3.74	0.62	3.58	0.65	9.75***

注:* 表示 $p<0.05$,** 表示 $p<0.01$,*** 表示 $p<0.001$。

（二）各专业大类测评结果的统计分析

按主成分分析的原理和步骤,采用 SPSS 20.0 软件,对调研数据按专业类型进行分析,得到各专业大类绩效得分,如表 6-46 和图 6-17 所示。农林牧渔大类在学习、素质、能力、实操等四个维度中都得到了最高分,其次是财经大类、土建大类、旅游大类。而电子信息大类除了素质维度得分较低外,其余三个维度的得分都较高。绩效最不明显的公共事业大类,其在学习、素质、能力、实操等四个维度中得分都最低,这可为高职院校下一轮的专业设置和调整提供参考。

表 6-46 各专业大类绩效综合测评结果

专业大类	维度			
	学习	素质	能力	实操
农林牧渔大类	5.00	5.00	5.00	5.00
电子信息大类	3.75	1.94	3.74	4.96
财经大类	3.95	3.98	4.73	4.79
土建大类	3.46	2.42	3.57	4.55
旅游大类	2.97	2.73	3.35	3.84
文化教育大类	2.09	1.15	2.46	3.80
制造大类	3.11	1.50	2.97	3.77
轻纺食品大类	3.22	2.22	1.89	3.50
公共事业大类	1.00	1.00	1.00	1.00

（三）各参评高职院校综合测评结果的统计分析

按主成分分析的原理和步骤,采用 SPSS 20.0 软件,对各参评院校的测评结果进行统计分析,得出各院校的综合绩效得分,如表 6-47、表 6-48 所示。

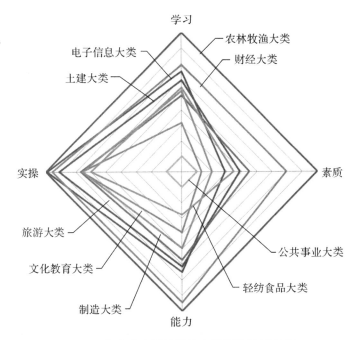

图 6-17　各专业大类绩效综合测评结果（雷达图）

表 6-47　教师评学生的总测评结果

院校代码	院校类型	所在省（区、市）	参评人数/人	绩效得分		排名
				标准化分值	效用值	
GGZJ03	国家骨干高职院校	浙江	19	0.8061	5.00	1
YBZQ02	一般高职院校	重庆	18	0.6300	4.60	2
GGXJ01	国家骨干高职院校	新疆	15	0.6240	4.59	3
GSHLJ03	国家示范高职院校	黑龙江	20	0.4220	4.13	4
SSZJSX03	省级示范高职院校	浙江	19	0.4172	4.12	5
GGZJ02	国家骨干高职院校	浙江	15	0.3604	3.99	6
SSZJ01	省级示范高职院校	浙江	18	0.2423	3.73	7
YBFZ04	一般高职院校	福建	17	0.2386	3.72	8
GSHB01	国家示范高职院校	湖北	16	0.1912	3.61	9
YBZJWZ01	一般高职院校	浙江	18	0.1567	3.53	10
SSZJHZ02	省级示范高职院校	浙江	14	0.1338	3.48	11
GSJSCZ04	国家示范高职院校	江苏	21	0.0853	3.37	12

续表

院校代码	院校类型	所在省（区、市）	参评人数/人	绩效得分		排名
				标准化分值	效用值	
SSZJLS04	省级示范高职院校	浙江	19	0.0765	3.35	13
GSZJWZ07	国家示范高职院校	浙江	30	−0.0133	3.15	14
GSZJNB06	国家示范高职院校	浙江	17	−0.1007	2.95	15
GSHBWH02	国家示范高职院校	湖北	19	−0.1286	2.89	16
YBZJMB05	一般高职院校	浙江	20	−0.2979	2.51	17
YBXA03	一般高职院校	陕西	20	−0.3143	2.47	18
YBZJMB07	一般高职院校	浙江	16	−0.6436	1.73	19
GSXZ05	国家示范高职院校	西藏	20	−0.9771	1.27	20
YBZJMB06	一般高职院校	浙江	14	−1.4086	1.00	21

表 6-48　学生自评的测评结果

院校代码	院校类型	所在省（区、市）	参评人数/人	绩效得分		排名
				标准化分值	效用值	
GSZJNB06	国家示范高职院校	浙江	45	1.2792	4.96	1
YBXA03	一般高职院校	陕西	47	0.7617	3.77	2
GGZJ03	国家骨干高职院校	浙江	55	0.5302	3.23	3
GGZJ02	国家骨干高职院校	浙江	44	0.5254	3.22	4
GSHB01	国家示范高职院校	湖北	46	0.4877	3.14	5
SSZJSX03	省级示范高职院校	浙江	42	0.4759	3.11	6
SSZJHZ02	省级示范高职院校	浙江	57	0.4264	2.99	7
YBZQ02	一般高职院校	重庆	57	0.3409	2.80	8
GSZJWZ07	国家示范高职院校	浙江	62	0.3343	2.78	9
YBZJWZ01	一般高职院校	浙江	45	0.3321	2.78	10
SSZJ01	省级示范高职院校	浙江	57	0.0792	2.20	11
GSHBWH02	国家示范高职院校	湖北	47	−0.2158	1.52	12
SSZJLS04	省级示范高职院校	浙江	45	−0.2973	1.33	13
YBZJMB07	一般高职院校	浙江	44	−0.3146	1.29	14

院校代码	院校类型	所在省（区、市）	参评人数/人	绩效得分		排名
				标准化分值	效用值	
GGXJ01	国家骨干高职院校	新疆	45	−0.3759	1.15	15
GSHLJ03	国家示范高职院校	黑龙江	52	−0.4754	1.12	16
YBZJMB05	一般高职院校	浙江	53	−0.4978	1.11	17
GSXZ05	国家示范高职院校	西藏	43	−0.6389	1.09	18
GSJSCZ04	国家示范高职院校	江苏	46	−0.6773	1.08	19
YBZJMB06	一般高职院校	浙江	46	−0.8571	1.04	20
YBFZ04	一般高职院校	福建	52	−0.8743	1.00	21

（四）教师评价和学生自评的差异性分析

从各二级指标评分均值的对比发现，教师评价和学生自评存在显著的差异。表 6-49 显示，学生自己对各项指标提升情况的评价普遍低于教师对学生的评价，尤其是"知识储备"（−0.49）、"实践认可度"（−0.48）差值在 0.5 左右，其次是"学习能力"（−0.39）、"学习态度"（−0.38）差值接近 0.4。相对而言，素质维度的三个二级指标双方评价趋同。

表 6-49　学生与教师评价差异性分析（t 检验）

维度		学生自评		教师评价		t 检验	
		均值	标准差	均值	标准差	均值差	t 值
学习	学习态度	3.31	0.88	3.70	0.74	0.38	7.54***
	学习能力	3.36	0.82	3.75	0.73	−0.39	−8.19***
	知识储备	3.37	0.83	3.87	0.72	−0.49	−10.29***
素质	思想品德	3.78	0.83	3.92	0.77	−0.15	−3.06**
	身心素质	3.79	0.81	3.90	0.67	−0.10	−2.22*
	职业道德	3.93	0.85	4.00	0.72	−0.07	−1.48
能力	基础能力	3.61	0.77	3.83	0.69	−0.21	−4.78***
	专业能力	3.47	0.82	3.79	0.69	−0.31	−6.64***
	社会能力	3.57	0.81	3.86	0.69	−0.29	−6.16***
实操	实践成效	3.58	0.92	3.89	0.70	−0.31	−6.07***
	实践成果	3.30	0.87	3.53	0.83	−0.23	−4.40***
	实践认可度	3.47	0.81	3.95	0.76	−0.48	−10.11***

注：* 表示 $p < 0.05$，** 表示 $p < 0.01$，*** 表示 $p < 0.001$。

检验结果显示，学习、能力和实操维度各个因子的学生自我评价低于教师评价,且非常显著($p<0.001$);素质维度教师与学生两者认知差异较为显著,其中"思想品德"的 $p<0.01$、"身心素质"的 $p<0.05$,而对"职业道德"的评价差异不显著,师生对"职业道德"素质提升的认知趋同。

三、高职高技能人才培养绩效评价的结果解释与思考

随着绩效评价实践的不断推进,组织绩效评价已成为组织管理和服务改进的重要途径。随着教育领域的绩效评价实践的不断发展,绩效评价不仅在教育管理方面得到了发展,而且已成为高校、高职教育质量监管与调整的重要方法。然而,以往的研究多以上级主管部门或内部管理人员为视角,往往由于信息的不对称而很难达到理想的效果。本研究从学生和教师的视角出发,通过高职高技能人才培养绩效调查问卷对参与者的真实感知进行分析,切实了解高职院校的人才培养真实的绩效,根据实证分析结果探寻原因、给予解释,探索提升高职院校人才培养绩效的方案。

(1)高职院校人才培养绩效得到肯定,但仍应着重加强职业技能培养。

高职院校人才培养绩效基本上得到了广大教师和学生的认可,但各方面的培养应继续加强,特别是与职业技能相关的能力、实操等方面。从实证分析结果来看,素质提升程度最高。

2010年7月国务院发布的《国家中长期教育改革和发展规划纲要(2010—2020年)》明确提出坚持以人为本、全面实施素质教育是教育改革发展的战略主题。近年来,高职院校注重内涵建设,作为包含思想道德素质、科学文化素质、专业技能素质、身体心理素质的素质教育受到重视,特别是学生的职业道德、职业精神的培育得到进一步加强。值得注意的是,高职院校人才培养的特殊性要求其培养的学生要有较强的操作技能,而专业技术课程正是为他们量身定做的促进他们职业发展成功的专门课程。实证研究中高职院校对学生"动手操作能力"的培养得到普遍认可,实操维度中"实践成效""实践认可度"提升均得到了参与主体的普遍肯定,意味着高职教育的职业能力培养一定程度上取得了成功。尽管如此,高职院校职业技能培养尚无法满足社会对技能型人才的需求,为此,应明确定位,积极开展订单式办学,校企共建实训基地,进一步加强对学生职业技能的培养。

(2)教师与学生绩效认知存在差异,建立信息长效互通机制刻不容缓。

学生和教师对高职院校人才培养绩效的感知存在显著的差异,教师对人才培养绩效持较乐观的态度。以存在较大分歧的"实践认可度"为例,"社会认可度"和"企业认可度"两个指标中,学生和教师的认知情况存在很大的分歧,教师认为学生通过三年的学习,"社会认可度"和"企业认可度"得到了较大提升,而

学生则认为这种提升并不明显。师生间、校企间的信息沟通屏障是产生这一结果的重要原因,教师和学生对"社会认可度"和"企业认可度"的感知,受到周围环境因素的影响较大,而非直接通过与企业和社会的沟通判断。教师对"社会认可度"和"企业认可度"的认知主要来源于历年毕业生的就业情况等。就目前而言,高职院校培养的优秀技术技能型人才往往供不应求,初次就业率较高,教师普遍认为高职学生得到了社会和企业的认可;而学生对社会和企业认可度的认知主要通过同学、往届毕业生的实践情况和就业情况进行判断,虽然获得了较多的一手资料,但局限于自己专业的圈子。根据访谈和开放式问卷收集的信息可知,高职毕业生的职业流动性、职业发展局限性较大,学生群体在对社会和企业认可度的感知上趋于消极。打破教师和学生的信息屏障,建立在校生、毕业生、教师、企业间的信息长效互通机制刻不容缓。还应定期举行师生交流活动,加深师生之间的沟通交流,鼓励高职院校开展毕业生跟踪调查机制,形成动态的人才培养绩效评价体系,使培训和调研、研究评估相结合,不断根据用人单位的反馈结果改进教学。

(3)人才培养绩效的院校差别突出,亟须探究差别根源,提出针对性方案。

方差分析结果显示,不同类型院校的人才培养绩效存在显著差异。其中,国家骨干高职院校绩效相对较高。四类院校无论在教育理念、教师素质、课程设计、教学方法、教学设施,还是在生源质量上均存在差异,究竟哪些因素是影响人才培养绩效的关键呢? 人才培养绩效提升具体应从哪些方面入手? 虽然通过学生和教师的视角进行了实证调查,对高职院校人才培养绩效有了较为直观的把握,也发现了一些新的问题,为高职院校发展提供了某些建议,明确了人才培养改革的整体方向,但是,倘若无法对高职院校人才培养绩效的影响因素进行深入探究,寻找人才培养绩效差异的根源,仍无法提出有针对性的解决方案。因此,亟须加强对高职院校人才培养绩效的影响因素的研究,为高职院校提出有针对性的、可操作的人才培养绩效优化路径。

第七章　高职高技能人才培养绩效的影响因素分析

　　当前,社会对高技能人才的呼唤为职业教育带来了巨大的上升空间,国家非常重视职业教育,职业教育面临的机遇前所未有。而高职教育经过十几年的大力发展,已占据了高等教育的"半壁江山",但高职教育的社会认可度仍比较低,除了受传统思想观念影响以外,关键的原因还是人才培养质量不容乐观。在这种机遇与挑战并存的形势下,如何有效地提高高技能人才培养的质量和效率,已经成为高等职业教育改革和发展的核心问题。要回答这个问题,就必须梳理了解高职高技能人才培养绩效的影响因素问题,即必须了解高职院校在人才培养过程中,哪些因素会对学生的学习成效产生影响,以及这些因素对高职高技能人才培养绩效的影响强度和影响路径(直接影响或间接影响),从而进一步优化和完善高职高技能人才培养方案,推动我国高职教育走内涵式发展和科学发展之路。

　　迄今为止,学术界对于人才培养绩效影响因素的分析主要从高校人才培养质量的角度入手,而且大多是经验角度的定性分析,实证研究较少。对高职高技能人才培养绩效的影响因素的研究几乎是学术空白。本章通过对国内外高校人才培养质量或教学质量的影响因素的理论进行梳理来揭示人才培养绩效的影响因素,而且主要探讨学校培养对人才培养绩效的"纯影响",不考虑高职高技能人才培养绩效可能受到来自学校之外的因素的影响,并运用因子分析和多元回归分析等方法对高职高技能人才培养绩效的影响因素进行实证分析。

第一节　高职高技能人才培养绩效影响因素的理论探索

一、高职高技能人才培养绩效的影响因素探讨

　　高职教育是培养面向生产、建设、管理和服务第一线需要的高素质技术技能型人才,不仅要具备以德为先的职业素质,还要具备通过高职教育掌握的专业知识和职业技能。然而,高技能的生成不是一蹴而就的,它必须要经历"生

手—熟手—巧手—能手"的循序渐近的提升过程。在这个过程中,受教育者必须在掌握"够用"的专业理论知识的基础上,到生产性实训基地或岗位一线进行实践锻炼,接受教师(师傅)的指导、启发、点化,在反复训练中运用和验证所学的理论知识,在揣摩和摸索中逐渐积累经验,掌握技巧,提高技艺。

然而,高职人才培养绩效受多种因素的影响。从近年来学者们对高校人才培养质量影响因素的研究成果来看,有的侧重分析了学校内部因素,有的侧重分析了外部因素,有的将内因和外因进行了综合分析,还有的从学生自身因素进行了分析。

(一)学校内部因素分析

学者们从学校内部因素出发对高校人才培养质量的影响因素做了大量的研究,为高职高技能人才培养绩效影响因素的提炼提供了基础。

1.高校创新人才培养质量角度

从高校创新人才培养质量的影响因素角度分析,李勇、陈建成(2008)认为学校的教育理念、教师、教学方法、课程体系、国际化、教学制度、大学文化是影响高校创新人才培养质量的内部因素。李远贵(2002)认为教育理念、课程结构和设置、实践教学环节、教学方法和手段以及教师是影响高校创新人才培养的主要因素。潘武玲(2003)从观念层面、办学实践层面、环境层面阐述了高校创新人才培养中的制约因素。丁安伟、黄海燕、朱亮(2010)从学术层面、管理层面以及校园文化环境层面对高校创新人才培养质量的影响因素进行了阐述。

2.普通高校人才培养质量角度

从普通高校人才培养质量的影响因素角度分析,贾勇宏(2011)认为教育者、受教育者、教育中介系统(教育内容、教育手段、教育方法和教育模式)和学校内部环境(办学条件、制度环境、管理水平、文化环境)是影响高等教育质量的相关因素。鄢高翔、沈兆梅(2002)认为主要的影响因素有教育教学思想观念、人才培养模式、学校规模、实践教学、教学质量保障体系。严薇、张国宾(1999)认为主要影响因素有教师、管理、教学环节和学风。谢斌、姚利民(1998)认为影响因素主要有课程因素、教学因素、学生个人因素、校园环境因素。刘畅(2013)从高校及学生自身两个方面对人才培养质量的影响因素进行了分析。申世英(2008)从办学理念、办学定位,管理制度、运行机制,师资队伍、教学水平,教学改革、培养模式,生源构成、学习风气,办学资源、资金投入,领导重视七个方面分析了新建地方本科院校人才培养质量的影响因素。倪丽娟、陈辉(2007)认为制约高校人才培养质量的主要因素为:大学定位偏差、教学工作规范性差、实践教学薄弱、教学评估缺乏科学性、教学方法问题。

3.高校教学质量角度

从高校教学质量的影响因素角度分析,刘拓(2006)认为影响国外大学教学质量的因素主要有:生源质量、教学计划及实施过程质量、教学过程质量、课堂教学质量、教学辅助过程质量、教学条件质量、教师队伍质量及考试考核质量等。其中,教学过程质量是全部因素的核心,其他的因素都围绕着教学过程质量起作用。何慧星(2006)认为美国高校的教学质量与其课程设置、教学内容、教学方法、教学手段和教材有着密切的关系。时庆沽、马娜(2006)认为,影响英国剑桥大学教学质量的因素有师资队伍、生源质量、课程设置、教学评价、教学质量管理等。

(二)内、外部因素综合分析

单从学校外部来分析高校人才培养质量的影响因素比较少,娄国栋(2002)认为高等教育大众化、经济全球化、社会信息化、学习终身化、就业多样化等对高校人才培养产生了重大影响。么新鹤、查永军(2007)等人认为我国现行高等教育财政拨款制度对高校人才培养质量产生了影响。

大量学者结合内、外部因素进行综合分析。包寒蕊(2005)认为内部因素有高校的管理者、教育者、受教育者、高校人才培养的条件和教学内容、方式及人才培养模式,外部因素有学校因素、家庭因素和社会因素等。间晓兵(2005)认为教育内部的影响因素有:现实性因素(教育资源,包括师资力量、教育经费、教育设施等)、基础性因素(师生自身素质)、流动性因素(教育内容、教育方法和组织形式等);教育外部的影响因素有:学校、家庭和社会因素;同时,高校人才培养质量还受人才培养质量观的影响。李湘健、徐少亚、顾德雯(2004)从国家、社会、高校内部以及学生个人等几个方面分析了影响创新人才培养质量的因素以及由这些因素产生的影响。陆瑞德(2007)以人才为中心,将影响人才培养质量的因素分为两大类:一类是人才自身的内在因素;另一类是外在的环境因素——高校和社会因素。张颖杰(2008)认为高职教学质量同时受到内部和外部两方面因素的影响:外部因素主要包括指引高职教育发展的政治方针政策、决定其发展的经济力量以及高职教育发展的社会文化环境;内部影响因素主要是指保障高职院校教学活动顺利进行从而高质量实现教学目标所必备的硬软件教育条件。

另外,还有不少学者从学生角度出发,研究高校人才培养质量或教学质量的影响因素。鲍威(2010)认为高校学生的学业成就不仅取决于所在学校的组织特征、高校教学质量、学生基本特征以及他们与教师、同学之间的互动,同时也受到学生本人学习参与投入程度的直接影响。Kuh(2007)等人认为,大学生发展受到大学生入学前的经验、大学生在校期间的学习行为和院校条件等三方面因素的综合影响。周廷勇和周作宇(2012)研究发现师生交往对学生的智力、科技能力、社会性发展等方面有显著的正向影响，而且学习环境也通过学生个体层面的变量对学生产生积极或负向的影响。

从以上分析可以看出，学者们对高校的人才培养质量的影响因素的研究比较成熟，而且从不同角度、不同层面对诸多高校人才培养质量的影响因素进行了较为深入的分析。他们普遍认为：学生个人、师资力量、课程设置、教学内容和教学方法、办学条件、高校管理体制、校园文化环境、经费投入、人才培养质量观、质量监督体系、校领导重视程度、家庭等因素都会对人才培养的质量产生影响。同时也发现，学者们从高职院校人才培养绩效的角度出发，对高职院校高技能人才培养绩效影响因素的研究还比较匮乏。而且从现有的文献资料来看，我国还没有对高职院校进行综合评价的排名，但教育部为了加快高职院校建设、规范院校管理、提高办学质量，于2004年和2008年分别颁布了高职院校人才培养工作评估指标。

比较两个版本的评估方案，2008年版的评估指标是在2004年版的基础上，增加了领导作用和社会评价两项指标，强调了学校领导、社会评价对学校发展的重要作用。并以高等职业院校人才培养工作状态数据采集平台的数据为依据，结合现场考察，对高职院校人才培养工作水平进行鉴定。其从领导作用、师资队伍、特色专业建设、课程建设、实践教学、教学管理、社会评价等方面对人才培养工作做出分析和评价，从而引导学校自觉提高人才培养质量。可见该评估的实质是对高职院校人才培养质量的影响因素的评估，而不是对其人才培养质量水平的鉴定。另外，《教育大辞典》指出教育质量是教育水平高低和效果优劣的程度，认为影响教育质量的因素主要包括教育制度、教学计划、教学内容、教学方法、教学组织形式等的合理程度，教师的素养、学生的基础以及师生参与教育活动的积极程度等，最终体现在培养对象的质量上。

课题组通过对国内外文献的梳理以及对部分高职毕业生、教师的访谈，结合高职高技能人才培养本身的特征，认为教育理念、教师素质、生源质量、课程设计、教学方法和教学设施等六个因素是影响高职高技能人才培养绩效的关键因素。这六个因素相互联系、相互作用、相互影响，对高职高技能人才培养的绩效产生不同程度的影响(见图7-1)。研究分析各因素的影响强度和路径，对研究高职高技能人才培养绩效提升策略具有重要的指导意义。

二、高职高技能人才培养绩效的影响因素研究解析

(一)教育理念——高职高技能人才培养绩效生成的导航灯

教育理念是教育主体在教学实践及教育思维活动中形成的对"教育应然"

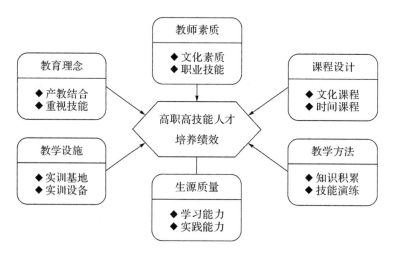

图 7-1　高职高技能人才培养绩效的影响因素模型

的理性认识和主观要求。王冀生(1999)教授把教育理念与教育理想、教育的远见卓识联系起来加以把握,认为教育理念是人们追求的教育理想,它是建立在教育规律的基础之上的。而且科学的教育理念是一种远见卓识,它能正确地反映教育的本质和时代的特征,科学地指明前进方向。贾勇宏(2011)认为教育理念是学校管理工作的思想层面,直接影响学校内部管理制度的设计、管理目标的达成和管理方式的运用。叶权仪等(1999)认为教育理念是学校高层行政主管以学生前途与社会责任为重心,以自己的价值观与道德标准为基础,对办学所持的信念与态度。陶行知先生说过,校长是学校的灵魂,有什么样的校长就有什么样的学校,就有什么样的教师和学生。陈利民(2005)认为大学的办学理念的核心是培养什么样的人和如何培养人。可见,学校的教育理念是学校发展和高职高技能人才培养绩效生成的导航灯,具有相对稳定性、导向性、前瞻性和规范性特征,是影响高校培养人才质量的核心因素。在访谈过程中,多位高职教育的专家也强调,"在其他办学条件既定的情况下,领导的教育理念是改善高等教育质量的最重要因素或关键因素,是高等教育发展和前进的先导"。可见,先进的、科学的教育理念对提升高职高技能人才培养绩效具有重要的影响。

清华大学教育研究所叶赋桂副教授认为,大学的教育理念不是一成不变的,而是与时俱进、不断变革与发展的。当前,随着社会和经济的发展,迫切需要的是适应性强的具有创新精神和实践能力的人才。高职高技能人才培养的目标定位要求高职院校教育教学的理念应更加强调学生的创新意识和实践能力的培养,更加注重素质教育和人性的张扬,并将这一现代教育教学理念长期贯穿于教学全过程。然而,高职院校办学历史较短,办学实力总体较弱,办学定位比较模糊,许多领导过分强调办学规模的扩张,存在较为明显的"求大、趋同、攀高"倾向,却不注意改进基本办学条件以适应规模快速扩张的要求,对先进的教育理念研究不深、关注度不高,对人才培养质量重视程度不够,造成高职教育办学指导思想不明、教育教学观念落后,人才培养带有较为严重的短期功利主义、狭隘的实用主义倾向,从而影响高职高技能人才培养的绩效水平。

(二)教师素质——高职高技能人才培养绩效生成的保障

第三次全国教育工作会议指出:"国运兴衰,系于教育","高素质的教师队伍,是高质量教育的一个基本条件"。教师作为教学活动的设计者与实施者,是保证教育教学质量、贯彻人才培养模式、完成人才培养目标的关键。我国自古就有"名师出高徒"的说法,强调高素质的教师对人才培养质量的重要作用。瑞士著名教育心理学家皮亚杰指出:"有关教育与教学的问题中,没有一个问题不是与师资培养问题有联系的。如果得不到足够数量合格的教师,任何使人钦佩的改革也势必要在实践中失败。"著名教育家梅贻琦说过:"所谓大学者,非谓有大楼之谓也,有大师之谓也。"美国哈佛大学第 23 任校长科南特也曾说过:"大学的荣誉不在于它的校舍和人数,而在于一代代教师的质量。一个学校要站得住,教师一定要出名。"可见,一定数量的合格教师以及教师的素质对于高校来说至关重要。因为教师可以通过教学和其他人才培养途径将自己的学识、能力等作用于受教育者,是影响人才培养质量的最直接因素。而且,不仅教师个体的专业素质、教学能力及人格力量会直接影响人才培养的效果,学校师资队伍整体的学历层次、职称、年龄和专业结构是否合理,也直接影响学校人才培养的质量,甚至制约着学校的发展。

高职院校作为高等教育的一个类型,具有高教性、职业性等特点,这使得高职教育对教师、设备和实训基地等的依赖程度更高,而且对教师素质的要求也有别于普通高校教师、中职教师以及生产部门工程技术人员。高职教师既要有扎实的专业理论基础和科学文化素质,又要具备熟练的职业技能和一定水平的动手操作能力;既要热爱高职教育工作、热爱学生,又要掌握高职教育的基本特点规律。简言之,既要"学高""德高",又要"技高"。这是高职教育的人才培养目标提出的对专业课教师的特殊要求,也是职业院校教师素质的特色所在。调查显示,学生对有企事业单位工作背景的教师较为满意,对他们的专业技能持肯定态度的高达89%,比没有行业背景的教师高出 30 个百分点;对他们教学质量的满意度则达 92%,比没有行业背景的教师高出 24 个百分点。因此,由于高职人才培养的特殊性,高职院校迫切需要一支既能从事理论教学又能从事实践教学的双师型教师队伍。

然而,我国《教师资格条例》没有明确设置职业教育教师的任职资格,大部分高职院校在师资引进和选拔的过程中依然强调对学历与专业的要求,而对工作经历、教育培训和行业经验的要求比较笼统,教师资格证书是教师进校后,通过短期的岗前培训并通过考试后取得的。而岗前培训的内容仅局限于高等教育学、大学心理学等教育教学能力以及职业道德素质方面,对高职教育所应具备的职业教育理论、职业能力、专业技能以及企业实际工作岗位实践等体现高职特色的内容基本没有涉及。这导致了职业院校大多数教师在不具备从业资格的情况下就成了高职教育的专任教师。这些教师从"学校"到"学校",理论水平较高、实践经验不足,其中能胜任理实一体的双师型教师的比例不高,且双师型教师中真正能够达到"职称＋实践能力"水平的教师更少。特别是经济相对落后的地区,教师资源十分缺乏,扩充也比较困难。这使得高职教师的计划内教学时数普遍高于普通本科院校水平,教师上课负担较重,教师不得不疲于应付教学工作,对课程设计或吸引学生更深入地投入教学进程的有效方法的思考不多,缺乏足够的时间、精力去学习、吸收、消化新知识、新技术,进而影响人才培养质量的提高。就师资主体而言,高职院校的大部分教师是从原先的中专、技校过来的,或毕业于普通高校的从"学校"到"学校"的年轻教师,导致教师要么理论水平和综合素质偏低,要么缺乏实践能力和职业训练的指导能力。

尽管政府和高职院校都非常重视师资队伍的建设,实施了一系列卓有成效的举措,比如高职院校近40％的专任教师已成为双师型教师,但仍满足不了高职教育所承担的培养高技能人才的战略任务之需。反映在队伍结构上,随着高职院校规模和数量的急剧扩大,各高职院校大量引进普通高校的应届硕士毕业生,教师人数特别是青年教师的人数迅速增加、比例增大,而40～50岁年龄段的教师逐渐减少,出现断层现象,这势必造成专业带头人和骨干教师比例偏少,学术带头人后备力量不足,新老交替形势严峻的后果。另外,受市场经济和社会价值观念的影响,有些教师对教学的精力投入不足、敬业精神不够、责任心不强。再加上受经费、编制以及高职院校办学定位等影响,现有的高职院校的师资队伍的结构优化将需要比较长的时间,这必定会影响高职院校人才培养模式的改革和教育教学的水平和质量。

（三）生源质量——高职高技能人才培养绩效生成的基础

学生是能动的受教育主体。学生自身的发展潜力、现有素质和主观努力程度决定了高职教育人才培养质量可能达到的程度。基础教育阶段的生源质量是学校教育教学工作的起点,基础教育阶段所养成的学习态度、学习习惯、学习风格会对高职教育阶段产生后继性的持续影响,而学生的科学文化素养、学习的适应性和学习能力将决定高职教育教学改革的深度和广度,对高职教育人才培养绩效起基础性的作用。

目前,我国高职生源类型较为复杂,以浙江省为例,高职生源主要有两类。

一类是中等职业学校(中专、职高、技校)的毕业生,形式有"3+2"、五年一贯制和参加省里组织的单考单招的三校生(中专、职高、技校三类学校毕业的学生的简称)。"3+2"和五年一贯制这两种形式都是3年中职、2年高职。3年中职毕业后,不需要参加全省统一考试,可直接到高职院校就读。唯一的区别是"3+2"的学生中职毕业以后,原则上学校只能选拔70%~80%的学生升到高职,可现实的情况是3年中职读完,也就只有不到80%的学生愿意再继续就读高职,所以基本跟五年一贯制一样,只要学生愿意,联合办学的中职学校基本都会将这批中职毕业生送往高职,成为高职院校的2年制学生。而单考单招的三校生,同样是中等职业学校(中专、职高、技校)的毕业生,要参加全省的统一考试,统一录取,招生主要按各专业大类单独出卷、单独划定分数线、单独组织录取,高职院校的学制是3年。"3+2"和五年一贯制学生不需要参加统考,可直接进入高职院校,因此对没有考上普通高中的初中毕业生吸引力较大,联合办学的中专学校的招生录取分数也普遍比一般的中职学校的招生录取分数要高。但经过3年的中专学习,由于没有升学压力,与需要通过单考单招才能进入高职院校的三校生相比,学生的文化知识、专业素养及学习能力等明显要比通过考试才能进入高职院校的三校生差一些。但不管是"3+2"的学生,还是五年一贯制的学生,他们在中职阶段都掌握了一定的技能基础,动手能力较强。

另一类是统考统招的普高生。这批学生经过了高中阶段的系统学习,掌握了一定的理论基础知识和学习方法,但专业技能、实践能力和动手操作能力相对较弱。高职生源以普高生为主。受传统的"学而优则仕"等观念影响,高职生在社会上的吸引力、人才成长的吸引力不足。

这两类学生间的文化基础、专业理论基础、专业技能水平等存在较大差异,很难构建科学、合理、适应的人才培养模式。多数高职学生对自己缺乏自信心,学习驱动力不足,没有明确的学习目标和学习需求。调查发现,85%的高职学生没有明确的学习目标和学习计划;59%的高职学生上课不认真听讲,讲话、睡觉、玩手机是常事;78%的高职学生课前不预习、课后不复习,不找老师交流。另外,学生中享乐主义、拜金主义等现象较为普遍。而学生的学习态度、学习能力等会影响学生的学习成效。

(四)课程设计——高职人才培养绩效生成的关键

课程是一个发展的概念,学者们从多个角度对它进行了诠释。刘春生、徐长发(2002)认为课程实质上是学校按照一定的教育目的所构建的各种教育、教学活动的系统。它包含以下几个基本要素:第一,课程是有目的的,不是自然发生的;第二,它是有组织的,而不是杂乱无章随机发生的;第三,它包括教学活动以及其他有教育意义的活动。美国职教课程专家 Finch 和 Crunkilton(1984)把职教课程定义为"某个学生在学校的安排与指导下所获得的学习活动和经验"。澳大利亚职教课程专家 Mack 和 Jamison 认为,职教课程就是某个学习者为达到一定的学习结果所接受的一系列的学习经验,这种学习经验是由一定的教育与社会经济背景所决定的。

我国职业教育专家姜大源(2003)认为,职教课程作为教学内容的载体,主要涵盖两种属性的应用型知识:涉及事实、概念以及理解、原理方面的陈述性知识和涉及经验、策略的过程性知识。"事实、概念"解答"是什么"的问题,"理解、原理"解答"为什么"的问题,"经验"指的是"怎么做"的问题,"策略"强调的则是"怎样做更好"的问题。袁振国(1999)认为广义的课程是指学校为实现培养目标而规定的教学科目及它的目的、内容、范围、分量和进程的总和,包括为学生个性的全面发展而营造的学校环境的全部内容;狭义的课程是指某一门学科;课程知识作为教学的内容而存在,特指课程计划、课程标准、教材等文件规定出来的学校教育活动的基本内容。徐国庆(2008)认为从含义的角度看课程最本质的界定是知识组织,即课程是按照某种理念对教育内容进行组织后形成的知识体。

1.课程设计与高职高技能人才培养的关系

从课程的内涵分析可知,课程既是专业建设和人才培养模式实现的平台和重要载体,也是教育活动的客体。课程结构是人才培养的关键落脚点,有什么样的课程结构,就可能培养出什么样的人才。是基础宽厚的还是专业突出的,是学术倾向的还是职业倾向的,是知识型的还是能力型的,皆在一定程度上由课程体系的结构所决定。

可见,课程是知识的载体,是高职教育培养什么样的人的一个蓝图,决定着学生学习的范围和领域,左右着学生的知识结构,影响着学生的职业素养和可持续发展的能力。课程设计是为实现某一规格人才培养目标而将各专业的教学内容和教学进程变成完整的教学体系,并加以精心组织的全过程。课程结构是人才培养目标的具体化,学校办学理念、专业人才培养目标等都需要通过结构化的课程体系来实现。

2.高职课程设计的缺陷

在人才培养的实践中,确定合理的课程结构是确保人才培养目标实现的重要条件。高职教育作为我国高等教育的一个新类型,其人才培养目标的职业性、应用性和实践性决定了高职教育在课程开发的理念和课程设置等方面与学术性普通高等教育不同。高职课程不是系统化的学科知识,也不是简单化的学科知识应用,而是依靠工作过程串联起来的源于实际工作、高于实际工作的应用性知识系统或工作过程系统化的知识体系。

然而,我国高职院校关注的往往只是课程发展中的中间环节,即课程实施部分的管理,即通常所谓的教学管理,没有对学校课程活动的全过程进行管理和监控,导致课程设置、课程评价等直接影响课程质量的关键环节以及间接或隐性影响课程质量的课程资源、课程管理以及课程理念等要素没有被纳入质量保证的视野,无法对课程质量实施全过程的控制。因此,高职课程改革在取得明显进展的同时,也出现了一系列或多或少的问题,表现为:

第一,课程目标不统一。高职培养目标在不同的历史时期由于社会需求、教育发展处于不同阶段因而呈现出一定的差异。而且国家对于人才的定义在不同的历史时期侧重点也不一样。对高职教育培养目标认识不到位,导致了课程目标不统一,具体表现在:①只注重理论不注重职业技能。这类高职院校的人才培养目标定位往往只强调高等性,而不注重职业性,在课程内容的设置和课程组织实施过程中跟本科院校没有太大的区别,未能从本科教育的压缩模式中走出来,难以形成高职教育自己的特色。②只注重职业技能不注重理论。这类高职院校只注重培养学生的实际操作能力,往往采取删除基础理论课程,大幅度增加专业课程的形式,而且课程内容单一指向某专业、某工种应达到的职业要求,不能满足社会对学生综合专业知识和职业能力的多重要求。③不注重社会适应能力的培养。片面强调对教学计划内的课程教学内容的学习,对于学生的知识运用能力,道德素质和个性能力的培养严重缺失。这与高职院校应致力于为地方经济建设、社会发展以及行业发展服务培养高素质技能型人才的培养目标是不相适应的。

第二,课程结构不合理。高职课程改革如火如荼,但缺乏按经济社会发展需求将各岗位(群)所需的能力与素质整理、提炼成系统、科学的课程体系的行动。国家提出高职课程结构中理论课(基础知识课)与实践课的比例为1∶1,但受教育理念、教学设施、教师素质等的影响,真正能做到的高职院校并不多,而且人文类教育课程不断地被边缘化,高职实践课教学被虚拟化与简单化。专业必修课过多,创新型选修课太少,忽视学生可持续发展和人文素养教育及道德品质的培养。对企业与社会需求的反应灵敏度不高,课程设置没能按培养目标以及企业和社会需求的变化做出相应调整,很难真正体现出高职教育的特色。

第三,课程内容不实用。首先,课程内容缺乏时效性。目前,高职院校缺乏针对市场需求进行课程开发的研究,很多教材和课程已使用多年,内容陈旧,不能及时反映新理论、新工艺、新技术、新装备、新材料,且实践性教材仍严重不足。其次,相关学科课程内容有机融合程度不充分。每门课程内容的设置一般都很独立,课程与课程之间没有联系。而实际上很多工作任务涉及多门课程的学习,他们之间需要交叉和融合,而不是几门课程内容毫无联系。最后,课程内容的安排不合理。许多课程虽然名称不同,但内容却一致,一些课程名称相同,内容却相差甚远。由于受院校条件的限制，某些高职院校存在根据教师和教学设备的现有状况安排课程内容教学的现象。受传统观念的影响，在组织课程内容时自觉或不自觉地按学科本位确定课程内容，一打开教材，似乎到处都是知识点，尤其是专业基础课，缺少与实际相结合的实用知识。过于偏重职业岗位的要求，将一些专业基础理论课程大大压缩，导致理论缺失。

第四，课程实施不到位。受教学条件、师资以及相应配套制度的限制，高职课程改革在实施的过程中出现了种种困难，导致课程实施不到位。比如，课程实施的顺序基本仍是先文化基础课，再专业基础或专业理论课，最后是专业实践课，由于理论学习与实践锻炼脱节，使得学习能力较弱的学生望"学"生畏，从而使学生常常游离于学习之外，厌学弃学现象突出。在课程实施过程中，课程教学已经按照新的课程改革要求进行了修改，但仍然沿用旧的教学大纲或者已经制订了新的课程体系，而教师在教学过程中仍然沿用老教材、老教案、老教学方式，由此影响了课程的改革和实施。

（五）教学方法——高职高技能人才培养绩效生成的手段

1. 教学方法的本质与内涵

关于教学方法或方式，人们经常把它与教学过程、教学模式混为一谈，或把它作为教学过程、教学模式的组成部分。其中，苏联的《教育学》一书和教学论专家对教学方法的界定在学术界的影响颇深。他们认为：教学方法是教师和学生为完成教养任务而进行理论和实践认识活动的途径；教学方法是指教师的工作方式和由教师领导学生的工作方式，借助于这些工作方式，可以使学生掌握知识、技能和技巧，还可以让他们形成共产主义世界观和发展他们的认识能力；教学方法是和学生在教学过程中解决教养、教育和发展任务而展开有秩序的、相互联系的活动的办法。直到 20 世纪 80 年代，西方学者才开始对教学方法的界定提出了自己的看法，主要有以下几种观点：教学方法是教师为达到教学目的而组织和使用教学技术、教材、教具和教学辅助材料以促成学生按照要求进行学习的方法；教学方法是指大多数教师能够充分加以运用并适合于多学科反复使用的教学步骤或程序；教学方法就是教师发出和学生接受学习刺激的程序；教学方法是教师促进学生的学习，向学生提出意见及使用其进行教学的各种方法。

我国教学论学者普遍认为教学方式的概念应该反映教学目的、教学内容的本质联系，以及师生双方相互联系和相互作用的关系。王策三（1985）认为教学方法是指为达到教学目的、实现教学内容、运用教学手段而进行的，由教学原则指导的一整套方式组成的师生相互作用的活动。王道俊、王文澜（1999）认为教学方法是为完成教学任务而采用的办法，它包括教师教的方法和学生学的方法，是教师引导学生掌握知识技能、获得身心发展而共同活动的方法。李秉德

（2001）认为教学方法是在教学过程中，教师和学生为实现教学目的，完成教学任务而采取的教与学相互作用的活动方式的总称。吴爱琴、杨兰芳（2007）认为教学方法是教师和学生在教学过程中，为达到一定的教学目的，根据特定的教学内容，共同进行的一系列活动的方法、方式、步骤、手段和技术的总和。

另外，关于职业教育教学方法的含义，多数学者借用普通教育中的教学方法定义。如纪芝信（1995）在《职业技术教育学》中直接引用《教育大辞典》中的教学方法的定义：教学方法是师生为完成一定教学任务在共同活动中采用的教学方式、途径和手段。刘春生、徐长发（2002）在《职业教育学》中认为，教学方法是"指以完成教学任务为目的的师生共同活动的程序、方式与措施"，"是为达成教学目标在教学过程中采用的一种师生协调活动的方法体系，是教师'教'的方式、手段与学生'学'的方式、手段的总和，包括教法和学法两个方面，是两者的有机统一"。何文明（2012）认为教学方法是指职业技术教育学校教师在课堂教学中为实现教学目标而采取的"教"与指导学生"学"的方法，它是"教"与"学"的有机统一体，不是两者的简单相加。

综上所述，对教学方法的界定比较一致的观点是：教学方法是教师与学生的共同活动，是教师"教"与学生"学"的统一，是为实现教学目的，完成教学任务而采取的教学方式、途径和手段。

2. 教学方法的重要性

毛泽东曾经用桥和船来说明方法的重要性："我们不但要提出任务，而且要解决完成任务的方法问题。我们的任务是过河，但是没有桥或没有船就不能过。不解决桥或船的问题，过河就是一句空话。不解决方法问题，任务也只是瞎说一顿。"苏联教学法专家孔德拉狄克曾经说过："教学的成败在很大程度上取决于教师能否妥善地选择教学方法。"在教学过程中，各种教学要素之间的冲突和矛盾最终交汇于教学方法，从而使高等学校教学活动充满活力和魅力。可见，教学方法是教学活动的基本要素，是完成教学任务、实现教学目标和提高教学质量的重要保障，关系着教学质量，并直接影响职业技术教育整体质量和高职高技能人才培养绩效水平。而且教学方法是多种多样的，每种教学方法都有其特定的功能和适用范围，只有选择了合适的教学方法才能最大限度地提高教学效率。

3. 高职教学方法的现状

（1）高职教育教学方法的研究尚未引起重视。教育是复杂的社会实践活动，随着社会的发展，人们对教学方法本质和重要性的认识不断深化、发展。当前，对高等学校教育方法论或职业教育方法论的研究很少，大多涵盖在高等学校教学论、教学管理、教学模式的研究中，专门性教学思想、教学方法等在理论研究和实践探索中没有被重视。虽然各高校按照教育部的相关规定，对新进教师都要进行专业的岗前业务培训,使教师具备一定的教学理论知识和业务知识,但这类培训时间较短,培训很少涉及教学方法的选择和运用方面的知识。邵士权、别敦荣(2013)对全国45所高等学校的2405名教师进行调查,从他们对高校教师常用教育方法的主要来源的调查显示,30.0%的教师认为其教学方法来源于专门培训,而来源于承袭教师的占43.6%,来源于自我学习与摸索的占83.7%,来源于观摩借鉴同事的占65.3%,其他来源占11.6%。虽然没有对高职院校教师的教学方法的来源进行专门调研,但也可以从中看到包括高职院校在内的我国高校对教学方法的不重视。

(2)高职院校普遍存在教学方法单一的现象。高职教育的教学方法应具有鲜明的职业性和技能性,理论教学与实践教学并重,特别要在实践教学环节彰显特色。然而,受传统教学思想的影响,教师和学生对教学方法重要性认识不足,对有效教学方法的要求愿望不高,从而对教学方法的思考不深,创新动力不足,激情不高。虽然国家十分重视高等学校的教学方法创新。教育部发布的《关于深化教学改革,培养适应21世纪需要的高质量人才的意见》中指出:"改革教学方法是深化教学改革的重要内容。要重视学生在教学活动中的主体地位,充分调动学生学习的积极性、主动性和创造性。""要改革'灌输式'以及在教学中过分偏重讲授的教学方法,积极实践启发式、讨论式、研究式等生动活泼的教学方法。"但在具体的课堂教学实践过程中,教师用于传授知识的时间远远多于训练思维、提高能力的时间,学生接触最多的单项教学方法仍然是传统的灌输法。调查显示,高达85%的课堂教学时间是用于讲授的。高技术的讲授确实能获得很多功效,但越来越多的研究表明,要使学生得到更深刻的理解、对所获知识的应用能力、批判思考的能力以及想要长时间的记忆,讲授是效果最差的一种方法。因为这种教学方法中,学生是被动地在接受知识,严重限制了学生积极性、主动性、创造性的发挥。另外,据邵士权等人调查,学生评价多数教师对教学内容的处理方式:"照本宣科,变化极少"的占22.8%;"有独创性,基本不与课本重复"的只占14.7%;"讲解重点,一般知识性内容由学生自学"的占53.0%;"以问题或专题形式统领教学内容"的占9.5%。学生对课堂教学师生互动程度的评价中,认为教师在教学活动中开展师生互动"很多"的占2.9%,"较多"的占19.3%,"一般"的占52.9%,"偶尔"的占21.5%,"没有"的占3.5%。由这样理论教学照本宣科,实践教学又受限于实训基地等硬件资源以及实践师资队伍的院校培养出来的学生,往往"高分低能"、应用型人才不实用、技术型人才没技术。

另外,我国一些高职院校存在生搬硬套国外的职业教育教学方法的现象。比如德国的双元制教学模式,理念和方法虽好,但由于我国校企合作运行机制不完善,学生学习实践技能不能完全复制双元制教学模式。再加上教师和学生普遍对教学方法重要性的认识不足,对有效教学方法的要求愿望不高,必将影响高职教育人才培养的质量和绩效。

(六)教学设施——高职人才培养绩效生成的重点

2004 年,教育部在《关于印发〈普通高等学校基本办学条件指标(试行)〉的通知》中指出,普通高等学校基本办学条件包括生师比、具有研究生学位教师占专任教师的比例、生均教学行政用房、生均教学科研仪器设备值、生均图书等五项指标。2008 年,教育部颁发了《高等职业院校人才培养工作评估方案》(以下简称《方案》)。该《方案》从领导作用、师资队伍、教学条件、专业建设、课程建设、实践教学、教学管理、社会评价等方面对人才培养工作做出分析和评价,其中师资队伍主要考查师资结构、教师质量和师德师风建设。师资结构的主要观测点为学生与教师比例(生师比)、专任教师结构(包括青年教师中硕士及以上学位的比例、高级职称的比例、专业基础课和专业课中双师素质教师的比例等)、兼职教师数量与结构等。而教学条件与利用的评估指标包括教学基础设施、实践教学条件和教学经费三项内容。教学基础设施的主要观测点为教学及辅助用房状况、教学仪器设备状况、图书馆及校园网状况、体育运动设施状况等。实践教学条件的主要观测点为校内实训条件、校外实训基地、职业技能鉴定等。教学经费的主要观测点为经费保证情况、学费收入用于教学经费的比例。可见,在高校基本办学条件的指标中,普通院校和高职院校是一致的,但高职院校除了基本的办学条件以外,更加强调了校内外实训基地的建设情况,这是高职教育培养高技能人才必备的基础条件,也是高职教育区别于一般高等教育的特色之　。因此,这里讲的教学条件对高职高技能人才培养绩效的影响,更多的是从实训基地建设的角度来阐述的。

高职教育是培养生产、建设、服务和管理第一线需要的高技能人才,而技能的生成是一个"知识学习—素质养成—能力提升—实践转化—反省学习—能力素质整合—再实践"的反复螺旋式上升的过程,这就需要高职院校为学生创设真实的工作环境,让学生在"做中学""学中做"中不断增强自己的职业技能和实践动手能力。可见,实训、实践在高职教育中处于举足轻重的地位,它是高职教育的特色和灵魂,是高职教育赖以生存的根基。实训基地是为高职教育中配合理论教学而设置的,是提供实践教学、保证学生掌握一定职业技能的一系列要素的统一体,是实施职业技能训练的保证,更是高职教育人才培养的关键和核心。高职院校通过与企业合作创建一批融入企业生产情境的场景、氛围或元素的校内外实训基地,有利于学生提早接触企业生产实际,提早进入作为一个职业人的社会角色,有利于提升学生的实践技能、知识创新和素质完善,有利于缩短学生完成学校学习后进入企业就业的适应期。同时,是促进职业技术教育发展,培养适应现代化建设需要的技术型、应用型专门人才的关键,是实现高职教育培养目标的重要条件之一,是影响高职高技能人才的培养绩效的关键因素之一。

近年来,国家高度重视高技能人才的培养,把加强职业技术教育作为经济社会发展和国民教育体系中一项重要工作来抓,出台了一系列政策措施。2005年教育部、财政部发布的《关于印发〈中央财政支持的职业教育实训基地建设项目支持奖励评审试行标准〉的通知》,以及后续的国家示范性高职院校建设计划项目都鼓励职业院校积极探索共享型实训基地的建设,加快高素质技能型人才的培养。2007年,劳动和社会保障部发布的《关于开展高技能人才公共实训基地建设试点工作的指导意见》,对如何开展高技能人才公共实训基地建设,加快培养高技能人才做出了重要部署。很多高职院校也都从自身的实力出发,积极探索校企合作的校内外实训基地的建设,这不仅为高职教育创造了较为优越的实训教学条件,而且也带动了其他方面的发展,比如推动了教材与教学内容的更新。为了有效地组织实训教学,教师必须得根据实训器材和实训内容,重新编写相应的实训大纲、操作手册以及配套的教材等,从而推动教材和内容的更新,这也为教学内容、教学方式以及课程设置改革提供了动力,锻炼了教师队伍。因为在筹建和使用实训中心的过程中,迫使教师掌握相应的技术和技能,使得教师的实践动手能力和解决问题的能力得到了锻炼。

总之,影响高职高技能人才培养绩效的因素是多方面的,有来自政府、社会、企业及家长的外在压力,也有学校层面的自身因素,如学生素质、教师水平、教学管理质量等。作为高职院校,应该在先进的教育理念引导下,以问题为导向,从对学生负责的角度对影响人才培养绩效的诸多因素进行科学调研。特别要从学校、学生层面出发,探讨学校培养对人才培养绩效的"纯影响"因素,并分析这些因素的影响机理和影响路径。在此基础上,通过对影响各要素本身的优化以及各要素之间的合理组合,可以直接加强高职高技能人才培养工作的整体功能,进而直接影响高职高技能人才培养的整体绩效。

第二节　基于因子分析的高职高技能人才培养绩效的影响因素研究

一、高职高技能人才培养绩效影响因素测评指标设计与问卷调查

1.测评指标的理论遴选

我们在上一节已经分析了高职高技能人才培养绩效的若干影响因素,如何

科学、有效地对这些影响因素进行测度,使其成为具体可量化、可操作及可进行统计运算的数据是这节研究的重点和难点,而指标设计的合理性将直接影响分析结果的有效性。课题组在理论分析的基础上,以教育部 2008 年颁发的《高等职业院校人才培养工作评估方案》为指导思想,综合考虑高技能人才的生成机理、高职院校培养目标、生源构成、就业岗位以及高技能人才培养对师资、实训基地的特殊要求,对企业人力资源的负责人、从事高职教育的专家和领导、高职教育的一线教师、高职毕业班的学生进行多轮访谈,从教育理念、教师素质、生源质量、课程设计、教学方法和教学设施六方面获得高职高技能人才培养绩效影响因素的测评指标 35 个,如表 7-1 所示。

表 7-1 高职高技能人才培养绩效的影响因素指标(第一轮)

影响因素	具体指标	变量标识	来源
教育理念	学校制订明确的办学方向、办学定位	X_1	访谈; 高等职业院校人才培养工作评估指标体系(2008 年); 贾勇宏,2011
	学校制订清晰的人才培养目标,并贯穿于教学和管理的全过程	X_2	
	积极开展校企合作的人才培养模式改革	X_3	
	教职员工对领导的办学理念认可度高	X_4	
教师素质	热爱高职教育工作,掌握高职教育的基本规律	X_5	访谈; 高等职业院校人才培养工作评估指标体系(2008 年); 陈相明,2010
	教师具有良好的教育修养	X_6	
	教师具有扎实的专业理论基础和良好的科学文化素质	X_7	
	教师具备熟练的职业技能和较强的动手操作能力	X_8	
	教师的教学态度认真	X_9	
	教师教学能力和研究能力较强	X_{10}	
	教学改革意识和质量意识强,对学生要求高	X_{11}	
	教师具有行业企业的任职经历	X_{12}	
	双师素质的教师比例较高	X_{13}	
	从行业、企业聘请兼职教师承担实践技能课程的比例较高	X_{14}	

续表

影响因素	具体指标	标示	来源
生源质量	学生具有扎实的理论基础和较高的科学文化素质	X_{15}	访谈； 方向阳等， 2009； 贾勇宏，2011
	学生具有较高的学习热情	X_{16}	
	学生具有认真的学习态度	X_{17}	
	学生具有较强的学习能力	X_{18}	
课程设计	课程设置符合高技能人才培养目标的要求	X_{19}	访谈； 高等职业院校 人才培养工作 评估指标体系 （2008 年）
	重视实践教学，将其作为专业教学的重要核心环节，纳入课程体系的整体设置中	X_{20}	
	积极与行业企业合作进行基于工作过程的专业课程开发与设计	X_{21}	
	开发专业课教材，特别是实训教材，教材与时俱进	X_{22}	
	课程的内容具有针对性、实用性	X_{23}	
	充分挖掘、有效利用课程教学资源，创造性地开发适应学生发展的课程和教材	X_{24}	
	创造条件鼓励学生积极参加社会实践活动	X_{25}	
教学方法	重视有效教学方法的研究与运用	X_{26}	访谈； 高等职业院校 人才培养工作 评估指标体系 （2008 年）； 李湘健，2004
	教学手段灵活多样，能有效应用现代信息技术进行模拟教学	X_{27}	
	积极采用现代教学技术和手段，实施启发式、讨论式、研究式的教学方法	X_{28}	
	重视学生在教学活动中的主体地位	X_{29}	
	有效设计"教、学、做"为一体的情境教学方法	X_{30}	
教学设施	教学用房充足、教学环境适宜	X_{31}	访谈； 高等职业院校 人才培养工作 评估指标体系 （2008 年）； 贾勇宏，2011
	教学设施完善	X_{32}	
	建有具有真实（或仿真）职业氛围、设备先进、软硬配套的校内实训基地	X_{33}	
	建有运行良好并有保障机制的校外实训基地	X_{34}	
	实训基地利用率高，能够满足教学要求	X_{35}	

2.测评指标的实证筛选

为使数据具有较高的一致性和可比性，在研究过程中，高职高技能人才培养绩效影响因素的专家论证与高职高技能人才培养绩效测评指标的实证筛选是同步进行的。经过多轮的专家论证、隶属度分析（删除隶属度小于 0.30 的指标）以及在相关范围内进行测试、修改完善等，最终保留了 24 个具体指标，如表 7-2 所示。

表 7-2　高职高技能人才培养绩效的影响因素指标（第二轮）

影响因素	具体指标	变量标识	来源
教育理念	学校制订明确的办学方向、办学定位	X_1	访谈；高等职业院校人才培养工作评估指标体系（2008 年）；贾勇宏，2011
	学校制订清晰的人才培养目标，并贯穿于教学和管理的全过程	X_2	
	积极开展校企合作的人才培养模式改革	X_3	
教师素质	教师具有扎实的专业理论基础和良好的科学文化素质	X_4	访谈；高等职业院校人才培养工作评估指标体系（2008 年）；陈相明，2010
	教师具备熟练的职业技能和较强的动手操作能力	X_5	
	教师教学能力和研究能力较强	X_6	
	教师改革意识和质量意识强，对学生要求高	X_7	
	教师具有行业企业的任职经历	X_8	
	从行业、企业聘请兼职教师承担实践技能课程的比例较高	X_9	
生源质量	学生具有扎实的理论基础和较高的科学文化素质	X_{10}	访谈；方向阳等，2009；贾勇宏，2011
	学生具有较高的学习热情	X_{11}	
	学生具有认真的学习态度	X_{12}	
	学生具有较强的学习能力	X_{13}	
课程设计	课程设置符合高技能人才培养的要求，理论课程与实践课程并重	X_{14}	访谈；教育部，2008 高等职业院校人才培养工作评估指标体系（2008 年）
	重视教材的开发与设计，教材与时俱进	X_{15}	
	课程的内容具有针对性、实用性	X_{16}	
	创造条件鼓励学生积极参加社会实践活动	X_{17}	

续表

影响因素	具体指标	标示	来源
教学方法	重视有效教学方法的研究与运用	X_{18}	访谈；高等职业院校人才培养工作评估指标体系（2008 年）；李湘健，2004
	重视学生在教学活动中的主体地位	X_{19}	
	有效设计"教、学、做"为一体的情境教学方法	X_{20}	
教学设施	教学用房充足、教学环境适宜	X_{21}	访谈；高等职业院校人才培养工作评估指标体系（2008 年）；贾勇宏，2011
	建有具有真实（或仿真）职业氛围、设备先进、软硬配套的校内实训基地	X_{22}	
	建有运行良好并有保障机制的校外实训基地	X_{23}	
	实训基地利用率高，能够满足教学要求	X_{24}	

3.问卷设计

在高职高技能人才培养绩效影响因素的研究中，所涉及的大多数指标（变量）很难通过量化的方式进行测定，虽然有些指标存在定量的答案，但考虑到这些数据可能会涉及被调查者所在单位的机密而无法得到真实的信息。因此，本研究假设以上 24 个指标的合理程度都将对高职高技能人才培养绩效产生积极的影响，并按照调查问卷的设计原理与方法，编制了高职高技能人才培养绩效影响因素测评量表。量表采用利克特五点量表法，进行"非常赞同""赞同""不确定""不赞同""非常不赞同"的五级评定，分别记为 5、4、3、2、1。

4.数据采集

为保证回归分析所使用数据组的一致性，在正式问卷调查中将高职高技能人才培养绩效测评与影响因素量表编制在一起，对同一被调查对象进行调查，以保证每组因变量、解释变量能够在同一感知水平上，使结果更具有效性。样本选取充分考虑院校的类型、代表性以及专业、性别等，使样本更具科学性、广泛性。共发放问卷 1820 份，回收问卷 1608 份，得到有效问卷 1415 份，有效回收率为 77.7%。其中学生有效问卷 1030 份，教师有效问卷 385 份，涉及 21 所高职院校 9 个专业大类。

二、高职高技能人才培养绩效的影响因素测评指标的信度效度检验

课题组对高职高技能人才培养绩效的影响因素的测评量表进行了信度和效度检验，以确保对各个维度变量的测量是科学有效的。本研究对温州职业技术学院的师生进行问卷预调查,对量表进行信度和效度检验,以确保测评指标的可信和有效。共发放问卷 140 份,回收有效问卷 136 份。采用内部一致性信度对变量进行信度分析,结果表明测评量表总的内部一致性系数为 0.947,且各因子的克龙巴赫 α 系数在 0.700～0.840(见表 7-3),高于 0.600 的最低标准化因子负荷,说明量表具有较好的内部一致性和稳定性。

对数据进行 KMO 检验和 Bartlett 检验,结果显示教育理念、教师素质、生源质量、课程设计、教学方法、教学设施六个维度的 KMO 值和 Bartlett 检验的值均符合要求,适合做因子分析。利用主成分分析对影响因素测评指标进行探索性因子分析,六个维度均得到一个特征值大于 1 的因子,每个因子的累计方差贡献率均大于 60.00%(见表 7-3),说明问卷具有较强的效度。

表 7-3　高职高技能人才培养绩效影响因素测评问卷信度和效度检验

测评因素	测度指标	克龙巴赫 α 系数	内部一致性系数	累计方差贡献率/%
量表总体			0.947	
教育理念	学校制订明确的办学方向、办学定位	0.840	0.851	77.12
	学校制订清晰的人才培养目标,并贯穿于教学和管理的全过程	0.767		
	积极开展校企合作的人才培养模式改革	0.766		
教师素质	教师具有扎实的专业理论基础和良好的科学文化素质	0.704	0.772	69.40
	教师具备熟练的职业技能和较强的动手操作能力	0.701		
	教师教学能力和研究能力较强	0.852		
	教学改革意识和质量意识强,对学生要求高	0.700		
	教师具有行业企业的任职经历	0.716		
	从行业、企业聘请兼职教师承担实践技能课程的比例较高	0.718		
生源质量	学生具有扎实的理论基础和较高的科学文化素质	0.752	0.815	64.54
	学生具有较高的学习热情	0.828		
	学生具有认真的学习态度	0.742		
	学生具有较强的学习能力	0.739		

续表

测评因素	测度指标	克龙巴赫α系数	内部一致性系数	累计方差贡献率/%
课程设计	课程设置符合高技能人才培养的要求,理论课程与实践课程并重	0.696	0.751	78.75
	重视教材的开发与设计,教材与时俱进	0.715		
	课程的内容具有针对性、实用性	0.688		
	创造条件鼓励学生积极参加社会实践活动	0.667		
教学方法	重视有效教学方法的研究与运用	0.639	0.764	67.94
	重视学生在教学活动中的主体地位	0.731		
	有效设计"教、学、做"为一体的情境教学方法	0.673		
教学设施	教学用房充足、教学环境适宜	0.671	0.750	77.38
	建有具有真实(或仿真)职业氛围、设备先进、软硬配套的校内实训基地	0.657		
	建有运行良好并有保障机制的校外实训基地	0.762		
	实训基地利用率高,能够满足教学要求	0.675		

三、高职高技能人才培养绩效的影响因素的探索性因子分析

探索性因子分析法是一项用来找出多元观测变量的本质结构,并进行降维处理的技术。通过探索性因子分析处理,能够将众多具有错综复杂关系的变量综合为少数几个核心因子。这些核心因子与原先设定的高职高技能人才培养绩效的影响因素各维度是高度关联的。因此,这些公因子可以代表高职高技能人才培养绩效影响因素测评问卷的基本结构。本研究主要采用主成分分析法,运用 SPSS 20.0 对高职高技能人才培养绩效的影响因素进行因子分析,各影响因素的因子分析结果如下:

1. 教育理念因素的因子分析结果

课题组利用问卷调查所得数据,运用 SPSS 20.0 统计分析软件进行因子分析,得到相关系数矩阵及检验各变量之间相关性的 KMO 和 Bartlett 检验(见表 7-4)。KMO 是用于比较、观测相关系数值与偏相关系数值的一个指标,其值越接近 1,表明对这些变量进行因子分析的效果越好。从表 7-4 可以看出,KMO 值为 0.720,表明可以进行因子分析。而 Bartlett 检验的统计量是根据相关系数矩阵的行列式得到的,如果 Bartlett 值较大,且其对应的概率 p 值小于给定的

显著水平,则拒绝零假设,表明相关系数矩阵不是单位矩阵,原有变量之间存在相关性,适合进行因子分析;反之,零假设成立,原有变量之间不存在相关性,数据不适合进行因子分析。

表 7-4　KMO 和 Bartlett 检验

取样足够度的 KMO 度量		0.720
Bartlett 的球形度检验	近似卡方	512.088
	df	3
	Sig.	0.000

表 7-4 显示,Bartlett 检验的值为 512.088,$p < 0.01$,通过检验,适合采用因子分析。而且得到一个特征值大于 1 的因子,这个公因子对教育理念这一维度的解释度达到 77.121%,即这个因子解释了 77.121% 的总变异,如表 7-5 所示,如果提取后的因素能联合解释所有变量 50% 以上,则提取的因素可以接受。分析结果表明,教育理念这一维度可以抽取一个公因子。

表 7-5　解释的总方差

成分	初始特征值			提取平方和载入后的特征值		
	合计	方差贡献率/%	累计方差贡献率/%	合计	方差贡献率/%	累计方差贡献率/%
1	2.314	77.121	77.121	2.314	77.121	77.121
2	0.411	13.699	90.820			
3	0.275	9.180	100.000			

2. 教师素质因素的因子分析结果

运用 SPSS 20.0 统计分析软件对数据进行因子分析,如表 7-6 所示,KMO 的值为 0.843,表明可以进行因子分析。而 Bartlett 检验的值为 782.150,$p < 0.01$,通过检验,适合采用因子分析。而且得到一个特征值大于 1 的因子,这个公因子对教师素质这一维度的解释度达到 52.618%,即教师素质这一维度可以抽取一个公因子,这个因子解释了 52.618% 的总变异,如表 7-7 所示。

表 7-6　KMO 和 Bartlett 检验

取样足够度的 KMO 度量		0.843
Bartlett 的球形度检验	近似卡方	782.150
	df	15
	Sig.	0.000

表 7-7　解释的总方差

成分	初始特征值			提取平方和载入后的特征值		
	合计	方差贡献率/%	累计方差贡献率/%	合计	方差贡献率/%	累计方差贡献率/%
1	3.157	52.618	52.618	3.157	52.618	52.618
2	1.007	16.782	69.400			
3	0.610	10.167	79.567			
4	0.462	7.708	87.275			
5	0.432	7.192	94.466			
6	0.332	5.534	100.000			

3.生源质量因素的因子分析结果

运用 SPSS 20.0 统计分析软件对数据进行因子分析,如表 7-8 所示,KMO 的值为 0.794,可以进行因子分析。而 Bartlett 检验的值为 533.794,$p<0.01$,通过检验,适合采用因子分析。而且得到一个特征值大于 1 的因子,这个公因子对生源质量这一维度的解释度达到 64.536%,即生源质量这一维度可以抽取一个公因子,这个因子解释了 64.536%的总变异,如表 7-9 所示。

表 7-8　KMO 和 Bartlett 检验

取样足够度的 KMO 度量		0.794
Bartlett 的球形度检验	近似卡方	533.794
	df	6
	Sig.	0.000

表 7-9　解释的总方差

成分	初始特征值			提取平方和载入后的特征值		
	合计	方差贡献率/%	累计方差贡献率/%	合计	方差贡献率/%	累计方差贡献率/%
1	2.581	64.536	64.536	2.581	64.536	64.536
2	0.650	16.256	80.792			
3	0.403	10.087	90.879			
4	0.365	9.121	100.000			

4.课程设计因素的因子分析结果

运用 SPSS 20.0 统计分析软件对数据进行因子分析,如表 7-10 所示,KMO 的值为 0.692,表明可以进行因子分析。而 Bartlett 检验的值为 399.615,$p<$

0.01,通过检验,适合采用因子分析。而且得到一个特征值大于 1 的因子,这个公因子对课程设计这一维度的解释度达到 57.661%,即课程设计这一维度可以抽取一个公因子,这个因子解释了 57.661% 的总变异,如表 7-11 所示。

表 7-10 KMO 和 Bartlett 检验

取样足够度的 KMO 度量		0.692
Bartlett 的球形度检验	近似卡方	399.615
	df	6
	Sig.	0.000

表 7-11 解释的总方差

成分	初始特征值			提取平方和载入后的特征值		
	合计	方差贡献率/%	累计方差贡献率/%	合计	方差贡献率/%	累计方差贡献率/%
1	2.306	57.661	57.661	2.306	57.661	57.661
2	0.844	21.091	78.752			
3	0.437	10.913	89.665			
4	0.413	10.335	100.000			

5. 教学方法因素的因子分析结果

运用 SPSS 20.0 统计分析软件对数据进行因子分析,如表 7-12 所示,KMO 的值为 0.688,表明可以进行因子分析。而 Bartlett 检验的值为 293.626,$p <$ 0.01,通过检验,适合采用因子分析。而且得到一个特征值大于 1 的因子,这个公因子对教学方法这一维度的解释度达到 67.943%,即教学方法这一维度可以抽取一个公因子,这个因子解释了 67.943% 的总变异,如表 7-13 所示。

表 7-12 KMO 和 Bartlett 检验

取样足够度的 KMO 度量		0.688
Bartlett 的球形度检验	近似卡方	293.626
	df	3
	Sig.	0.000

表 7-13　解释的总方差

成分	初始特征值			提取平方和载入后的特征值		
	合计	方差贡献率/%	累计方差贡献率/%	合计	方差贡献率/%	累计方差贡献率/%
1	2.038	67.943	67.943	2.038	67.943	67.943
2	0.542	18.052	85.995			
3	0.420	14.005	100.000			

6.教学设施因素的因子分析结果

运用 SPSS 20.0 统计分析软件对数据进行因子分析,如表 7-14 所示,KMO 的值为 0.726,表明可以进行因子分析。而 Bartlett 检验的值为 390.272,$p <$ 0.01,通过检验,适合采用因子分析。而且得到一个特征值大于 1 的因子,这个公因子对教学设施这一维度的解释度达到 57.875%,即教学设施这一维度可以抽取一个公因子,这个因子解释了 57.875% 的总变异,如表 7-15 所示。

表 7-14　KMO 和 Bartlett 检验

取样足够度的 KMO 度量		0.726
Bartlett 的球形度检验	近似卡方	390.272
	df	6
	Sig.	0.000

表 7-15　解释的总方差

成分	初始特征值			提取平方和载入后的特征值		
	合计	方差贡献率/%	累计方差贡献率/%	合计	方差贡献率/%	累计方差贡献率/%
1	2.315	57.875	57.875	2.315	57.875	57.875
2	0.780	19.504	77.379			
3	0.526	13.154	90.533			
4	0.379	9.467	100.000			

第三节　基于回归分析的高职高技能人才培养绩效影响机理研究

一、回归分析原理及其应用步骤

(一)回归分析原理

回归分析是确定两种或两种以上变量间相互依赖的定量关系的一种数理统计方法。两个变量之间的关系分为确定性关系(函数关系)和非确定性关系(相关关系)。当一个变量的取值确定时,另一个变量就会有唯一确定的值与之对应,这是函数关系。而相关关系是不确定的关系,比如,在发育阶段,人会随着年龄的增长而增高,但不能根据年龄来确定他的身高,他们之间有关系,但不是确定的关系,不能用函数关系式来表达。如果把一些变量作为自变量,而另一些变量会随着自变量变化而变化,即因变量,研究它们之间的关系,就是回归分析。可见,回归分析与相关分析侧重点不同,相关分析侧重于反映变量之间相关关系的方向与密切程度,变量是随机变量。而回归分析不仅研究变量之间的依存关系,而且要根据研究对象和目的,确定哪个是自变量(解释变量),哪个是因变量(被解释变量),因变量为随机变量,而自变量可以是随机变量,也可以是非随机的确定变量,并通过建立回归模型和控制自变量来进行估计和预测,描述变量之间的变化规律。可见,回归分析的基本思想是:即使自变量和因变量之间没有严格的、确定的函数关系,也可以通过回归分析设法找出最能代表它们之间关系的数学表达形式。

现实中,回归分析有很广泛的应用,例如实验数据的一般处理、经验公式的求得、产品质量的控制、气象及地震预报、自动控制中数学模型的建立等。随着公共管理研究的不断推进,回归分析也成为一种越来越重要的研究方法。使用回归分析方法,往往需要解决以下几个方面的问题:

(1)确定几个特定的变量之间是否存在相关关系,如果存在,则找出它们之间适合的数学表达式;

(2)根据一个或几个变量的值,预测或控制另一个变量的取值,并且可以知道这种预测或控制能达到什么样的精确度;

(3)进行因素分析,在共同影响一个变量的许多变量(因素)中,找出哪些是重要因素,哪些是次要因素,这些因素之间又有什么关系等。

(二)回归分析的主要步骤

回归分析的应用,一般遵循以下步骤(见图7-2):

（1）从一组数据出发确定某些变量之间的定量关系式，即建立数学模型并估计其中的未知参数，而估计参数的常用方法是最小二乘法；

（2）对这些关系式的可信程度进行检验；

（3）在许多自变量共同影响着一个因变量的关系中，判断哪个（或哪些）自变量的影响是显著的，哪些自变量的影响是不显著的，将影响显著的自变量选入模型中，而剔除影响不显著的变量，通常采用逐步回归、向前回归和向后回归等方法；

（4）利用所求的关系式对某一过程进行预测或控制。

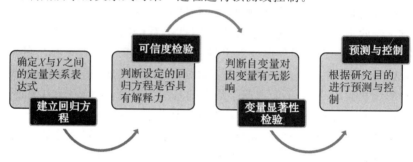

图 7-2　回归分析步骤

二、高职高技能人才培养绩效影响因素的回归分析

通过第一、二节的分析可知，高职高技能人才培养绩效的影响因子主要有六个，这六个因子都可能对高职高技能人才培养的绩效产生影响。为探究教育理念、教师素质、生源质量、课程设计、教学方法、教学设施等六个因素对高职高技能人才培养绩效的影响强度，本书采用多元线性回归分析法来分析高职高技能人才培养绩效影响因素与高职高技能人才培养绩效各维度之间的定量关系，并以高职高技能人才培养各维度（学习、素质、能力、实操）的绩效水平为因变量，以教育理念、教师素质、生源质量、课程设计、教学方法、教学设施等为自变量，建立回归方程模型，对高职高技能人才培养各维度的绩效水平与影响因素之间的关系进行定量验证，从而识别影响高职高技能人才培养绩效的关键因子。

多元线性回归分析法是建立在一系列理论假设基础上的，必须满足自变量与因变量之间存在近似线性关系、误差项满足正态性假说且同方差、自变量之间不存在线性相关这三个条件。如果不能满足同方差这一假定条件，则称现象回归模型存在异方差。异方差是对同方差假定的违背，是指随机扰动项的方差（也是因变量 Y 的方差）随着自变量的取值变化，而不是一个常数；误差项无自相关。自相关是对随机扰动项之间相互独立假定的违背，是指扰动项序列相邻期之间不是随机独立的而是存在相关关系的。如果多元回归模型存在自相关现象，不加处理地运用最小二乘法估计回归模型参数进行预测时会带来较大方差错误的解释，自变量之间不存在线性相关。如果自变量之间存在多重共线性，则说明自变量之间存在高度相关性。一般情况下，自变量之间都存在一定程度的相关性，如果相关程度较高，则会使各回归系数估计的方差很大，导致估计性质不稳定，不能很好地解释因变量的变化。因此，在进行回归分析时，要对数据进行检验。

（一）相关分析

从符合多元线性回归分析的条件出发，在做多元线性回归分析之前，应该对高职高技能人才培养各维度的绩效水平（即因变量）、高职高技能人才培养绩效的影响因素（即自变量）之间进行两两简单相关系数的分析。因变量和自变量之间呈现正向的较强的相关性，可以建立因变量与众多自变量之间的线性回归模型：

$$Y = b_0 + b_1 x_1 + b_2 x_2 + \cdots + b_n x_n$$

式中，Y 为根据所有自变量 x 计算出的预测值；b_0 为常数项；$b_1, b_2, \cdots, b_n$ 为 Y 对应于 $x_1, x_2, \cdots, x_n$ 的偏回归系数。

偏回归系数表示假设在其他所有自变量不变的情况下，由某一个自变量的变化引起因变量变化的比率，它反映了该自变量对因变量的影响程度。

为进一步验证以上六个因素跟高职高技能人才培养的四个维度（学习、素质、能力、实操）的绩效水平是否存在相关性，课题组以高职高技能人才培养各维度的绩效水平为因变量，以高职高技能人才培养绩效的影响因素为自变量，进行两两简单相关系数的分析，结果如表 7-16 所示。教育理念与高职高技能人才培养四个维度（学习、素质、能力、实操）的相关系数分别为 0.766、0.943、0.814、0.744，表明教育理念是影响高职高技能人才培养绩效的相关因素之一。教师素质与高职高技能人才培养的四个维度（学习、素质、能力、实操）的绩效水平均存在相关关系，相关系数分别为 0.875、0.807、0.850、0.808，表明教师素质是影响高职高技能人才培养绩效的相关因素之一。生源质量与高职高技能人才培养的四个维度（学习、素质、能力、实操）均存在显著相关关系，相关系数分别为 0.921、0.747、0.756、0.737，表明生源质量是影响高职高技能人才培养绩效的相关因素之一。课程设计与高职高技能人才的四个维度（学习、素质、能力、实操）的绩效水平均存在显著相关关系，相关系数分别为 0.721、0.658、0.767、0.813，表明课程设计是影响高职高技能人才培养绩效的相关因素之一。教学方法与高职高技能人才的四个维度（学习、素质、能力、实操）的绩效水平均存在显著相关关系，相关系数分别为 0.872、0.762、0.869、0.782，表明教学方法是影响高职高技能人才培养绩效的显著相关因素之一。教学设施与高职高技能人才的四个维度（学习、素质、能力、实操）的绩效水平均存在显著相关关系，相关系数分别为 0.627、0.539、0.607、0.661，表明教学设施是影响高职高技能人才培养绩效的相关因素之一。

综上所述，所有因变量和自变量之间的相关系数都在 0.539 以上，且在 0.05 的显著性水平上呈现非常显著的相关性，因此可以建立因变量与众多自变量之间的线性回归模型，符合多元线性回归分析的条件。

表 7-16　高职高技能人才的绩效与各影响因素的相关性

维度	因素					
	教育理念	教师素质	生源质量	课程设计	教学方法	教学设施
学习	0.766**	0.875**	0.921**	0.721**	0.872**	0.627**
素质	0.943**	0.807**	0.747**	0.658**	0.762**	0.539**
能力	0.814**	0.850**	0.756**	0.767**	0.869**	0.607**
实操	0.744**	0.808**	0.737**	0.813**	0.782**	0.661**

注：** 表示 $p<0.05$，* 表示 $p<0.01$。

（二）三大基本问题检验

为能正确使用多元线性回归分析法，以保证得出的结论具有科学性，应对多元线性回归模型中的自变量的序列相关、异方差、多重共线性等三大问题进行检验。

1. 序列相关问题检验

在回归分析的自相关检验中，一般运用 Durbin-Watson 值（简称 D. W. 值）对序列相关问题进行检验，D. W. 值的取值范围为 0～4，其值越接近 2，存在序列相关的可能性越小。如表 7-17 至表 7-20 所示，模型中 D. W. 值分别为 1.807、1.759、1.840、1.789，均接近于 2，表明不存在不同编号样本值之间的序列相关问题。

表 7-17　学习作为因变量的序列相关问题检验

R	R^2	调整后的 R^2	标准估计的误差	D. W. 值
0.962	0.925	0.924	0.27608918	1.807

注：1. 预测变量：（常量），教学设施，教育理念，课程设计，生源质量，教师素质，教学方法。

2. 因变量：学习。

表 7-18　素质作为因变量的序列相关问题检验

R	R^2	调整后的 R^2	标准估计的误差	D. W. 值
0.952	0.906	0.905	0.30831313	1.759

注:1. 预测变量：（常量），教学设施，教育理念，课程设计，生源质量，教师素质，教学方法。

2. 因变量:素质。

表 7-19　能力作为因变量的序列相关问题检验

R	R^2	调整后的 R^2	标准估计的误差	D. W. 值
0.927	0.859	0.857	0.37794633	1.840

注:1. 预测变量：（常量），教学设施，教育理念，课程设计，生源质量，教师素质，教学方法。

2. 因变量：能力。

表 7-20　实操作为因变量的序列相关问题检验

R	R^2	调整后的 R^2	标准估计的误差	D. W. 值
0.892	0.795	0.792	0.31011702	1.789

注:1. 预测变量：（常量），教学设施，教育理念，课程设计，生源质量，教师素质，教学方法。

2. 因变量：实操。

2. 异方差问题检验

通常以散点图来判断是否存在异方差。如果散点图没有明显的变化规律，则可以判定不存在异方差。本研究中,散点图如图 7 3 至图 7-6 所示,均呈现随机分布状态,表明高职高技能人才培养绩效的影响因素的回归模型不存在异方差问题。

3. 多重共线性问题检验

回归模型的多重共线性问题可以采用容差（tolerance）和方差膨胀因子（Variance Inflation Factor, VIF）两个指数来检验。其中,容差的范围为 0～1,其值越接近 1,共线性越弱。容差的倒数即方差膨胀因子,其判断标准如下:如 $0 < VIF < 10$,多重共线性问题不存在;如 $VIF > 10$,则存在较强的多重共线性,其值越小（即接近 1）,共线性越弱。如表 7-22、7-24、7-26、7-28 所示,方差各系数的容差均大于 0.1,介于 0 至 1 之间,而 VIF 在 1 至 5 之间,说明本研究的回归模型不存在多重共线性问题。

因变量：学习

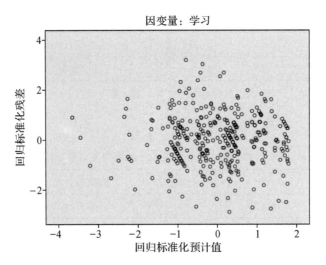

图 7-3 高职高技能人才培养绩效影响因素（学习维度）的散点图

因变量：素质

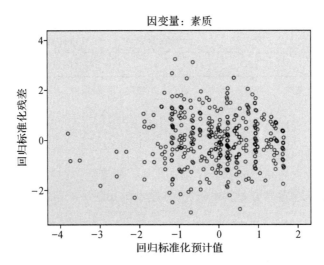

图 7-4 高职高技能人才培养绩效影响因素（素质维度）的散点图

（三）高职高技能人才培养绩效影响因素的回归分析结果

1.学习维度影响因素的回归分析结果

对学习维度进行回归分析，如表 7-21 所示，方差分析结果为：$F=776.617$，Sig. $=0.000<0.05$，说明回归模型通过 F 检验与 t 检验，设定有意义；Sig. <0.05，说明回归模型线性关系是显著的，且对高职高技能人才培养学习维度的绩效水平有较强的解释力。从表 7-22 可知，容差均大于 0.1，介于 0 至 1 之间，而 VIF 值在 1 至 5 之间，说明本研究的回归模型不存在多重共线性问题。而从表 7-17 可知，回归方程的判定系数 R^2 达到 0.925，说明拟合效果非常好。

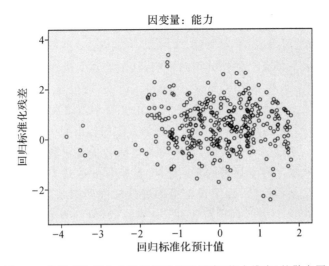

图 7-5　高职高技能人才培养绩效影响因素(能力维度)的散点图

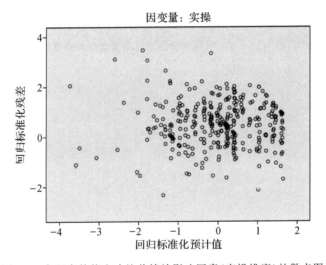

图 7-6　高职高技能人才培养绩效影响因素(实操维度)的散点图

表 7-21　学习维度回归模型的方差分析

	平方和	df	均方	F	Sig.
回归	355.187	6	59.198	776.617	0.000
残差	28.813	378	0.076		
总计	384.000	384			

注:1.因变量:学习。

2.预测变量:(常量),教学设施,教育理念,课程设计,生源质量,教师素质,教学方法。

在以学习为因变量的回归模型中,从表 7-22 可见,生源质量的标准回归系数最大,高达 0.520,Sig.＝0.000＜0.05,通过显著性检验,且具有高度显著水平,说明学生的学习基础、学习态度、学习能力等因素对高职高技能人才培养学习维度的绩效水平具有最强烈的正向影响,且影响程度达到 52.0％。教师素质次之,标准回归系数为 0.298,Sig.＝0.000＜0.05,通过显著性检验,说明教师的教学水平和能力等因素对高职高技能人才培养学习维度的绩效水平有着显著的正向影响,影响程度达到 29.8％。教学方法的标准回归系数为 0.207,Sig.＝0.000＜0.05,通过显著性检验,说明教学方法和手段对高职高技能人才培养学习维度的绩效水平有着显著的正向影响,影响程度达到 20.7％。而在学习维度中,教育理念、课程设计、教学设施等因素的标准回归系数的绝对值较小,分别为 0.016、0.035、0.029,且没有通过显著性检验(分别为 Sig.＝0.504＞0.05、Sig.＝0.128＞0.05 、Sig.＝0.149＞0.05),说明教育理念、课程设计和教学设施等对高职高技能人才培养学习维度的绩效水平几乎没有什么直接影响。但是教育理念、课程设计和教学设施等影响因素的指标可能会通过作用于其他影响因素而间接地影响高职高技能人才培养学习维度的绩效。

表 7-22　学习维度的回归系数与显著性检验系数

预测变量	非标准化系数		标准系数	t	Sig.	共线性统计量	
	B	标准误差	试用版			容差	VIF
（常量）	1.652E-07	0.014		0.000	1.000		
教育理念	0.016	0.024	0.016	0.668	0.504	0.346	2.890
教师素质	0.374	0.036	0.298	10.396	0.000	0.242	4.138
生源质量	0.520	0.026	0.520	19.677	0.000	0.284	3.522
课程设计	−0.035	0.023	−0.035	−1.526	0.128	0.373	2.680
教学方法	0.207	0.029	0.207	7.121	0.000	0.236	4.244
教学设施	0.029	0.020	0.029	1.447	0.149	0.509	1.966

注:因变量:学习。

2.素质维度影响因素的回归分析结果

对素质维度进行回归分析,如表 7-23 所示,方差分析结果为:$F＝610.281$,Sig.＝0.000＜0.05,说明模型通过 F 检验与 t 检验,设定有意义;Sig.＜0.05,说明回归模型线性关系是显著的,且对高职高技能人才培养素质维度的绩效水平有较强的解释力。从表 7-24 可知,容差均大于 0.1,介于 0 至 1 之间,而 VIF 在 1 至 5 之间,说明本研究的回归模型不存在多重共线性问题。而从表 7-18 可知,回归方程的判定系数 R^2 达到 0.906,说明拟合效果非常好。

在以素质为因变量的回归模型中,各个变量的标准回归系数如表 7-24 所示,教育理念的标准回归系数最大,高达 0.772,Sig.＝0.000＜0.05,通过显著性检验,且具有高度显著水平,说明办学思想、办学定位等因素对高职高技能人才培养素质维度的绩效水平具有最强烈的正向影响,且影响程度达到77.2%。教师素质次之,标准回归系数为0.115,Sig.=0.000<0.05,通过显著性检验,说明教师的教学水平和能力等因素对高职高技能人才培养素质维度的绩效水平有着显著的正向影响,影响程度达到11.5%。而生源质量的标准回归系数为0.082,Sig.=0.006<0.05,通过显著性检验,说明生源质量对高职高技能人才培养素质维度的绩效水平有着显著的正向影响,影响程度达到8.2%。而在素质维度中,课程设计、教学方法、教学设施的标准回归系数的绝对值较小,分别为0.025、0.028、0.025,且没有通过显著性检验(Sig.=0.339>0.05、Sig.=0.393>0.05、Sig.=0.258>0.05),说明课程设计、教学方法、教学设施影响因素的指标对高职高技能人才培养素质维度的绩效几乎没有什么直接影响,但是它们可能会通过作用于其他影响因素而间接地影响高职高技能人才培养素质维度的绩效。

表 7-23　素质维度回归模型的方差分析

	平方和	df	均方	F	Sig.
回归	348.069	6	58.011	610.281	0.000
残差	35.932	378	0.095		
总计	384.000	384			

注:1.因变量:素质。

2.预测变量:(常量),教学设施,教育理念,课程设计,生源质量,教师素质,教学方法。

表 7-24　素质维度的回归系数与显著性检验系数

预测变量	非标准化系数		标准系数	t	Sig.	共线性统计量	
	B	标准误差	试用版			容差	VIF
(常量)	−7.792E-07	0.016		0.000	1.000		
教育理念	0.772	0.027	0.772	28.867	0.000	0.346	2.890
教师素质	0.145	0.040	0.115	3.598	0.000	0.242	4.138
生源质量	0.082	0.030	0.082	2.781	0.006	0.284	3.522
课程设计	0.025	0.026	0.025	0.957	0.339	0.373	2.680
教学方法	0.028	0.032	0.028	0.854	0.393	0.236	4.244
教学设施	−0.025	0.022	−0.025	−1.133	0.258	0.509	1.966

注:因变量:素质。

3.能力维度影响因素的回归分析结果

对能力维度进行回归分析,如表7-25所示,方差分析结果为:$F=385.043$,Sig.=0.000<0.05,说明模型通过F检验与t检验,设定有意义;Sig.<0.05,

说明回归模型线性关系是显著的,且对高职高技能人才培养能力维度的绩效水平有较强的解释力。从表 7-26 可知,容差均大于 0.1,介于 0 至 1 之间,而 VIF 在 1 至 5 之间,说明本研究的回归模型不存在多重共线性问题。而从表 7-19 可知,回归方程的判定系数 R^2 达到 0.859,说明拟合效果非常好。

表 7-25　能力维度回归模型的方差分析

	平方和	df	均方	F	Sig.
回归	330.005	6	55.001	385.043	0.000
残差	53.995	378	0.143		
总计	384.000	384			

注:1. 因变量:能力。

2. 预测变量:(常量),教学设施,教育理念,课程设计,生源质量,教师素质,教学方法。

在以能力为因变量的回归模型中,各个变量的标准回归系数如表 7-26 所示,教学方法的标准回归系数最大,高达 0.416,Sig. =0.000<0.05,通过显著性检验,且具有高度显著水平,说明教学方法和手段对高职高技能人才培养能力维度的绩效水平具有最强烈的正向影响,且影响程度达到 41.6%。教育理念次之,它的回归系数为 0.252,Sig. =0.000<0.05,通过显著性检验,说明办学思想、办学定位对高职高技能人才培养能力维度的绩效水平具有显著的正向影响,且影响程度达到 25.2%。教师素质的标准回归系数为 0.247,Sig. =0.000<0.05,通过显著性检验,说明教师的教学水平和能力等因素对高职高技能人才培养能力维度的绩效水平有着显著的正向影响,影响程度达到 24.7%。课程设计的标准回归系数为 0.219,Sig. =0.000<0.05,通过显著性检验,说明课程的结构、课程的内容等因素对高职高技能人才培养能力维度的绩效水平有着显著的正向影响,影响程度达到 21.9%。生源质量的标准回归系数为 -0.087,绝对值为 0.087,通过显著性检验(Sig. =0.016<0.05),说明学生的学习基础、学习态度、学习能力等因素对高职高技能人才培养能力维度的绩效水平产生显著的负影响,影响程度为 8.7%。而在能力维度的影响因素中,教学设施的标准回归系数较小,绝对值只有 0.030,且没有通过显著性检验(Sig. =0.263>0.05),说明教学设施这一影响因素的指标对高职高技能人才培养能力维度的绩效几乎没有什么直接影响,但是它可能会通过作用于其他影响因素而间接地影响高职高技能人才培养能力维度的绩效。

表 7-26　能力维度的回归系数与显著性检验系数

预测变量	非标准化系数		标准系数	t	Sig.	共线性统计量	
	B	标准误差	试用版			容差	VIF
（常量）	$-4.393\text{E}-08$	0.019		0.000	1.000		
教育理念	0.252	0.033	0.252	7.673	0.000	0.346	2.890
教师素质	0.310	0.049	0.247	6.286	0.000	0.242	4.138
生源质量	-0.087	0.036	-0.087	-2.411	0.016	0.284	3.522
课程设计	0.219	0.032	0.219	6.941	0.000	0.373	2.680
教学方法	0.416	0.040	0.416	10.464	0.000	0.236	4.244
教学设施	-0.030	0.027	-0.030	-1.122	0.263	0.509	1.966

注：因变量：能力。

4.实操维度影响因素的回归分析结果

对实操维度进行回归分析，如表 7-27 所示，方差分析结果为：$F=244.258$，Sig.$=0.000<0.05$，说明模型通过 F 检验与 t 检验，设定有意义；Sig.<0.05，说明回归模型线性关系是显著的，且对高职高技能人才培养实操维度的绩效水平有较强的解释力。从表 7-28 可知，容差均大于 0.1，介于 0 至 1 之间，而 VIF 在 1 至 5 之间，说明本研究的回归模型不存在多重共线性问题。而从表 7-20 可知，回归方程判定系数 R^2 达到 0.795，说明拟合效果非常好。

在以实操为因变量的回归模型中，各个变量的标准回归系数如表 7-28 所示，课程设计的标准回归系数最大，高达 0.377，Sig.$=0.000<0.05$，通过显著性检验，且具有高度显著水平，说明课程结构、课程内容等因素对高职高技能人才培养实操维度的绩效水平具有最强烈的正向影响，且影响程度达到 37.7%。教师素质次之，标准回归系数为 0.262，Sig.$=0.000<0.05$，通过显著性检验，说明教师的教学水平和能力等对高职高技能人才培养实操维度的绩效水平有着显著的正向影响，影响程度达到 26.2%。教育理念的标准回归系数为 0.158，Sig.$=0.000<0.05$，通过显著性检验，说明办学思想、办学定位等因素对高职高技能人才培养实操维度的绩效水平产生显著的正向影响，影响程度为 15.8%。教学方法的标准回归系数为 0.124，Sig.$=0.010<0.05$，通过显著性检验，说明教学方式和手段等因素对高职高技能人才培养实操维度的绩效水平有着显著的正向影响，影响程度达到 12.4%。教学设施的标准回归系数为 0.102，Sig.$=0.002<0.05$，通过显著性检验，说明教学设施、教学条件等因素对高职高技能人才培养实操维度的绩效水平有着显著的正向影响，影响程度达到 10.2%。而在实操维度的影响因素中，生源质量的标准回归系数的绝对值较小，只有 0.007，且没有通过显著性检验（Sig.$=0.875>0.05$），说明生源质量等影响因素的指标对高职高技能人才培养绩效实操维度几乎没有什么直接影响，但是可能会通过作用于其他影响因素而间接地影响高职高技能人才培养实操维度的绩效。

表 7-27　实操维度回归模型的方差分析

	平方和	df	均方	F	Sig.
回归	140.946	6	23.491	244.258	0.000
残差	36.353	378	0.096		
总计	177.299	384			

注:1.因变量:实操。

2.预测变量:(常量),教学设施,教育理念,课程设计,生源质量,教师素质,教学方法。

表 7-28　实操维度的回归系数与显著性检验系数

预测变量	非标准化系数		标准系数	t	Sig.	共线性统计量	
	B	标准误差	试用版			容差	VIF
(常量)	4.058E-07	0.016		0.000	1.000		
教育理念	0.107	0.027	0.158	3.993	0.000	0.346	2.890
教师素质	0.224	0.040	0.262	5.532	0.000	0.242	4.138
生源质量	−0.005	0.030	−0.007	−0.158	0.875	0.284	3.522
课程设计	0.256	0.026	0.377	9.895	0.000	0.373	2.680
教学方法	0.084	0.033	0.124	2.583	0.010	0.236	4.244
教学设施	0.069	0.022	0.102	3.115	0.002	0.509	1.966

注:因变量:实操。

(四)高职高技能人才培养绩效影响因素的回归分析结果

综合上述分析,回归分析的结果大部分与理论的假设和模型相符。教育理念、教师素质、生源质量、课程设计、教学方法、教学设施六个因子分别对高职高技能人才培养绩效的不同维度产生影响。

从总体来看(见表 7-29),除了以实操为因变量的回归模型调整后的判定系数 R^2 为 0.795 以外,其余都在 0.850 以上,说明拟合效果较好,对高职高技能人才培养绩效有较强的解释力。通过 F 检验,说明模型的设定有意义。具体分析如下:

(1)以学习为因变量的回归模型中,生源质量、教师素质、教学方法通过了显著性检验,这说明高职院校教师素质越高、对教学方法越重视、招生生源质量越好,高技能人才的知识培养绩效越高。值得注意的是,高职院校的生源质量对学生学习绩效的影响强度在三者中最高,甚至高于教师素质与教学方法影响强度之和,即生源质量是影响高职院校高技能人才学习的最重要因素,学生的基础知识和文化素养、学生的学习投入、学习态度、学习能力是高职院校对高技能人才学习中最值得注意的因素,可采取根据生源质量"因材施教"的教育方式,在人才培养中各有侧重。然而,在生源质量相对难以改变的情况下,应注重教师素质的建设,并在教学方法上加以引导,以期提高高技能人才的学习绩效。

表 7-29　各影响因子对高职高技能人才培养绩效各维度的回归分析

		以各维度为因变量的标准回归系数(Beta)			
		学习	素质	能力	实操
自变量	教育理念	0.016	0.772****	0.252****	0.158****
	教师素质	0.298****	0.115****	0.247****	0.262****
	生源质量	0.520****	0.082***	−0.087**	−0.007
	课程设计	−0.035	0.025	0.219****	0.377****
	教学方法	0.207****	0.028	0.416****	0.124****
	教学设施	0.029	−0.025	−0.030	0.102***
模型指标	调整后的判定系数(R^2)	0.925	0.906	0.859	0.795
	回归效果检验(F值)	776.617****	610.281****	585.043****	244.258****

注:显著性水平 * 10%、** 5%、*** 1%、**** 0.1%。

(2)以素质为因变量的回归模型中,教育理念、教师素质、生源质量三个因素通过了显著性检验,表明它们对高职院校培养高技能人才素质的绩效具有显著的正向影响。其中,教育理念的标准回归系数高达 0.772,对高技能人才素质培养的影响强度最高,即办学方向和定位、人才培养目标,以及人才培养模式改革是影响高技能人才素质培养绩效最直接的、重要的因素,高职院校应予以重视。从学校层面来看,改善教育理念可能是提高所培养的人才素质的重要手段;而从学生择校角度,学校的教育理念从一定程度上影响其未来素质的提升,应是择校的一个重要考察因素。

(3)教学方法、教育理念、教师素质、课程设计等均对高职高技能人才培养能力维度绩效具有显著的正向影响。在其他自变量不变的情况下,这几个因素每提高一个单位,将分别引起能力维度绩效提高 0.416、0.252、0.247、0.219 个单位。其中,教学方法的影响强度最大,对有效教学方法的研究与运用、学生在教学活动中的主体地位的重视,以及"教、学、做"为一体的情境教学方法的运用等对高技能人才的素质培养起着非常重要的作用。需特别指出的是,生源质量对高职高技能人才培养的能力维度绩效有影响,但属于轻微的负向影响,与我们的认知有所不同。

(4)以实操为因变量的回归模型中,课程设计、教师素质、教育理念、教学方法、教学设施通过了显著性检验,说明这几个因素对高职高技能人才培养实操维度绩效有着显著的正向影响。其中,课程设计对实操的影响强度最高,与实际相符,课程设置与社会工作实际的结合程度、实用性,及其在所有教学中的占比确实是高职高技能人才培养的实操维度绩效的最重要因素。而生源质量对高职高技能人才培养的实操维度绩效几乎没有直接影响,但可能通过其他因素间接地影响高技能人才培养实操维度的绩效。

第四节 高职高技能人才培养绩效影响因素研究结论与启示

一、结论

通过理论梳理和分析、访谈等形式研究确定 24 个对高职高技能人才培养绩效影响因素的构成指标,运用因子分析将 24 个影响因素的指标缩减为 6 个主成分因子。在此基础上,将高职高技能人才培养绩效的 4 个维度分别作为因变量,将 6 个影响因子作为自变量,进行多元线性回归分析,识别出影响高职高技能人才培养绩效的关键影响因子,以此来构建高职高技能人才培养各维度绩效的影响因素模型。

研究显示,学校的教育理念是学校发展的导航灯,是影响高职人才培养绩效的核心因素;生源质量是高职人才培养绩效生成的基础;教师素质是高职人才培养绩效生成的关键;课程设计、教学方法、教学设施是学校的中介系统,是培养什么人、如何培养人的关键、重点和保障,是高职教育区别于其他教育的生命之所在。实证分析证实,教育理念、教师素质、生源质量、课程设计、教学方法、教学设施六个自变量因子分别对高职高技能人才培养绩效的不同维度产生不同程度的影响。

从影响因素对高职院校人才培养绩效的作用范围和作用强度来看(见表7-30),可得出如下结论:①教师素质对高职高技能人才培养绩效影响范围最广,其对每个维度都有显著的正向影响;②教育理念对除学习维度以外的其他维度都有显著的正向影响,特别是对素质维度的影响,高达 77.2%;③教学方法除了素质以外的其他几个维度都有显著的正向影响,其中对能力维度的影响高达 41.6%;④课程设计对能力、实操有显著的正向影响,其中对实操的影响达到37.7%;⑤生源质量对学习、素质有显著的影响,其中对学习维度的影响高达52.0%;⑥教学设施只对实操这一维度产生显著的正向影响。

表 7-30　高职高技能人才培养绩效各维度的影响因子汇总

维度	显著的影响因素	最重要因素	
		影响因素	影响强度
学习	生源质量、教师素质、教学方法	生源质量	0.520
素质	教育理念、教师素质、生源质量	教育理念	0.772
能力	教学方法、教育理念、教师素质、课程设计	教学方法	0.416
实操	课程设计、教师素质、教育理念、教学方法、教学设施	课程设计	0.377

　　从高职高技能人才培养绩效各维度的重要影响因素来看,本研究得出以下结论:①学习维度受到生源质量的影响程度最大,一方面说明生源质量对学生学习的重要影响,同时也反映了学生自身的学习态度、学习能力等对知识积累有主导作用;②素质维度受到教育理念的作用最大,高达 77.2%,反映学校对素质培养的重视程度、办学理念等在潜移默化中对学生素质的培养起到巨大的作用;③能力维度受到教学方法的影响强度最大;④实操维度受到课程设计的影响最大,同时也注意到,教学设施对实操能力培养也具有显著的正向影响。

　　从高职高技能人才培养绩效的关键影响因子的影响程度来看,本研究发现:

　　第一,从回归分析结果看,教师素质对高职高技能人才培养各维度的影响最大,它对每个维度都有极其显著的正向影响,而且对学习维度、能力维度、实操维度的影响程度达到了 29.8%、24.7%、26.2%。可见,这一因子对高职高技能人才培养绩效的作用很大。教师素质这一因子包括的 6 个指标对高职高技能人才的培养和提升存在正向影响。并且在访谈中,专家和毕业生也提及了教师对学校和学生发展的重要影响。

　　第二,教育理念对高职高技能人才培养绩效的影响很大,除了对学习维度的绩效没有显著正向影响以外,对素质、能力、实操都有极其显著的正向影响,特别是对素质维度的影响,达到 77.2%。可见,这一因子对高职高技能人才培养绩效的作用较大。教育理念主要涉及学校的办学方向、办学定位、人才培养的目标以及校企合作人才培养模式改革等。办学方向、办学定位以及人才培养的目标对高职高技能人才培养绩效有着重要影响。这一结论也验证了多数学者的观点以及职业教育专家的观点。

　　第三,教学方法对高职高技能人才培养的学习维度、能力维度、实操维度都产生极其显著的正向影响。其中对能力维度的影响程度达到 41.6%。可见,这一因子对高职高技能人才培养绩效的作用较大。这一因子包括重视有效教学方法的研究与运用、重视学生在教学活动中的主体地位、有效设计"教、学、做"

为一体的情境教学方法等指标。这些指标对高职高技能人才培养中学习、能力、实操等维度有积极的促进作用,这与大多数学者提出的观点一致。

第四,课程设计对高职高技能人才培养的能力维度、实操维度产生显著的正向影响。其中对实操维度的影响程度达到37.7%,对能力维度的影响程度达到21.9%。可见,这一因子对高职高技能人才培养绩效的作用较大。这一因子包括4个指标:课程设置符合高技能人才培养的要求,理论课程与实践课程并重;重视教材的开发与设计,教材与时俱进;课程的内容具有针对性、实用性;创造条件鼓励学生积极参加社会实践活动。这些指标具体的开发措施对高职高技能人才培养绩效有着重要的影响,这一结论与现有文献提出的观点以及专家访谈的观点是一致的。

第五,生源质量对高职高技能人才培养的学习维度、素质维度产生显著的影响,其中对学习维度的影响程度达到52.0%。可见,这一因子对高职高技能人才培养绩效的作用较大。这一因子包括学生具有扎实的理论基础和较高的科学文化素质、学生具有较高的学习热情、学生具有认真的学习态度、学生具有较强的学习能力等指标。这些指标在很大程度上影响着学生的学习成效和绩效水平。在访谈中,很多老师与学生的观点与这一结果一致。

第六,教学设施对高职高技能人才培养的实操维度产生显著的正向影响。这跟高技能人才培养的特殊要求是相符的,也验证了专家、老师的观点。教学设施对高职高技能人才培养的其他几个维度的影响的显著性并不高。这也从一定程度上验证了第六章实证分析的结果,即有些高职院校教学条件、教学设施很好,但绩效却没有明显高于一般院校,甚至比一些普通院校还要低。

另外,从分析结果中也不难看出,有些因素对高职高技能人才培养个别维度的绩效水平正向影响显著性不高,原因在于这些因素对高职高技能人才培养的绩效影响是间接的、隐性的。

二、启示

学校领导、教师及学生是影响高职高技能人才培养绩效的三个能动的主体因素,三者之间有机结合,相互激励,相互促进,是高职高技能人才培养绩效不断提高的关键。课程设计、教学方法、教学设施是高职高技能人才培养绩效不断提高的关键因素,也是高职教育区别于其他教育的生命之所在。高职院校只有加强对影响高职高技能人才培养绩效诸多因素的管理和监控,才能有效提升人才培养质量,切实提高高职高技能人才培养的绩效。

(1)加强科学调研,明确办学定位,做好顶层设计。高职院校应加强对高技能人才生成规律、学生特点及学习规律、社会需求现状及预测等的调研工作,加强对各专业现有师资、教材、教学设施、课堂教学的调研,加强对入校新生、在校生、已毕业校友和雇主等的调研。在此基础上,树立"育人为本""以学生为本,为学生负责"的理念,明确以培养服务区域经济发展要求的高素质的技术技能型人才为目标,根据自身发展的优势和特色,制订全球化、信息化背景下多类型、多层次人才培养方案,从课程设计到教学组织及时调整、完善顶层设计。

(2)加强校企合作,改善办学条件,提升办学实力。高技能人才的知识结构以隐性工作过程知识为主,校企合作、工学结合、顶岗实习的人才培养模式是高职学生获得隐性工作过程知识从而成为高技能人才的重要途径。然而,校企双方由于缺乏有效的利益纽带、管理机制和共同交流的语境平台,校企合作得其"形",未得其"神",效果并不理想。因此,应基于利益纽带,以项目或实体的运行为依托,通过创新人事管理制度,建立校企混编模式,深化校企双方在专业人才培养方案、师资培养、校内外实训基地建设、课程和教材开发、专业技术攻关、学生就业创业等方面的合作,搭建有利于高技能人才成长的学习平台和实践场所,改善高职院校办学条件,提高办学实力和人才培养的有效性。

(3)完善评价体系,保障教育质量,提高培养绩效。评价具有导向、诊断、甄别、选拔和推动发展的功能,教育教学改革的成功需要通过建立良好的评价体系来保障。高职教育发展至今,除了上级组织的类似于教学水平评估之类的评价以外,学校内部组织的评估不多,从学生的视角开展增量的绩效评价在整个评价体系中是缺位的。因此,高职院校要加强和完善评价体系,将课堂教学和学生学习的评估作为学校进行质量控制和保障的手段,并使其逐渐成为一项促进教育质量持续提升的传统。对课堂教学评估,必须是课程内容和教师教学进行的双向评估;评价方式除考试以外,可采用如课程论文、集体作业、讲演等形式;评审标准要突出对教学成果和学习成果的评估,并实现以教学评估为中心到以评估学生学习成果为中心转变。

另外,随着信息技术的发展,特别是慕课(MOOC)等新技术的兴起,对人的学习方式、学习素养提出了新的、更高的要求,对教师的知识储备、教学方式、管理方式等都将产生本质性、持续性的影响。教师必须高度重视课堂教学设计与教学方法的研究和运用,通过研讨式、案例式、启发式、探究式教学,发挥学生的主体作用,激发其学习积极性。总之,把学生培养成社会需要的高素质的技术技能型人才是学校一切工作的出发点和落脚点,学校在深化内涵发展、提升教育教学水平的同时,应该加强对受教育群体教育效果的评价,从而引导学校和教师自觉形成以学生为中心的课程设计思想和教学思想,不断提高教学水平及服务质量。

対　策　篇

第八章　高职院校高技能人才培养绩效的优化路径

　　高技能人才的培养有其自身的特殊性与规律性,作为培养高技能人才的高职院校,应在综合考虑高职院校与普通高校学生生源构成、培养目标、就业岗位的区别及高技能人才的特点、成长规律以及相关影响因素的基础上,明确人才培养的目标定位,主动与政府、行业、企业深度融合,从教育理念、教师素质、生源质量、课程设计、教学方法和教学设施等方面深化改革,制订切实可行的有别于其他教育类型的人才培养方案,提升高职院校高技能人才培养绩效。

第一节　夯实高职院校高技能人才教育办学理念

　　办学理念被公认为是学校办学的灵魂和方向,是办学主体在不同历史阶段、不同发展领域对学校办学宗旨、办学思路、发展战略、办学特色、治校理念、校园文化等一系列问题的深层次思考的结晶,主要解决"办什么样的学校"和"怎么办好学校"等最本质的、最直接的问题。它一方面是学校办学理想和独特的价值取向,决定了学校的办学方向和专业发展定位,是对学校发展全局的指引和把握。另一方面也是凝聚学校全体师生的共同认识,使个体和学校整体行为具有目的性和自觉性,形成整体合力,向既定目标前进。

　　高职院校办学理念的形成跟我国教育改革的大背景、与中央在不同阶段对职业技术教育提出的政策指导分不开,跟学校的办学历史、文化传统以及高职院校的角色任务等分不开,跟学院领导特别是校长的眼光、胆识、管理才能和个人魅力等分不开。随着高职院校所处的外部、内部条件的不断变化,高职院校办学理念不仅要从社会需求的角度进行分析,而且要对一定时期的社会思潮进行判别、考察。既要反映各校的办学历史、办学特色、办学追求,体现学校的个性,符合学校的特点,又要反映与时俱进、积极应变的特征。

　　当前,不少高职院校在办学实践中,通过挖掘自身的优势和特色,逐渐形成了具有一定办学特色的办学理念和办学风格,比如福建信息职业技术学院的"社会所需,企业所求,办学所至",黑龙江农业工程职业学院的"铁牛开到哪,课堂设到哪,服务跟到哪",长春职业技术学院的"立德为先、强能为本、突出特色、和谐发展",江苏农林职业技术学院的"课堂移村口、师生到田头、成果进农户、论文写大地",辽宁农业职业技术学院的"走出教室练,进入项目干;跟着企业走,随着季节转",广东轻工业职业技术学院的"用手去思考",重庆电子工程职业学院的"生产中练技能,企业里成人才",淄博职业学院的"崇尚实践精神,铸就技术品质",深圳职业技术学院的"专业应对深圳产业,教学针对未来职业",邢台职业技术学院的"打造服务军地的'预备役'基地",浙江金融职业学院的"行业、校友、集团共生态",温州职业技术学院的"与温州产业对接,与民营经济互动,与行业企业共赢",宁夏财经职业技术学院的"民族区域经济发展的需要就是我们办学的选择",四川电力职业技术学院的"服务川电、面向中国、走向市场、科学发展",陕西工业职业技术学院的"面向产业、服务区域、发挥优势、协调发展",等等。这些办学理念体现了高职教育办学的社会性、职业性、产业性、区域性、就业性、技术性、实践性等显著特征,在全国高职院校中起到了很好的示范和引领作用。但也存在很多问题:高职院校在凸显自身办学特色的同时,出现了重视自身教育个性、忽视教育共性,强调办学特色、忽视教育本质规律的倾向,而且有高职院校由于缺乏对当下经济社会发展的状况和趋势以及对人才素质的新需求的分析,缺乏对学校实际情况的实证调查与分析,无法对自身进行正确的定性、定位,提出的办学理念随波逐流,目标错位、特色缺失。还有一部分高职院校没有为达成自己的办学目标和践行自己的办学理念做好相应的制度准备,无法坚守自身的办学特色和文化传统,没有在实际操作过程中切实将办学理念具体化并落实到办学的每个环节中,没能真正形成统一的集体意志和全体师生的共同认识与追求,不能直接地、自然而然地变成高职院校的办学行为。

从课题组对绩效评价影响因素的调研分析以及对我国高职教育发展现状的分析来看,高职院校普遍存在办学定位模糊、发展趋同化、特色不鲜明、校企合作办学的长效机制没有真正建立、工学结合的人才培养模式改革有待深入以及学校师生整体行为和整体合力有待加强等问题。这些问题是影响高职教育发展的本质问题,也是影响高职院校高技能人才培养绩效的直接问题。为此,各高职院校在形成自身的办学定位和办学理念的过程中,应该坚持问题导向,重视对教育效果的绩效评价,并从多个维度加强科学调研:通过对入校新生的普查,及时了解他们的特点和需求;通过对在校生的普查,收集学生对学校各种教学及服务设施的满意度;通过对校友的普查,收集大学学习对毕业后在事业上的影响;通过对雇主的普查,了解雇主对毕业生工作态度和技能的满意度等。同时加强对高职人才培养规律、学生学习规律、社会需求预测等的调研工作,在反思和总结的基础上,学校根据自身发展的优势和特色,归纳和提炼出体现本校办学特色和办学追求的办学理念,并通过在全校范围内开展主题研讨、辩论赛、专题报告会等形式进一步修正和完善所提出的办学理念,学校领导根据最终形成的办学理念做好相应的顶层设计和制度安排。以上这个过程也是全校师生对学校办学理念的理解和认同阶段,是形成整体行为和整体合力必不可少的过程。而且,作为办学实践的指导,高职办学理念应主要体现以下几个方面:

一、以生为本理念

教学、科研、服务社会和文化引领等被视为高校的基本功能。其中,教学是首要功能,科研等其他功能是派生的,且服务于"育人"。"育"指教育,"人"指教育的对象。教育为谁服务,培养什么样的人,是教育中带有全局性和根本性的问题,也是办学理念所要解决的根本和基础。从本质上讲,教育是一种有意识、有目的地培养人的社会活动,它的直接功能和最大价值在于:全面提升受教育者的知识、能力和素质水平,引导和帮助受教育者获得应有的发展。可见,学生是学校办学的主体对象,学校的各项设置和手段,都是为了学生的利益,着眼于学生的发展,落实学生的成长,为培养什么样的毕业生而设置和投入。教师是办学的主导,教师在教育教学过程中要以学生为本位,以学生的身心健康和可持续发展为本位,尊重学生的个体差异,通过依据学生身心发展的特点和学生的知识背景、学习兴趣、能力水平设计教学目标和教学内容,采取灵活多样的教育教学方式,使学生得到充分发展。

当前,很多高职院校为学生提供了大量的学习机会,但学校期待学生学到什么、对学生的学习质量能否达到社会需求等几乎没有一个清晰的阐释。学校常常将完成规定数量的课程作为学生学习的确证,其实很多学生通过了课业,却没有掌握必需的知识和技能。随着学生消费理性的提升,对学习的量和质的衡量将变得前所未有地重要。因此,高职院校不能忘记学校的根本使命,不能对育人为本、以生为本有动摇和偏离,不能"目中无人"。郑南宁指出"校长心中有学生,这所学校就有希望;教师心中有学生,这所学校才能办学"。乔治·凯勒(2005)认为"对一所大学来讲,如果不了解它的学生在学习什么,学校对学生施加了什么影响,学生对学校的变革有什么建议,那么,这样的大学是不负责任的"。因此,以生为本的理念,其体现的不仅仅是学生,即学习、发展和创造的主体,还指学校与教师都要切实围绕主体来开展工作,办学定位、教育教学、学术科研、制度文化等都要以人才培养为归依,同时要完善绩效评价体系,实现以教学评估为中心到以评估学生学习成果为中心的转变,引导学校和教师自觉形成以生为本的全面发展的教学观,建立以学生为中心的课程设计思想和教学思想,实现从"重教"到"重学"、从"重授"到"重导"的转变,真正做到为学生的成长和发展负责。

二、市场化理念

当今社会的职业及其内涵瞬息万变,学校很难掌握社会对毕业生能力与素质要求的准确信息。高职院校作为办学主体,也是市场的竞争主体,只有确立市场化的理念,遵照社会需求办学,面向现代化市场,服务各类企业,及时获取社会对人才类型、规格及质量的有关意见和建议,把用人单位的需求转化为高职院校的培养目标,在专业建设、课程设置和开发、教学计划和方案制订等方面与企业生产实际相衔接,努力实现人才培养与社会需求相吻合,才能培养出受社会欢迎的高技能人才。如武汉铁路职业技术学院提出的"跟着铁路转,联合铁路办;帮助铁路干,乘势谋发展"等办学理念就是对市场化理念的深刻体现。高职院校一方面要密切及时地关注当地的经济发展动态和职业岗位需求的变化趋势,及时调整人才培养方案和专业培养计划;另一方面,要开拓各种渠道加强学生的社会实践和专业实践,让学生接触社会、了解社会、认知职业、择机就业。高职院校只有牢固树立市场化理念,才能在自身功能定位上为行业企业发展建设担负起责任,保证行为与行业企业的需求不错位、不滞后,主动融入行业、企业的发展中,形成企业、学生、学校三赢的结果。

三、合作办学理念

高技能人才的知识结构以隐性工作过程知识为主,校企合作、工学结合、顶岗实习的人才培养模式是高职学生获得隐性工作过程知识从而成为高技能人才的重要途径。这就要求高职院校和企业紧密联系,建立一种"做中学""学中做"的职场环境,加强学生的生产实习和社会实践,在工作和学习不断交替的环境中训练技能,培养学生的动手能力及分析和解决问题的能力,拓展学生的职业能力。要深化校企双方在专业人才培养方案、专业教学团队建设、校内外实训基地建设、课程和教材开发、专业技术攻关、学生就业创业等方面的合作。同时,要实现学校与企业两种文化的共融,既富于高职院校追求实践、勇于创新的品格,又富于浓郁的企业生产和管理氛围,使校企合作办学渗透高职院校办学的各个方面,成为高职院校改革与发展的一条主线,这也是高职院校走内涵发展、特色发展之路的根本途径。

除了加强与行业、企业的合作外,高职院校还要加强与国际职业院校、兄弟院校、政府部门的合作,特别要加强与政府部门的合作。《国家中长期教育改革和发展规划纲要(2010—2020年)》将高职教育的人才培养定位为"适应经济发展方式转变和产业结构调整要求、体现终身教育理念、中等和高等职业教育协调发展的现代教育体系，满足人民群众接受职业教育的需求，满足经济社会对高素质劳动者和技能型人才的需要"。这种从外延数量发展到内涵质量发展的要求，为我国高职教育的发展确定了基调。因此，要加强与政府部门特别是县级政府的合作，通过县级政府与学校的战略联合，基于市场适切原则、政府主导原则、社会参与原则、深度融合原则、强强协同原则、利益共赢原则，实现产学研合作从校企点对点、专业面对面到政校体对体思想理念的转变，从学校人才资本输出，到专业产业发展能力提升，再到政校协同机制创新，都有待合作办学理念的引导和实践。

四、特色化办学理念

当今，在高职教育市场竞争日益激烈和办学趋同化大潮中，有特色才有生命力和吸引力，高职院校只有通过特色化办学才能求得生存和发展。高职院校的发展要在稳定的基础上不断地调整，在调整的过程中不断地创新，逐渐形成自己的拳头产品、专业特色和办学特色，增强核心竞争力。

从这个意义上讲，特色就是生命，就是竞争力，就是水平，就是质量。因此，正确认识和把握高等职业教育的特色，并在教育教学实践中强化这些特色，是全面提升高等职业教育人才培养质量的基础和关键。

高职院校的办学特色就是能真正从高职教育的本质属性、社会要求以及校情出发，设置与行业发展和企业需求相适应的特色专业体系，构建符合高技能人才培养规律的特色育人模式，建立有行业企业深度参与的特色办学模式，从而实实在在地办出高职特色，办出学校个性，为社会做出贡献。高职院校在追求办学特色的时候，特别要能紧密结合行业和地方经济建设需要，走适合自己发展的、有特色的培养人才的道路，体现培养生产、建设、服务和管理一线高技能人才的独特价值。

特色化办学的最终落脚点是高职院校培养的毕业生具有不可替代性，是其他类型的高校和中职院校难以培养的。这种不可替代性体现在高职人才培养目标定位的不可替代性。随着产业的转型升级，社会对人才的要求更具多元化，更需要复合型、应用型、创新型的人才。必须承认，近10年来我国职业教育发展势头很猛，超过了发达国家同期增长的速度。但也必须承认，我国高职教育培养的毕业生与发达国家职业技术教育培养的毕业生相比，仍有很大差距，最突出的是解决实际问题的能力与创新能力不足。这既与我国传统教育中的重理论、轻实践的教育理念有关，更与高职教育人才培养的目标定位不准有关。所以，当下我国的高职教育应该走内涵发展、特色发展的道路。坚持素质与能力并重,让学生在校内学习与校外实践中,学会做人、学会做事、学会创新。

总之,在竞争日益激烈的办学形式下,各高职院校应该分析自身的优势、劣势、机遇和挑战,分析国内外高等职业教育的发展趋势,准确、科学地确立自己的发展定位,找准切合学校实际的发展起点和突破口,形成并发展富有鲜明个性的特色领域、特色学科、特色专业。要根据学校实际,准确预见未来发展趋势,形成学校的近期规划和远景展望,形成具有特色的办学理念,并渗透到教学、科研、管理、服务等办学的各个方面,有效地指导和支撑学校发展。

第二节 推进高职院校双师型师资队伍建设

教师作为教学系统中的领导者、课程理念的实施者、教学目标的制订者、学习过程的组织者、学生求知的启发者、学习结果的评价者,是保证教育教学质量、贯彻人才培养模式、完成人才培养目标的关键。从对高职院校高技能人才培养绩效的影响因素分析中,我们发现教师素质对高职院校高技能人才培养绩效影响范围最广,其对高职院校高技能人才培养绩效的每个维度都有着极其显著的正向影响。因此,各级政府和高职院校要充分认识到双师型教师队伍是高职院校培养满足社会需要的高素质的技术技能型人才的关键,是关系学院生存与发展的根本,应该将师资队伍建设问题特别是双师型教师队伍的建议放在学院发展的战略位置上予以高度重视,并从思想和行动上切实推进师资队伍的建设工作。通过全面调研本校师资队伍的基本状况,分析现阶段及未来一段时间内需要完成的教学科研任务与现有师资之间的匹配度,根据匹配缺口合理制订师资引进、培训、进修等符合本校特色的师资队伍建设中长期规划,并在充分考虑学生规模、学科发展、专业建设等因素的基础上,从引进(入口关)、培养、管理等多个层面推进双师型教师队伍建设。

一、规范高职教师的引入机制和岗前培训模式,严把入口关

《国家中长期教育改革和发展规划纲要(2010—2020 年)》提出,要"完善符合职业教育特点的教师资格标准和专业技术职务(职称)评聘办法"。这在宏观政策制度上锁定了职业教育教师专业发展的专门化方向。随着现代职业教育的快速发展,职业教育对教师专业发展的要求越来越突出,因此有必要明确高职教师的任职资格标准和改变现行高职教育准教师的培养和选聘模式。

(一)制订符合高职教育特色的高职教师任职资格要求

教师任职资格是高职教师的源头,源头控制的好坏决定了高职师资队伍建

设的深度和广度。许多国家对职业院校教师资格认证的一些做法值得借鉴,比如美国对职业教育教师的要求是:硕士毕业＋2 年的教育专业训练＋1 年以上的工作经历;德国对职业教育教师的要求是:本科学历＋2 年教育专业培训＋教师资格证书＋2 年专业实习或 5 年对口工作经验;澳大利亚对职业教育教师的要求是:本科学历(目前大部分 TAFE 学院要求新引进教师具有硕士学位)＋教育专业本科文凭＋行业四级证书＋3 至 5 年与专业教学相关的行业工作经验＋教师资格证书。可见,这些国家除了学历条件外,对工作经历、教育培训和行业经验等都有比较严格的要求。

根据高职教育的培养目标对高职教师的素质和能力有着相应特殊的要求,其任职资格标准应既要体现高等教育对师资的普遍要求,又要体现高职教育对师资素质能力的独特要求:除了学历条件和思想政治素质、职业道德素质、教育教学能力外,尤其要侧重于职业教育理论、职业实践能力和企业实际工作经历等方面的要求。因此,国家教育行政部门应根据高职教育师资要求的特殊性,把高职教育教师资格独立分类,制订符合我国实际的、操作性强的、分专业群的高等职业教育教师专业标准和高职教育师资任职资格标准,颁发专门的高等职业教育教师资格证书,且设定一定的有效期,打破当前的终身有效制,以适应不断发展变化的职业教育、继续教育和终身教育对教师所提出的要求。

对于从行业和企业中引进的人员,除了必需的学历要求和应取得相应的职业教师资格证书外,对其工作经历或专业技能水平要有定性和定量要求,规定在专业方向确定的前提下,要有明确的从事企业或生产服务一线工作经历的年限要求以及相应的职业资格证书或专业技能等级证书(如中级工、高级工或技师)的要求。

(二)规范准教师的职前培养和选聘模式

要改变现行高职教育准教师的培养和选聘模式,即由"先上岗,后培训"改为"先培训,后上岗"。从事高职教育教学工作的人员,在上岗前,都必须参加由职业教育培训机构组织的系统化培训。培训主要是针对岗位实际需要和职业教育的发展而进行的成长过程中的"调适"和"提升"。要按不同专业、不同类型分专业、分类别进行培养,培训内容除了相关的职业道德、心理学、教育学等基础课程以外,要有针对性地对专业理论、企业实习实践、专业技能、生产安全等方面进行培养和培训。学习期满由教育部门委托第三方机构或高职院校组织专门评审和考核,考核合格后才能上岗。另外,对候选教师要进行相应的行为态度测试,内容主要包括教师合作、教师态度、教师团队意识等人格特制的评价,以确定是否符合学校需求。

(三)拓宽师资队伍来源渠道,提高师资队伍来源的素质

高职院校要坚持外部引进与内部转岗并重的原则,除了从普通高校引进优

秀的硕士毕业生外,还要不拘一格地从行业、企业引进或选聘有实践经验和行业影响力的专业人才来充实教师队伍,优化师资队伍结构。比如,吸引企业一线专业技术人才、能工巧匠担任兼职教师并参与教学工作,使兼职教师承担专业课时比例逐年增加;选拔和引进(聘用)技术服务能力强、行业企业影响力较大的专业带头人,逐步建成专兼结合的双师结构教学团队。

二、完善高职教师在岗培训及进修机制,抓好培养关

在岗培训及进修是提升教师教学科研素质、促进教师自身提升、凝聚师资队伍的重要途径。高职院校应立足于内部挖潜和培养,出台优惠政策,遵循学历教育与岗位进修并重、学校培养与个人自修并重、走出去与请进来并重的原则,分层次、分类别地组织在职教师的培养和进修,形成对教师的进修培训的经常化和制度化机制,抓好培养关。

(一)丰富培养及进修形式

高职院校应当定期对高校教师进行专业培训,使他们能够适应时代的发展,了解本学科最新的学术成果,从而能够与时俱进。高职院校可以定期举办一些类似于学科专业知识竞赛的活动,以赛代练,这样既可以促进高校教师不断加深自身的学科专业知识,又可以活跃高校的学术气氛。也可以开展学院内部不同院系间的教学交流活动,发挥学校内部不同院系互助培训功能,充分调动教师自学自修积极性。还可以组织教师聆听一些专业课程的讲座,或观看一些特级教师教学的录像,通过组织这些活动可以使教师不断改进自身的教育方式,提升自己的教学能力,从而提升师资队伍的整体素质水平。同时高职院校可根据教师的特点,选择不同的培养形式。比如,创造条件鼓励中青年教师在职攻读硕士和博士,提高其业务水平和个人修养;鼓励专业基础课教师深入企业、专业技术研究所和专业实验室,参与生产实践,积累实践工作经验,使教师在授课过程中遇到生产实际问题时,做到心里有底,讲出来的内容就会生动、有趣,贴近生产实际;鼓励骨干教师和专家级教师与企业对接,合作开展新产品研发、技术攻关、实训课程开发以及开展面向企业员工的专业知识培训;组织开展以解决问题为导向的调查研究、专题讨论会等教学途径,加强教师培训。总之,高职院校应以立体化、多角度、全方位的教师在岗培训及进修为抓手,提升高校师资队伍的素质和凝聚力。

(二)优化培养及进修内容

教师的专业成长具有规律性,每个教师都有自己的知识技能结构,新教师和老教师,职称高的教师和职称低的教师,从普通高校毕业直接进校的教师和来自企业的教师,由于层次不同、职业背景不同、发展阶段不同,所需要学习的知识技能是不一样的。因此,高职院校应该针对不同层次、水平和类型的教师科学合理地设计学习内容,增加学习内容的区分度。比如,年轻教师要加强教学方法、现代教育技术工具、手段的教育和运用,同时以熟悉岗位(群)典型工作任务,掌握最新生产工艺、技术和流程,了解企业文化与管理等为主要实践内容;骨干教师和专家级教师则应以技术研发、课程实训开发及开展面向企业员工的专业知识培训等为主要实践内容。另外,在对教师培训的过程当中,应重视职教教师的职业生涯发展规划,加强培训的系统性。培训不仅应包括专业知识方面的培训,而且要有道德和心理疏导等方面知识的培训,通过制订系统完善的教师师德培养方案,把教师的师德培训作为高校教师日常培训的一部分,对师德优秀的高校教师予以相应的奖励,以增强其荣誉感,并将师德评选与教师的职称、晋升以及高校其他荣誉的评选挂钩。

(三)创建相对稳定的师资培训基地

师资培训是一项系统工程,从专业发展的角度看,任何一次培训都不是孤立的,而是职教教师专业发展过程中一个不可缺少的环节。有必要根据职教教师培训的特点和需求,建立相对稳定的师资培训基地。同时,要求培训基地为每个参与培训的教师建立培训成长档案,这个档案包括每位职教教师职业生涯发展的总目标及各成长阶段的具体目标,为达到这些目标所进行的各种弥补性培训和提高性培训,以及每次培训的效果(包括培训效果的迁移、培训存在的问题及今后努力的方向)等。一方面便于教师明确自己所处的职业发展阶段,避免培训的盲目性和重复性;另一方面也更能保证培训的针对性和连贯性,有利于建立开放的、科学的教师培训体系,推动培训基地在制订培训计划、确定培训内容时充分考虑教师个人的需求和意愿,实现培训基地从任务性培训向服务性培训转变。

三、探索高职教师管理制度,创新管理关

(一)规范双师型教师资格认定标准

不论在理论界,还是在各高职院校实践中,双师型是高职教师队伍建设的着力点和方向,是高职教育教学质量的关键,这已基本形成共识。但双师型教师资格认定标准还不统一,在国家颁布的相关法律法规中,对双师型教师的认定也没有明确的规定。高职院校对双师型教师的认定处于双师各表、双师各评的状态。因此,应统一双师型教师的内涵,尽快建立适合我国职业教育双师型教师资格认证的制度,科学地评价高职院校教师的职业能力,同时明确各级各类职业院校的双师型师资的最低比例,从而规范职业院校师资队伍建设,推动职业院校双师型教师队伍的发展。

（二）建立适应职业教育特点的高职教师职称评审标准

高职院校要根据其人才培养的特殊性出台有别于普通本科院校的高职教育专任教师职称评审标准，并根据不同专业、不同学科的特点，设立不同的职称评定条件和评审办法，由专门的评审专家负责职称评定的监督与执行工作。并将技能等级、指导培养学生的能力、专业行业影响力、社会服务能力等列为重要参考指标，真正发挥职称的导向作用和激励作用，提高教师参与实践活动的积极性。

（三）探索校企混编双师型专业教学团队的人事管理制度

高职院校与对口企业合作培养双师型教师，是一条合理途径，而且空间非常大。然而，校企双方由于缺乏有效的利益纽带、管理机制和共同交流的语境平台，校企合作得其"形"，未得其"神"，效果并不理想。利益纽带是保证校企双方合作能够稳定、深入、持久的关键。只有校企之间通过能够产生效益的合作项目或实体，存在稳定的利益纽带，企业才会有动力将合作推向纵深，校企双方才能实现在人力资源上的共享，才能使校企双方真正达到双赢。因此，应基于利益纽带，以项目或实体的运行为依托，通过创新人事管理制度，建立校企混编模式，双方各自选派专任教师与企业技术骨干组成教学团队，在共同完成项目或实体业务（如企业培训、工程实施、技术研发等）的同时，共同承担学院相应专业部分课程的教学任务，从而形成紧密型的双师结构群体。由于是校企混编，团队中的企业技术骨干参与教学不再是个人行为或"副业"，而是一项列入绩效考核的本职工作，这有效调动了他们的教学热情，促使其最大限度地发挥个人能力，深度参与教学。团队中每个人的业务能力和企业的利益追求紧密联系在一起，激发了合作企业对团队中专任教师能力培养的积极性、主导性和主体性，并随着项目的深入和实体的壮大，校企双方在专业人才培养方案、师资培养、校内外实训基地建设、课程和教材开发、专业技术攻关、学生就业创业等方面的合作将得到进一步深化，双方在实现共赢的同时，获得可持续发展。

（四）优化兼职教师的建设和管理

兼职教师不仅有助于缓解学院的人事和经费压力，而且可以加强企业与院校的联系，有利于将生产中的新技术、新理念引入教学内容，保证高职教育与技术更新同步。而且企业兼职教师队伍的建设，是培养具有双师素质教师，提高高职院校双师型教师比例的有效途径。从调研来看，虽然高职院校兼职教师的数量及其所承担的课时数呈逐年增加趋势，但很多高职院校的兼职教师或是借助人脉关系被聘用，或是因企业的某些暂时性需求而临时派出。这种不稳定的途径，造成了兼职教师流动性较大的问题，而且兼职教师真正承担校内实践教学或专业核心课程的比例很低，参与专业建设、课程建设、教材建设等工作的深度远远不够。由于兼职教师与学校没有隶属关系,高职院校对兼职教师队伍普遍缺乏激励约束机制,大多数学校除了给予课时费以外,很少会给兼职教师提供有效的教育教学技能培训和专门的办公场所。这导致兼职教师与本专业的专任教师缺少交集,无法对学校形成归属感和认同感,难以激发其参与人才培养工作的积极性与能动性。因此,高职院校要与企业一起,共同研究制订兼职教师管理办法,加强对兼职教师教学情况的检查、督导,把兼职教师的教学情况纳入学生的评教范围,把评价结果作为衡量其教学质量的重要依据。同时,学校要将评价结果及时反馈到兼职教师所在企业,企业也要对兼职教师指导学生顶岗实习的情况进行考核评价。

（五）健全高职教师的考评监督和激励机制

运用教师绩效评价工具对教师实行科学的教师绩效考评,对加强师资队伍建设、提高教学质量具有较强的驱动力。将定量指标与定性指标相结合,既要对教师承担的课程教学时数、接受职业培训的时间和效果、进入企业锻炼的经历、发表的科研或教改论文、论著的等级和数量等指标进行定量评价,又要对教师的师德师风、治学精神、教学管理能力、学习能力、教学革新以及团结协作等指标开展定性评价,并将学生成绩和用人单位的反馈信息也纳入教师考评的主要内容,建立符合高职院校教师特点的考核指标体系,完善考评监督机制,确保队伍能持续改进,并不断完善。

第三节　构建面向需求的高技能人才生源质量机制

生源,从字面上理解就是考生来源的意思。而生源质量的内涵十分丰富,包括学生的来源地区、学生群体素质分布、个体成长性差异、录取分数等。史秋衡(2012)认为生源质量是一个具有多重维度内涵的概念,在高等教育大众化背景下,生源质量除关注反映个体智力水平、学习习惯和努力程度的录取成绩之外,还应注重公平性和适切性。公平性强调高等教育入学机会的获得不受除能力以外的因素影响,适切性关注学生发展需求与学校定位的匹配程度。刘莉等(2007)认为生源质量包括学习成绩、创新能力、领导才能、社会交往、基本素质等方面。因此,衡量生源质量,除考虑学生入学时的分数或素质以外,还要考虑学生的发展需求与学校定位是否匹配等。

对于一所高校来说,充足的办学资源、良好的教学环境、高素质的教师队伍、较好的生源质量、有竞争力的就业前景等因素共同铸就了良好的教育教学质量。其中,学生作为学习的主体,其学习是学生自身独立思考、独立实践的过程,教师的要求和措施,只有得到学生的支持和配合,内化于学生的整体心理结构才能实现。可见,在这些影响因素中,生源质量是内因,其他因素都是外因。内因是事物存在和发展的基础,最终决定着事物运动和发展的方向,而外因只能通过内因来发挥作用。从这个层面来看,教育教学质量的高低很大程度上依赖于生源质量的好坏。没有好的砖石是建不起摩天大楼的,没有好的材料是生产不出优良产品的。好的砖石、好的材料就如同好的生源,没有好的生源就不能保证有好的教育教学质量。武汉大学原校长顾海良教授说过:"一流的大学离不开一流的生源,就像做产品需要选材一样,没有好的生源,高等教育质量就难以保证。"而且,生源质量不高还会带来一系列教学管理上的问题,生源质量的参差不齐使教师很难对授课对象进行准确定位,因材施教。部分学生的学习态度不端正,使得不良的学习风气在学校蔓延,浮躁、厌学现象在校内司空见惯,这些都将严重影响一所学校的教育质量和办学效益。很多学校已经意识到了生源的重要性,为了提高人才培养质量,提升学校声誉,在生源方面大做文章,白热化的生源争夺战愈演愈烈。为了抢到好的生源,一些学校煞费苦心,采取多种方式,吸引优生。每年中考、高考结束后,各学校大力宣传优秀新生优惠政策,出台诸如"悬赏"、免费、可调剂专业、出国交流机会等优厚的条件,以此来获取好的生源。生源质量是高校造就高素质人才的前提和基础,是一切教学活动的出发点,它反映了一所高校的综合实力,决定着高校人才培养的起点和高度。课题组在对高职院校高技能人才培养绩效的影响因素分析中发现,生源质量对高职院校高技能人才培养的学习维度、素质维度产生显著的正向影响,特别是对学习维度的影响,高达 52.0%,即在其他自变量不变的情况下,生源质量每提高一个单位,将引起学习维度绩效提高 0.520 个单位,进一步验证了生源质量对高职院校人才培养绩效的重要性。

一、高职院校生源的现状及原因分析

目前,我国高职教育的生源主要有三个方面:一是中等职业学校的毕业生;二是普通高中毕业生。这些学生既有共同的特点,又有不同的特征。而造成高职生源质量不高的原因有多个方面。

(一)适龄人口减少,引发高考报名人数削减

随着我国居民生育意愿的下降和计划生育这一基本国策的推行,新生人口自 20 世纪 60 年代初开始逐年减少。人口出生率降低,导致高考适龄考生随之减少。2008 年,全国高考人数 1050 万人,达到历史高峰;2009 年开始下滑;到了 2015 年,全国普通高校招生报名人数为 942 万人,较 2008 年减少了 108 万人。据统计,2018 年后,按现在的招生规模,全国高考录取人数将超过报考人

数,到那时部分高校即使将招生门槛降到 0 分,也难以招满学生。高考报名人数的减少,势必引起高职生源数量的减少和生源质量的无法保证。

(二)他类教育对生源的竞争,高职院校在夹缝中求生存

首先,本科院校的优势凸显且一再扩招,吸收了大批优质生源。本科院校办学条件进一步改善,招生优势凸显加上公务员考试与用人单位对大学生"第一学历"的要求,进入本科院校已成为家长对子女升学的渴望。各地高校招生分批次进行,先是本科院校,本科院校又分一批、二批,之后才是高职高专院校。而且随着本科院校的一再扩招,留给高职院校的可挑选余地非常小,为了完成招生指标,很多高职院校的录取分数线一降再降,一次又一次实施补报志愿措施,无形中形成了"不行才上高职"的共识。

其次,中职教育的硬性扩招,争夺了高职生源。《国家中长期教育改革和发展规划纲要(2010—2020 年)》提出,"根据经济社会发展需要","今后一个时期总体保持普通高中和中等职业学校招生规模大体相当"。2015 年 6 月,国务院教育督导委员会办公室组织由国家督学和专家组成的 5 个督导组对天津、黑龙江、山东、上海、浙江、安徽、江西、四川、贵州、陕西 10 个省(市)进行了专项督导检查。督导检查报告显示:2014 年,全国中等职业学校招生 628.85 万人,占高中阶段招生数的 44.12%。2015 年,上海首次推出"中本贯通"培养模式,学生通过"中职+本科"7 年的学习,将成为取得本科学历的职业技能型人才。这些培养模式在入学门槛、学习时间、学历证书、上学成本等方面都有一定的优势,吸引了不少初中毕业生直接进入中职学校读五年制高职或七年制本科。

再次,多种形式的成人教育,挤压了高职生源。各种形式的成人教育,如电大、夜大、网大、专升本、专接本等比重越来越大,而且出现学生年龄结构变轻、脱产学生增多的现象。随着家长对上学成本、就业现状、职业选择的认识增加和日趋理性,考生对上大学的需求和对学校的选择更趋于理性,越来越多的适龄学生不参加高考,有一定比例的学生甚至已经被高职院校录取却仍放弃入学资格,再加上大量劳动密集型企业对低端劳动力的需求不断增大,吸引了很大一部分的学生,特别是经济困难家庭的学生直接进入劳动力市场,这些都使得高职院校生源进一步减少。

最后,出国(境)留学升温,分流了高职生源。随着国际人才的流动、教育合作的日益频繁,留学生人数不断攀升。据统计,2014 年中国出国留学人员为45.98 万人,较 2013 年增加了 4.59 万人,增长约 11%。随着出国留学的人群日益壮大,出国学生年龄不断降低。中国教育在线曾组织低龄留学调查问卷,调查结果显示了留学生的低龄化趋势,超过 2/3 的被调查者在高中及高中以下阶段就已经有了出国留学的意向。在拥有出国留学意向的学生中,初中以下阶

段的学生占 22.58％,初中阶段的学生占 32.26％,高中阶段的学生占 22.58％,这必对高职生源产生影响。

（三）同类院校的恶性竞争,影响了高职院校的美誉度

高职院校招生规模的不断扩大与"合格"高中毕业生的相对稀缺之间的矛盾使得各高职院校招生招数层出不穷,相互诋毁、相互抬杠现象频繁出现,严重影响了高职院校的声誉和形象。一个考生面对多家学校的争夺时,其选择往往很盲目。为了生存,有些高职院校不得不一次次降低门槛,导致招生分数线越降越低。

（四）办学质量和就业质量不被看好,削弱了高职院校的吸引力

高职院校办学历史较短,各地高职院校办学水平参差不齐。办学条件不成熟,加上高职院校的办学规模不断扩张,导致办学规模与内涵建设无法同步,部分学校学生的学习、能力、素质达不到高职人才培养规格的基本要求。受多种因素的影响,高职毕业生就业难度大、就业质量差、"跳槽"人数多,特别是受部分代工企业用工的影响,学生对"操作工""两班倒"等热词比较敏感,高职学生的就业保障与就业优势无法体现,削弱了高职院校对高考生源的吸引力。而且目前社会上普遍存在着观念认识的偏差,排斥职业教育,这一定程度上淡化了考生对高职院校的报考意愿,严重阻碍了职业教育特别是高职教育的发展。

二、高职院校生源质量的提升路径

高职生源质量的影响因素是多方面的,既有学校自身办学质量的内部因素,也有诸如适龄人口的减少、高职毕业生就业薪酬偏低、学历至上的社会风气、境外高校对生源的争夺、来自他类教育对生源的竞争等高职院校不可控的外部因素。因此,要真正提升高职院校生源质量,必须从以下几个方面下功夫:

（一）深化体制改革,提升社会认可度,解决高职生源的社会因素问题

虽然职业教育历经多年发展,已经进入现代高速发展和跨越发展时期,但由于我国目前高职院校学历设置基本是专科学历、学位设置缺失、高校招生顺序靠后等,职业教育仍对考生缺乏吸引力。因此,必须着力构建现代职业教育体系,深化高职教育体制改革。一方面,打通从中职、专科、本科到研究生的上升通道,大力发展四年制本科高职教育,探索开展应用性研究生学历教育体系,改变高职教育"断头路"的旧有局面。另一方面,开启"技师高薪时代",提高技术技能型人才的经济收入和社会地位。当前,中国不仅缺少熟练技能工人,更缺少技师群体。高职院校的毕业生已经具备一定技能基础和实践能力,需要在实践中掌握先进适用技术,培养其创新思维和创新能力,进一步提升技能水平,促使其在积累实践经验和创新能力的基础上逐步向技师和高级技师方向发展。

因此,高职毕业生并不仅是劳动力,更应是专业技能人才,应当推动其就业市场由劳动力市场向人才市场转移。同时,借鉴国外技师高薪的通常做法,从政府、企业、社会等多个层面构建具有中国特色、符合现阶段中国经济快速发展、社会快速转型、人才多样化和大量需求新形势的职业技能人才薪酬机制和技师高薪机制,引导社会进入一个崇尚技能、崇尚技师、崇尚职业教育的"技师高薪时代",大力提升高技能人才的社会地位。高职院校必须把就业作为办学的导向,实现就业和招生的互动,在不断提高人才培养质量的前提下,加大就业工作力度,广开择业渠道,提高就业层次和质量,实现"出口畅"带动"进口旺"。

(二)深化内涵建设,提高教育质量,解决高职生源的学校吸引力问题

高校办学质量是高校生存和发展的基础,影响着学校的声誉,决定着学生的未来。对大学新生的问卷调查显示,高校的综合实力排名是他们报考大学时考虑的重要因素,九成以上学生把学校知名度、社会声誉列为首先考虑的因素。而社会声誉和办学质量是判断一所学校综合实力最直观的因素。高校的办学质量越好、社会声誉越高、影响力越大,毕业生就业形势就越好,也就能吸引更多、更好的学生报考。可见,生源、培养、就业是高校教育教学工作的关键环节和步骤,三者有机统一且良性互动是推动高校和谐、可持续发展的原动力。高职教育经过近十年的不断发展,早已进入由规模扩张向内涵深化的战略转型,关注人才培养质量、关注需求导向、关注学生可持续性发展,已然成为时代赋予高职院校的重要使命。国际著名职业教育专家福斯特曾说过,受训者在劳动力市场中的就业机会和就业后的发展前景,是职业教育发展的关键因素。因此,高职院校培养的学生是否满足劳动力市场对人才的要求,在高职院校三年的学习对学生今后的职业流动是否起作用,是否具有可持续性发展已成为评价高职院校人才培养成效的重要内容,也是解决高职生源问题的关键方面。

高职教育教学质量的高低主要包含两个方面的内容:一是高职院校的专业设置、师资水平等是否满足学生求学和就业的需求;二是高职教育的教学内容、大纲和课程的安排,以及教学过程等是否顺应社会发展,符合社会需求,使学生可持续发展。高职院校应从这两个方面出发,加强内涵建设,更新办学理念,优化师资队伍,改革教学方法,深化课程内容,狠抓过程监控,强化结果评价,全面提升教学质量。而且,在激烈的生源市场竞争中,特色也是学生选择高职院校的重要砝码。高职院校必须重视自身的特色建设,树立以特色为品牌的招生观。高校如何科学定位,张扬个性,办出特色,并用个性、特色去参与生源市场竞争,是当前和今后高等教育改革的基本方向,一所学校有个性才有特色,有特色才有活力,有活力才能在激烈的生源市场竞争中求得生存和发展。因此,高职院校在确定战略目标和办学定位时,要遵循比较优势原则,要根据自己的办

学传统、资源条件、特色优势、区域社会经济环境以及对学校的期望等,创办适应地方社会经济发展的特色优势专业。特别要围绕朝阳产业、曙光职业和热门职业设置和调整专业结构,整合教学资源,做到人无我有、人有我优、人优我转,办出品牌,办出特色。这样,学校才会有吸引力和知名度,招生就能形成良性循环,就可实现可持续发展。另外,高职院校还要主动与政府、行业、企业深度融合,高度重视实验实训基地建设,加大办学投入,创造良好的学习生活环境,提高高职院校的社会赞誉度,吸引更多考生报考高职。

(三)强化法治规范,整饬招生竞争秩序,解决高职生源的竞争环境问题

从保护考生利益、维护职业教育形象的角度,全面构建法治透明规范的高职教育招生秩序支持制度体系,努力形成生源的合理竞争与稳定预期机制,以有序规范的招生秩序促进生源空间校际的理性化布局和个性教育需求的最大化满足。

(1)构建招生规模预警机制。高职教育发展应该优先考虑社会经济对人才的需求,培养适合市场需求的高素质人才。构建招生规模预警机制,通过实时监测人才供需信息、毕业生就业状况、高校办学条件、招生状况等,对教育发展现状及趋势进行实时监控、分析和预警,对办学条件严重不足、教学质量低下、连续多年招生第一志愿录取率低、调剂和征求志愿录取率高,且毕业生签约率和就业率低的院校及专业进行预警,引导教育主管部门谨慎控制普通高等院校的申办数量,兼顾不同类型、层次院校的布局,合理确定本科层次和专科层次的招生计划人数和比例,加强对预警学校和专业办学规模的调控,合理调控专业布局,引导高等院校加强内涵建设,不断提高人才培养质量,实现高等教育资源的合理配置。同时建立健全高等教育信息交流平台,实现高等教育生源在国内自由流动,充分发挥市场机制的优胜劣汰作用,促进地区之间、院校之间的自由竞争,促进高等教育的公平、合理。

(2)构建招生管理法治化机制。强化依法治招,加强对招生市场的规范管理,疏通宣传渠道,规范宣传内容,严厉打击虚假宣传、违法招生、欺诈招生、贿赂招生等扰乱招生秩序的行为。

(3)构建招生信息透明化机制。建立区域统一化、公开化、专门化、立体化的招生宣传平台体系,建立固定时间、固定场所的招生宣传活动制度,建立经常性、分专业、分对象的招生宣传制度,确保为考生提供公开透明、权威准确的招生宣传信息。

(4)构建招生程序严格化机制。严格考生录取程序、录取通知程序、新生注册程序以及科学确定招生生均经费开支成本,确保招生活动规范有序。

(四)探索多元生源,拓宽招生生源渠道,解决高职生源的潜力不足问题

现代职业教育是一种大职业教育,包括中职、高职学校教育和各种社会上

的职业培训。随着现代职业教育体系的构建，以服务为需求、就业为导向，体现终身教育理念的职业教育将逐渐成为大多数人的必备教育。因此，在高职生源面临新形势和新挑战的背景下，应以创新的思路全方位挖掘生源潜力和拓展生源空间，推动职业教育顺应全民教育的发展趋势。

首先，坚持"统招"生源。为提高统招生源的数量和质量，高职院校要积极探索分类考试、综合评价和多元录取的新招生模式。通过对生源市场进行细分，分析本校生源和教育产品情况，准确定位，科学确定招生计划，制订招生方案：第一，在现行的高考体制下，普通高中生源仍是高职院校的主要生源，是高职院校招生的保证。第二，随着国家不断推进现代职业教育体系建设，系统构建从中职、专科、本科到专业学位研究生的培养体系。2015年全国中等职业教育在校生1803万人，毕业生633万人，预计到2020年全国中等职业教育在校学生将达2350万人，中职生源非常丰富，中职生源是高职院校的重要补充。第三，要根据不同专业要求采取"知识＋技能"招生、单独考试招生、技能拔尖人才免试招生等方式，这些生源是高职院校办出特色的关键。第四，要抓紧试点注册入学招生模式，推动高职教育分数线入学向注册入学转型，招生范围从参加高考的考生逐步扩大到优秀社会就业人员、中职毕业生等，从而拓展职业教育生源空间，夯实高职教育发展根基，提升社会对高职教育选择前景认可度，缓解招生压力。

其次，开拓"另类"生源。要积极推进高职教育与社会培训更为宽广地有机衔接。高职院校可以与中职教育分层次、错位式地开展就业技能专项培训、社会人员职业资格考试培训、就业技能普及培训、深化校企合作的企业人员订单式培养等社会培训，以及开展针对普通高校毕业生的技能再教育培训等，实现高职院校生源空间的扩大与社会功能的提升。

最后，吸引国外生源。高职院校必须有全球化的眼光和意识，加强国际合作，实现资源和生源的有效配置。坚持"走出去"和"引进来"，解决生源问题，提升高职院校的品牌和国际影响力。

第四节　打造基于工作过程的高职院校课程设计

高职教育快速发展的同时，如何培养具有较高综合素质、熟练职业技能和较强社会能力的高技能人才以满足社会区域经济发展需要是当今社会普遍关注的焦点。要实现高职毕业生从数量到质量的飞跃，必须实行全面、系统、深入的教育改革。高职教育改革的重点在于高职院校培养目标的定位和专业设置，而这两者的重心体现在课程体系的设计与构建上。课程是影响整个高职教育的核心,在整个高职教育体系中处于基础的地位,是高职教育培养目标的具体体现,高职课程的有效程度决定了高职人才培养质量和培养目标实现的程度。课程问题不仅关系着高职教育的特色与发展命运,也直接影响着高职毕业生的综合素质、职业素养和就业前景。

课程设计一般是指为掌握某一课程内容所进行的设计。这里所说的课程设计主要是指在学校教育环境中,为促使学生掌握某一课程内容所进行的教学规划和开发设计,从而让学生获得知识,实现经验的积累和迁移,进而促使学生全面发展。高职院校的课程设计是指在高职教育环境中,围绕高职人才培养目标和社会市场需求,设置并调整课程内容,实现对高职人才培养的最终目的,其是高职院校培养高技能、应用型人才的总体规划。

当前,虽然各高职院校已逐渐意识到高职教育课程改革的重要性,然而,在我国,高职教育发展的历史还不长,无论是在高职教育课程的理论研究上还是实际应用上,与构建科学完善的高职课程体系都还存在一定差距。

第一,课程设计游离于高职人才培养目标。高职教育人才培养目标是高职课程设计的基础,简言之就是要培养面向生产、服务、管理一线、实践能力强的技术技能型人才。然而,受传统高等教育培养目标的影响,高职教育课程设计依然延续了学科思维,课程体系、课程结构、课程内容、课程环境没有进行根本性改革,没有体现出高职技能性、实用性和职业性的课程特色,大多数高职院校还是以学科课程为主导课程,专业课程教育传承了本科课程的学术教育,成了本科课程的"压缩饼干"。

第二,课程设置滞后于社会市场需求。只有以市场需求为起点,及时了解社会人才需求和把握行业技术发展水平,课程设计才能最终达成人才培养目标。尽管当前高职院校也在分析在市场对人才的需求的前提下如何及时开设相关专业,但在专业课程设置上并没有实现课程与岗位需求的科学衔接,没有针对性地进行行业分析,没有及时更新行业信息,导致在培养过程中重"量"而不重"质",毕业生要么不能进入相关产业界,要么所学知识不能很好地适应就业岗位。

第三,课程内容缺乏时效性和实用性。当前大多数高职院校缺乏针对市场需求的课程开发,很多课程内容多年不变,然而随着科技不断进步和产业转型升级,知识交叉、专业交叉的综合性岗位大量出现,专业课程分科加快,对于课程设置的融合度、综合化要求越来越高,如果课程设计体系不进行新知识、新技术、新经验的同步更新,将会显得不合理、不实用。

2006年,教育部颁发的《关于全面提高高等职业教育教学质量的若干意见》

提出，"要积极推行与生产劳动和社会实践相结合的学习模式，把工学结合作为高等职业教育人才培养模式改革的重要切入点，带动专业调整与建设，引导课程设置、教学内容和教学方法改革"，提出"高等职业院校要积极与行业企业合作开发课程，根据技术领域职业岗位（群）的任职要求，参照相关的职业资格标准，改革课程体系和教学内容。建立突出职业能力培养的课程标准，规范教学的基本要求"，"改革教学方法和手段，融'教、学、做'为一体，强化学生能力培养"。这意味着，高职院校课程如何紧密结合市场和企业需求，有效做到基于工作过程的"学中做""做中学"成了高职院校课程设计的关键问题。

基于工作过程的高职院校高技能人才培养课程设计，主要是通过对典型企业工作过程和职业岗位分析，把高职课程按工作过程程序化，进行典型工作任务和工作岗位分解，设置相对真实的实践性项目，教学的组织实施强调在"学中做""做中学"，让学生在具体的实践项目中，把理论融入实践，在获得知识和经验的同时，掌握技能，提升基本职业素质。明确了这一概念后，在进行高职课程设计与建设时应考虑的问题是：教什么？教到什么程度？怎么教？什么时间教？在哪里教？这里蕴藏着课程目标确立、课程内容选择、课程方案实施及课程结果评价等方面的完善与变革。

一、基于"三维度"的课程目标确立

课程的设计与建设是一个动态开发的过程，确定课程目标是课程建设的出发点，也是课程设计的起点。课程目标是培养目标在课程领域的具体化，课程目标确定的质量对教学的质量和培养目标的实现有着决定性的影响，如果课程目标不清晰或者有偏差，必然导致课程体系建设无效。课程目标的确定离不开高职院校培养目标、专业设置、知识体系、市场资源、就业环境以及学生发展需求等多种因素，但从总体上来说，课程目标的确立主要依据三个基本维度。

（一）以社会需求为前提

高职教育是以各产业生产技术为鲜明特色的职业教育，高职教育课程应该根据社会某一职业岗位或岗位群的需要而开发，其目标是为获得这一岗位的职业资格或提高职业生涯的质量。这也意味着，高职教育课程目标要紧密遵循市场规律，强调课程的中心应该围绕当代重大社会问题，重视对社会需要的完全满足和优先满足，帮助学生学会如何参与制订社会规划并付诸社会行动。因此，构建高职院校课程目标要紧密分析行业动态和职业岗位发展趋势，不仅要把职业素质理念融入课程目标中，更要将其扩展到学生未来的职业生涯中，以社会需求为基础，强调培养适应社会的生产、服务、管理等一线所需要的高技能应用型人才。有了这一前提，在设置课程目标过程中就要实现两个转变。

第一，实现从重知识到重方法的转变。在当前的高职课程教学中，由于受传统知识观的影响，课程目标往往只注重知识的传承和灌输，学生常常成为知识的被动接受者，缺乏自主性、突破性和超越性，培养出来的学生往往知识贮存量高，但在实践过程中缺乏分析和解决问题的能力，难以应对复杂多变的社会。因此，以社会需求为前提的高职课程目标，应由原先填鸭式的知识灌输理念转向引导式学习理念，让学生提升学习思维能力，找到科学合理的学习方法，培养学生的知识转化能力和运用能力，以适应瞬息万变的社会形势。

第二，实现从重共性到重个性的转变。经济与科技的飞速发展，带来了产业结构、经济结构和社会结构的转型，社会对人才也提出了新的挑战，呈现出从原先单一的技术工人转向多规格、多类型、多层次的需求态势。因此，高职课程目标应突破以往单一的以传授知识为主的共性理念，而转向注重发挥学生的主动性与创造性，提高学生各方面的综合素质与能力，重点考虑为本地区经济建设、科学进步、社会发展服务，应以地区经济社会发展的需要为直接的驱动力，彰显个性，展现地方特色，为地区经济发展培养大批急需的高级人才。唯有如此，才能符合高职办学的客观实际，切实提升高职人才培养质量与人才培养目标的契合度，使学生能真正在复杂的社会中随机应变，适应社会需求。

（二）以学生就业为导向

随着大学生就业形势的日益严峻，高职毕业生是否能满足社会就业岗位的实际需求，其所接受的教育是否能适应劳动力市场的需要逐渐成为高职教育课程设置的出发点。高职教育课程设置要有所突破，就要坚持以就业为导向，实现课程教学与就业需求的紧密结合，突出职业能力的培养。

以就业为导向进行课程目标设计，一方面要做好充分的前期市场预估。针对当前市场的用人需求，做好就业岗位需求调查，分门、分类进行需求分析，确定课程设置的基本方向，根据市场客观需要和新知识、新技术的不断更迭，做好课程目标的与时俱进，仔细分析职业岗位技能要素，通过对当前岗位技能的分析及对未来职业技能的预测构建职业技术能力模块，再根据这些技能模块确定课程目标。同时，对职业活动进行实地考察，必须定期跟踪职业岗位能力需求变化发展的情况，及时在课程目标中予以反馈，要做好就业目标与课程目标的有效衔接。高职课程目标的设置需要着重考虑学生就业能力的提升，并将就业导向明确体现于高职院校的人才培养课程方案中，使课程目标直指就业目标，在培养过程中强调职业基本能力要求以及具体职业岗位的工作标准，明确职业岗位人才规格、知识结构、能力结构的目标定位，将学生的思想品德、文化知识以及审美、体质、心理等素质教育同专业技术能力的培养和职业岗位技术训练紧密地结合在一起，以大大缩短学校教育与就业需求之间的距离，为学生毕业后直接上岗提供条件。

（三）以学生能力为核心

高等职业教育是以培养学生技能为核心，以增强学生的职业适应能力和应变能力为目标的职业技术教育。相比普通本科教育，它更注重知识、技能和素质的综合应用，而不是学术理论的研究，强调的是对职业道德、行为规范、思维能力、表达能力、团队合作能力、学习能力、职业发展能力和创新能力等综合职业能力的培养。高职教育既要满足学生现实生活、学习的需要，又应立足学生未来生活、职业的构建。因此，以学生职业能力为核心的高职课程目标的设置，要充分考虑社会企业、职业、学生等动态因素，最大限度地满足企（行）业对应用型高技能人才的要求，在课程目标的确立过程中立足于企（行）业岗位（群），打破传统的以学科为本位的课程体系，依据企（行）业生产的实际和特点，按岗位能力要求精简课程内容，构建以专业能力和实践能力培养为核心的课程能力培养体系，以能力训练为轴心，打破专业课、通识课、实训课等之间的课程界限，重新整合课程，通过各课程的相互配合和协调发展，使高职课程得以突破学科理论体系，形成符合职业教育培养目标的特色。

二、基于"三个化"的课程内容选择

课程内容是课程设计的有机构成，是实现课程目标的手段。课程内容的知识选择应突破学科知识体系的束缚和局限，既包括专业理论知识，又包括工作过程知识，按职业能力目标的层次和类型进行重组，整体涵盖课程目标，保证课程目标的顺利实现。

（一）实现课程内容的综合化

课程内容是实现课程目标的重要载体，基于社会需求的课程目标设置必然决定了在制订课程内容时也应充分考虑社会用人需求，社会对人才多样化需求的态势，也决定了课程内容要打破传统将课程划分过细、过窄和过深的束缚，由单一性向综合化转变。课程内容综合化的理论基础是系统论，其根据培养专业人才的规格、专业范围内的要求来分析、沟通和开发学科知识间的横向联系，或者以职业岗位（群）的工作内容、任务、过程为参考。

现代高级专门人才的培养不能囿于过去那种狭窄的知识面，而应代之以宽厚的知识基础和广博的文化素养。课程内容的综合化一般涉及专业技能、人文、社科等多个领域，这种综合化要求主要体现在两个方面：其一，同一个课程的内容实现综合化。课程要立足于学生综合素质的发展，以培养专业技能和应用能力为主线，妥善处理好知识、技术、能力以及理论性和职业性之间的关系，选择与专业课程核心要素有关的基础理论知识，结合本地区和本院校的具体实际,处理好学生基础知识的掌握和专业技能发展的关系,内容相关与相近的篇章应有效整合,增加知识间的横向联系与纵向联系,使课程在整体上更加精炼与符合逻辑。其二,同一领域的不同课程实现综合化。以往高职课程一些相关或相似课程往往存在相同的基础知识点,如果过分强调分门别类,就容易导致不同课程之间因为相同的基础知识而重复讲授,浪费时间。所以应该在进行课程内容设置时,进行有效和科学的论证与分析,找出不同课程之间的相关点和相似点进行整合,提高课程之间的整体性,加强相互交流。只有这样,才有可能培养出素质较高的综合型人才,才能适应社会需求。

(二)实现课程内容的模块化

传统的课程内容设计往往以教材为编排主线,这样的内容设计过于单一,缺少弹性,不能照顾到不同学生、不同专业方向的要求。以社会需求、就业导向为指导的大学课程内容设计应模块化,使课程内容的选择变得富有弹性,具有一定的灵活性和较大的可组合性,以便应对社会需求的变化。

要实现课程内容的模块化,就要根据职业岗位(群)对专业知识、能力的标准和要求,对职业岗位(群)必需的知识点、技术技能标准和要求等要素进行分析、分解并组合成相应的课程模块,通过对各职位典型工作任务进行分析,设置工作性的课程内容,以模块为单位来组织教学,以工作任务为驱动来实施教学,做到学生在学习中工作、在工作中学习,真正实现工学结合。基于此,高职课程内容设计要根据本专业的社会需求、知识类型以及个体的未来发展需求等,对一个专业设置几个模块,模块间既有差异,又有联系,可以进行灵活变化与组合,使课程结构具有灵活性、多样化的特点。每个模块由一定含量的知识和技能构成。同一专业可按不同的专业方向以及专业发展需要设置课程模块及比例,并进行灵活和科学的组合,突出课程的专门化、综合化和职业的定向性,以模块式的课程结构来构建高职教育课程体系。比如,可以分成必修课程组、指定选修课程组、任意选修课程组,也可分成必修知识块、指定选修知识块、任意选修知识块,又可以分成主干课程模块、定向课程模块、辅修课程模块,还可以分成专业基础知识模块、专业方向知识块、辅助技术知识块、人文社会科学知识块、经济管理科学知识块等。

(三)实现课程内容的前沿化

当前高职院校的课程内容往往过于陈旧,许多新观点、新理论未能及时被编入课程,很少涉及科学前沿,欠新颖,缺乏时代感,满足不了学生的需求。然而,随着科学技术的发展、信息技术的兴起和高新技术的开发,新的学科专业和新的高科技层出不穷,产业结构和职位结构不断调整,岗位流动、工作职位转换愈加频繁,社会重适应能力、应用能力的用人机制逐步完善,能否具备适应岗位变动的职业迁移,成为高职人才培养亟待解决的问题。因此,高等职业教育的课程内容要追求实用性与发展性的结合,注意课程内容的更新,要具有前瞻性,走进前沿,引领社会,紧跟各行业管理手段、管理形式的新变化、新改革、新发展,从而实现课程内容的前沿化和时代化。这里所说的前沿化主要表现在两个方面。

一方面,课程内容紧跟时代潮流。高职教育的目标是培养生产一线高素质技能型人才,其课程内容必须符合经济发展和科技升级的新要求,应该和生产岗位具体的工作任务息息相关。但在现实的高职课程内容中,专业课程的知识点、各种原理俯拾皆是,缺乏真正和职业岗位技能相结合的实用知识和技能,课程内容学科化严重。所以,高职院校课程内容开发要把握两个关键点:一是进行认真分析论证。高职课程要跟得上时代发展步伐,就必须在工作分析和典型工作任务分析的基础上,对某一专业毕业生将来有可能从事的工作性质、责任、任务、相互关系及工作人员的知识、技能、素质、条件等进行科学、全面、系统的调查分析,对其做出客观、规范的记录,并对某个职业的具体工作领域中结构完整的综合性任务进行分解,并从中选择、提炼科学的课程内容。二是引入专家开发课程。由于课程内容再先进,与生产、技术、管理、服务一线所应用的新技术、新工艺相比,总有距离;学校的专业教师技能水平再高,与生产一线技术专家、操作能手相比,存在差距。所以,高职课程开发时在对开发人员的选择上要包括行业、企业的实践专家,他们掌握着生产一线先进的技术和工艺,能够将最新的工艺、技术引入高职课程之中。只有如此,才能培养具有“零距离”就业能力的高职毕业生。

另一方面,课程内容紧贴企业需求。各高职院校要主动服务企业,了解企业现有的技术动态、生产设备、生产工艺和发展趋势,调查了解企业的需求,设置专业,调整课程结构和更新课程内容。企业是用人单位,对需要培养具有什么能力的人才最有发言权,学校要主动“走出去”,调查各对口企业的情况,对不同专业的要求,还要“请进来”,请企业的技术管理人员参与课程的制订、教材的编写,特别是基于工作过程的课程开发,使学生学到实用的知识,增强他们的职业竞争力。

三、基于“三个性”的课程方案实施

高职课程方案实施是指以职业为导向,通过各种课程载体(学习情境的具体化)的实施,以能否达成职业或行业所需的技能和能力为标准,将工作本位的课程计划付诸实践的过程,把学习与工作结合起来,从而实现学生完整的思维与工作过程训练,培养学生的专业能力、方法能力和社会能力。要实现课程方

案实施的合理化和科学化,必须基于以下三个方面:

(一)实现课程方案实施的互动性

传统课程教学偏向于填鸭式、注入式的教学方法,以教师围绕教材向学生讲授为中心,学生则处于被动接受的地位,难以激发学生的主动性与创新性,长此以往,与社会要求的创新型人才背道而驰。要实现以社会需求为导向的高职课程,必须由以教师为主体转向以学生为主体,提倡师生互动式课堂教学。学校课程实施中的师生互动过程,不单是知识与技能、过程与方法上的传习,也是情感、态度和价值观的确立与提升。课程方案实施的师生互动过程实质上是师生主体交互的过程。在这一过程中,教师采用组织、调节和指导等各种教学方法和手段向学生传递知识,多角度挖掘与塑造学生的职业能力,让学生积极主动投身到课程中,使其在独立思考与刻苦钻研的过程中完成学习体验和个性化创造,形成生动活泼、师生互动的教学氛围,实现真正的学习过程。

(二)实现课程方案实施的开放性

传统课程学习情境的设置一般都局限于教室,教室授课几乎成为课堂教学定式。但缺乏实践性的封闭式课堂教学难以培养学生的实践能力、就业能力、创新能力和创业能力,以致部分学生毕业后要花很长时间去适应岗位要求,这显然不利于应用型人才的培养。只有开放办学,才能适应社会时代潮流和用人需求。这里所说的课程方案开放性主要是让学生不拘泥于传统教室学习模式,走出教室,融入生产和生活实际,重点体现于以下两点:

一是关注校内实训建设。要贴近社会生产实际,课程实施最佳的教学环境便是真实的企业,由于客观条件与教学管理等因素的影响,课程实施不可能全部在真实企业中完成,更多的内容只能在仿真或虚拟的环境中进行,这样可以不受外部因素的束缚,降低教学成本。因此,要大力发展校内实训场地建设,模拟企业真实环境,构建职业素质拓展平台和能力训练系统,在校内形成仿真的职业环境,通过组织课堂实践教学、模拟实训教学和专业实习教学,做到理论教学与实践教学协调统一,并有计划地开展职业素质拓展活动和职业技能大赛,提高学生的职业素质。

二是加强校企合作。除了在校内大力发展实训,还应该积极"走出去",提高校企合作的深度与广度,努力和企业合作建设校外实习基地,通过引企入校、订单培养、项目合作等方式开展多种形式的校企合作,为课程实施提供多元化的教学环境,让学生在真实企业中学习,参与到企业的实际工作中,更为直接地提高学生的职业能力。也可以根据学校自身的情况,大力开展创新创业教育,成立创业孵化基地和师生众创空间,借助校内技术研发服务机构向创业者开放研发工具、设备、科技文献等科技资源,选聘拥有丰富经验和创业资源的企业家、天使投资人和专家学者担任创业导师或组成辅导团队,建设并完善技术支撑体系和创业辅导体系,为创业者提供一个低成本、便利化、全要素、开放式的创业创新服务平台。

(三)实现课程方案实施的针对性

传统课程实施往往是在分班教学过程中,班级所有学生实行同一教学目标、同一教学内容、同一教学进度和同一教学方式,这有悖于现代社会对人才多样化的要求,为了适应社会需求的变化和因材施教的特点,同样的课程可以有针对性地根据学生的背景和基础,进行分层分类的教学。在课程实施中实行针对化教学,主要依据学生的个性基础和能力差异,从学生的实际情况出发,根据学生的接受程度和学习进度,采取分类教学,有区别地制订教学计划,设计课程内容,控制教学进度,变换教授方式,确立评估体系,通过优化课堂教学,因材施教,培养学生的自主意识、创新意识、创造能力和适应社会的能力。

四、基于"三突出"的课程结果评价

课程结果评价是指核定课程的目标、编订和实施是否达到了教育目的,实现的程度如何,以判定课程设计的效果,并据此做出改进课程的决策。课程评价在有效评估和促进教育教学质量的工作上发挥着十分重要的作用。课程评价的覆盖面十分广泛,但在高职日常的课程教学活动中,主要涉及评价内容、评价主体和评价方法三个层面。

(一)突出评价内容的广泛性

虽然高职教育强调职业能力和应用能力的培养,但在课程评价内容方面却和本科院校采用的是同一把"尺子",简单地用同一套指标体系来衡量和评价所有的学生,在评价时往往重知识、轻技能,重记忆、轻创新,重理论、轻实践,培养出来的毕业生与高职教育人才培养目标相去甚远。高职课程结果评价内容要理论与实践并举的同时,还要拓展考核内容,加重对学生实践能力和独立操作能力的考查,使知识、能力、素质并重,制订出合理的实践考核办法。内容上要尽可能多地覆盖相关能力要素,包括对教师的评价和对课程自身质量的评价,并将课程自身的质量评价与职业资格证书或技术等级证书挂钩,还要合理增加隐性内容的考核,加强对学生竞争意识、创新精神、团队精神的考查,使课程评价更具有实效性和职业导向性。

(二)突出评价主体的多元化

当前高职院校的课程评价,主要采用校评(由学校实施评价)和师评(由教师实施评价)两种方式,实施评价的主体是学校和教师,大多以考试、竞赛、课外活动等实现对学生的学业成就评价和自身素质评价,既没有重视学生这一受教育群体的反馈,也没有接受社会对课程的检验。因此,高职课程评价主体除了作为教育者一方的学校和教师的评价外,还应将学生和社会纳入评价主体。

学生作为整个教育活动的主体,他们对课程的感知是最直接的。课程的教学效果、难易程度等都是学生直接反馈给学校的有效信息,对于促进课程改革发挥着积极的作用。学校要采用调查问卷、生评课程等方式多听学生的声音,及时收集学生对于课程评价的反馈信息,从而对课程设计做出合理有效的调整。除此之外,社会评价主体也不可忽视。学生在校所学的知识、所练的技能、所培养的品质能否适应工作岗位要求,企业最具有发言权。企业可以对高职人才培养目标的制订、课程设置、教师授课内容、课外活动、实践教学等方面做出评价与建议,从而使学校在课程设置和管理方式上及时做出调整,实现高职院校与社会的良性互动,保证高职课程内容真正契合社会需求,培养出社会需要的高技能人才。

（三）突出评价方法的合理化

在现行的高职课程评价中,重结果、轻过程是一个普遍存在的问题,高职院校大多将评价和考核量化成一张试卷,用成绩来衡量,期末成绩的评价在整个体系中占据主导地位,这种单一的评价类型重结果、轻过程,重期末、轻平时,重分数、轻实施,无法做到全面考核,评价缺乏弹性和灵活性,无法全方位地衡量学生的发展。因此,在课程评价中,要从单一的应试教育转向口试、操作、演示等多元方式,还可以增加作业、练习、报告、课堂表现、测验等考核环节,从教师关注传授知识的多少、学生分数的高低等的外在评价转变到关注学生发展的内在评价,关注学生素质和能力的培养与提高。

第五节　建立职业能力培养行动导向的教学方法

随着社会经济的迅速发展,我国高职教育的发展也进入一个新的发展时期,新形势呼唤高职教育的创新。高等职业院校是培养高技能人才的场所,而高职教育目标的实现要求有相应的高职教育教学方法的创新。教学方法是在教学过程中教师和学生为实现教学目的、完成教学任务而采取的各种活动方式、手段和程序的总称。学校的中心工作是教学,教学目标的实现有赖于科学有效地选用教学方法,教学方法的改革是教学过程的重要组成部分,是实现教育目标、提高人才培养质量的重要因素之一,教学方法直接关系到教学工作的成败。不同类型、不同层次教育的教学各有特点,教法各异。高职教育教学既有高等教育的一般特点,又要遵循职业教育教学规律,但由于人才培养标准和规格不同,高职教学方法有其独特性,选择正确的教学方法,不仅能够加强学生的自觉性,还能够大大提高学生学习的效率。因此学会运用好的教学方法有着很重要的意义。

高职院校结合社会发展及专业人才培养目标的定位,在实施人才培养方案中形成了多种教学方法。纪芝信(1995)将职业教育的教学方法划分为三个大类九个小类:以语言传递为主的教学方法——讲授法、谈话法、讨论法、读书指导法;以直接感知为主的教学方法——演示法、参观法;以实际训练为主的教学方法——实验法、实习作业法、练习法。孙波(2012)将高职院校教学方法分为纯理论讲解、多媒体辅助教学、现场教学、理实一体化教学、案例教学等。这些教学方法大多以教师为中心,采取教师讲、学生听的传统教学模式,没有突出高职教育的特殊性,关于这一现状已在上一章中提及,这里不再展开。经过多年的探索,一些高职院校的教师在借鉴和吸收国外其他类型先进教学方法的基础上,也创造和总结了许多具有职业教育特色的教学方法。如王前新、卢红学(2003)把高职教育教学方法总结为现场教学法、案例教学法、三明治教学法、模拟教学法、项目教学法、模拟公司法、角色扮演法等,这些符合高职教育的教学方法,注重学生实践能力的培养,突出体现了应用性和实践性的特征。尽管人们对高职院校教学方法改革的重要性、必要性已有所认识,也进行了多方面探索,但对教学方法的研究还缺乏完整的理论体系。纵观 20 多年来我国高等职业教育教学方法改革的历程,可以看出教学方法已逐渐由以教师为中心向注重培养学生能力为中心的方向发展。由于高职院校要培养适应社会生产第一线工作的高技能人才,因而,学生在学习过程中必须重点掌握未来岗位需要的专业知识,突出学生实践技能和职业能力的培养是高职教育的教学特色所在。所以,在当前各式各样的教学方法中,行动导向教学法强调以职业活动体系来组织教学,其以独具高职特色、与能力培养密切相关而受到了广泛推崇。

行动导向又称实践导向,源于德国,是 20 世纪 80 年代以来职业教育教学论中出现的一种新教学法。德国职教专家 T. 特拉姆对其做了明确界定:"行动导向是一种指导思想,培养学习者具备自我判断能力、懂行和负责的行为。可以视为主体得以持续发展的过程,也就是说在这一过程中,他们所获得的知识和能力在实践活动中得以展现。"因此,行动导向教学法不是一种具体的教学法,而是各种以能力为本的教学方法的统称。这也意味着,行动导向教学法倡导在整个教学过程中,创造一种师与生、教与学互动的社会交往情境,强调以学生为中心,以基于职业情境的学习情境中的行动过程为途径,以独立的计划、独立的实施与独立的评估即自我调节的行动为方法,以师生及学生之间互动的合作行动为方式,以强调学习中学生自我构建的行动过程为学习过程,以专业能力、方法能力、社会能力整合后形成的行动能力为评价标准,注重实践性教学环节,突出职业实践能力的综合培养,目的在于促进学习者职业能力的发展,实现行动过程与学习过程的统一。这一教学法,注重导向性,以学生能力增长为目标对学生的学习方法及学习习惯进行引导;注重互动性,强调师与生、生与生之间的互动交流;注重自主性,最大限度地发挥学生想象力、创造力和合作能力。高职院校培养的是高素质技能型人才,强调融"教、学、做"为一体,提倡任务驱动、项目导向、顶岗实习等有利于增强学生能力的教学模式。行动导向教学法从微观层面实现了"教、学、做"一体化,理论和实践一体化。那么,如何在高等职业教育中贯彻这种教学理念,建立职业能力培养行动导向的教学体系呢? 主要从以下三个角度着手:

一、实现教学方法的合理优化

新科技的不断发展,为教学提供了许多先进的教学技术、教学媒介和教学手段,这就要求高职院校的教师必须与时俱进,结合高职教育的实际和发展趋势,加强对教学方法的研究探索。行动导向教学一般采用跨学科的综合课程模式,教师在其中扮演咨询者和引导者的角色,组织学生开展自我管理式的学习。行动导向教学常用的教学方法主要有模拟教学法、案例教学法和项目教学法。

模拟教学法是指在人造或虚拟环境下进行教育活动。模拟教学分为模拟设备教学与模拟情境教学两大类。模拟设备教学是用模拟设备开展技能训练,使学生在模拟训练中不断操作和感悟;模拟情境教学以接近现实工作内容为场景,教师指导学生模拟某一岗位或角色,让学生全面掌握现实工作流程和行业规范。模拟教学法让学生可以在模拟真实的设备场景或工作场景中深化和强化自己的职业能力,有利于学生职业素质的全面提高。

案例教学法以选取具有真实性、代表性的工作过程中的实际案例为基础,引导学生自行阅读、研究、讨论,启发学生思考和探索,突出实践性和学生主体性,培养学生分析、解决实际问题的能力和语言表达能力。

项目教学法是通过项目形式进行教学。教师按项目分组,将项目指导书和任务书交给小组成员,按照项目提出(提出开放性的具有教学价值的项目)、项目方案(考虑教学各要素的相互影响,重点考虑项目实施过程中学生的学习行为与行为改变的目标)、项目计划(根据学生参与项目行为的步骤和资源确定计划)、项目实施(通常按照计划进行,由教师主导,激发学生参与的积极性和潜力)、项目结束(对行为的结果进行评价和改善)这几个步骤和程序,共同或分工完成整个项目,在整个过程中注重学生主体性的发挥以及理论与实践的结合,使学生由被动学习变为主动学习,由主动学习变为主动创新,有利于学生各种能力的培养。

在教学过程中采用行动导向的方法,特别是灵活有效地应用以上几种方法,可以提高学生的综合职业能力。当然,在实际教学过程中,并不是说单一地去推崇和使用行动导向教学方法,而是要结合不同类型教学的特点和学生实际,在合理有效地运用其中每种方法的同时,注意与各种具体教学方法的优化组合,优势互补,发挥整体作用,即问题不在于个别的最优化方法,而在于实施最优化的整个方法体系。同时,教师在选择使用教学方法时,必须要注意与自身的业务水平、综合能力、经验、个性以及习惯等匹配,注意发挥自身优势,扬长避短,否则,再好的方法也难以发挥其应有的作用。这也意味着,只有在教学过程中实现教学方法的最优组合,才能发挥职业能力培养行动导向教学体系的最大作用,建立该教学体系的第一步。

二、实现教师角色的有效转变

教师是整个教学系统中最为关键的因素,教师素质和能力的高低,直接关系到其对教学方法的驾驭和使用。在传统教学过程中,教师在整个教学活动中处于中心地位,教师教、学生学是课堂最普遍的角色分配形式。在这一传统形式中,教师按教学计划向学生介绍、讲解、分析、论述知识、经验、思想观点,使学生在较短时间内了解、掌握教学内容。虽然在这一过程中,也穿插课堂提问、案例分析等环节,但教师仍占据主体地位,教师在教学中重视向学生灌输而忽视学生的主动参与,严重影响了学生的积极性和创造性,难以调动学生的学习兴趣。因此,如果要建立职业能力培养行动导向的教学体系,除了实现教学方法的优化,还要进行教师角色的有效转变,主要表现在以下三个方面的转变:

第一,实现从传授者到引导者的转变。在行动导向教学中,应充分发挥教师的主导地位,根据教学的需要,认真组织教学,激发学生积极思考、主动学习,教师不应该只是单一地把教科书上的知识传输给学生,而应该成为学生在方法上的牵头人、问题上的策划者、活动中的组织者,更应强调引导,而非灌输,让学生成为主体,去观察学生学习,调控教学过程,整合现代的教学技术、学生的直接经验、教师的教学经验和课堂教学情境,生成体验性或经验性课程,让师生在体验感悟中共同发展。

第二,实现从讲授到互动的转变。传统的灌输式教学大多是通过讲解、讲演、讲述等不同方式,将教学内容传授给学生,以求学生对知识的理解和接受,这样只是使学生掌握了很多理论方面的知识,却并没有转化为实际的操作能力,没有落实在行动上。然而,学生是获得知识的主体,在教学过程中理应围绕学生展开学习,师生之间要互教互学,相互切磋,讨论求解,共同提高,简言之就是形成有效的互动。行动导向教学中的"互动"是指教师与学生之间、学生与学生之间相互对话、相互沟通、相互理解、共同学习,以培养学生的创新精神和职业能力。这种协作式、互动式的教学方式,不仅是为了集思广益,师生相互切磋,提高学生的学业成绩,更是为了培养学生的协作意识与行为,形成良好的沟通与探索精神,使学生在认知中提高,在提高中获得成就,大大提高学生学习的积极性和创造性,顺应教育社会化的需求。

第三,实现从单一型到综合型的转变。高职教育培养目标以社会职业岗位的实际需要为依据,创设岗位工作情境,强调应用性,突出综合实践能力的培养,这无疑对于高职院校教师队伍的综合素质提出了挑战。传统的高职教育教学仅仅要求教师具备相应的专业知识,而行动导向教学不是以学科体系而是以职业活动为基础的,它既考虑了职业活动对人的知识、技能、态度、行动等诸多方面的需求,也考虑了职业活动对人的心、手、脑协调作用的要求,形成了跨学科的教学特点。在这一教学方法的要求下,教师必须完善自身的知识结构,针对当今社会的人才需求形势,了解学生的专业内容和就业方向,才能在自己的专业基础上纵深拓展。作为教师和学校都要多举措、多渠道地为提升教师综合素质创造条件:其一,教师应积极主动地参加技术、技能培训和职业资格考试,参与学校建设、实习实训、下企业等,以提高专业实践能力;其二,学校要有计划地安排专业教师到生产一线进行专业实践训练,通过了解企业的生产组织方式、工艺流程、产业发展趋势等基本情况,熟悉企业相关岗位的职责、操作规范、用人标准及管理制度等,便于教师提高其专业实践能力和实践教学能力;其三,学校还要充分利用校内外各种资源、各种渠道,因地制宜、因时制宜,组织教师的专业实践活动,形成理念与实践共同提高、知识与技能相互促进的教师专业化发展机制。

三、实现教学方向的准确定位

高职教育传统教学方向集中于培养学生的专业知识与具有某一方面的职业专长,这一培养方向趋同于中职教学方向,教师主要告诉学生该干什么、怎么干,用什么、怎么用,这显然是远远不够的,这种教学并没有在学生职业能力与实践能力上下功夫。

行动导向教学法倡导把教学方向的重点放在发展学生的综合职业能力与实践能力方面,在教学中要注意强化实践性教学环节,把职业技能训练和技术应用能力的培养摆到突出位置,通过对职业岗位工作任务的分析,确定训练项目,创设任务情境,指导学生围绕一定的项目任务进行实训操作,引导学生积极思维、大胆探索、勇于实践、开阔思路。在这一过程中,强调学生动手操作能力及职业能力的灵活应用,合理分配理论教学与实践教学,注重学生职业能力综合水平的培养,制订以职业能力为基础的教学规划。这一教学规划通常包括对所从事职业的定向培养规划、所从事职业的判断力培养、所从事职业的信息处理能力培养等方面,其目的在于使学生在完成高职学习后,可顺利完成职业就业的过渡,同时以职业学习所得为资本达到所从事职业的可持续发展。此外,还要在教学过程中,形成科学完整的职业能力课程内容,加强职业能力教学的相关学科拓展,使学生无论是在组织能力、自主性和责任感方面,还是在交往与合作、学习技能、承受能力等方面都得到较好的锻炼与提高,以满足社会对高技能人才的需要,从而构建以职业能力为基础、以就业为目的的科学教学观。

第六节　加强高职院校人才培养的教学设施建设

高职院校的建设主要是为国家培养高素质、高技能的人才,使学生通过高校的学习与教育获得基本的生存技能与就业技能,为将来步入社会、投入工作做好积极的准备。高职院校以学生为中心,除了拥有优良的师资力量和管理水平外,教学设施也起到了相当重要的作用。教学设施是高职院校完成教学任务,提高教学质量,实现教学目标必不可少的重要资源,对高职教育教学质量的提高起着非常关键的作用,其完善程度直接关系到高职院校高技能人才培养绩效水平。

高校的教学设施一般分为硬件设施和软件设施。硬件设施是指静态固定的辅助教学任务的设施,常包括教学环境、学习环境、生活环境以及休闲娱乐环境等,具体来说包括教学楼、操场、学生活动场所、实训基地、图书馆、体育馆、食堂、医务室、校园网络设施以及校内自然环境等。这些是高校最基本的教学设施,与学校的教学规模紧密相关,对营造学生良好的学习、生活氛围起着极为重要的作用。软件设施是指教学软环境,常包括教学理念、师资力量、后勤服务、教学管理、生活文化氛围、教学手段、管理手段、学风学气、专业设置等,这些体现着院校办学的内涵力和资源储备,与高校的人才培养质量、社会声望以及毕业生就业率都有十分重要的关系。

我国的高职院校经过十几年的发展已经由规模扩张期进入内涵建设期,在这种形势下如何培养出符合社会需要的人才成为高职院校的重中之重。高职教育人才培养目标在于培养社会生产服务一线的高技能人才,所以高职院校与一般普通高等院校的教学设施相比,除了具备高校基本的硬件设施和软件设施之外,还要保证学生在校期间完成岗位或职业所要求的技能培训和训练,使学生毕业就能顶岗操作。要达到这一培养目标,提高学生的技能水平,高职院校必须按专业大类组建功能较为齐全、能满足实践训练的校内实训中心,着重在实训基地建设、实践教学建设等提高学生技能的设施上下功夫。而本节所说的教学设施也主要着眼于高职院校实践教学的设施。

当前,高职院校大多在积极扩大办学规模,在这一过程中,高职院校往往将教学设施建设的重点放在扩大校园面积,新建教学、办公大楼等基础设施建设上,而对能充分体现高职特色优势的实践教学所需的基地、设备、耗材等的经费投入微乎其微,导致基础设施建设投入过热,实践教学设施建设投入严重不足。尤其是高职院校的实训基地,作为高职院校提供实践教学、实施职业技能训练、实现产学研一体等一系列要素的统一体,是高职技术技能型人才培养必备的基础条件,也是高职教育区别于一般高等教育的特色所在,许多高职院校也投入了一定的资金用于实训基地的建设和完善,但在实训基地建设的过程中暴露出一些问题:

第一,实训设备陈旧、落后。实训基地建设投入大,而高职院校办学时间短,缺乏必要的积淀,自身底子薄、基础差,没有足够的财力购买先进的教学设备和实训设备,再加上办学机制不灵活,很难吸引企业来校开展生产性实训,实训基地建设大多还停留在感性认识和动作技能训练的低层次阶段。随着技术的发展,设备的更新换代增速,由于缺少必要的投入,各高职院校或多或少都存在设备陈旧、投入不足、更新速度慢的问题,无法让学生接触较为前沿的技术知识,影响了高技能人才的培养。

第二,存在"只求所有,不求所用"的现象。各高职院校都十分重视实训基地建设,千方百计要建设实训基地,有些高职院校在当地政府的支持下,与企业以校企合作的形式建立生产性实训基地,并以企业的名义挂牌命名,但很多仅限于命名。对基地建成后的管理、运行缺乏统一的、长远的规划,缺乏更深层次的有组织、有计划、有目标的培训与指导,使得实训基地的实际利用率不高,基地建设存在一定的盲目性和随机性。而且,很多实训基地只是纯粹作为实施校内实践教学环节的场所,没有发挥实训基地作为产品研发、试验、推广以及作为职业技术教育师资培养基地等功能。

第三,实训指导师力量薄弱。高职院校往往比较重视实训基地的硬件投入,实训课程(项目)开发等软件建设相对比较薄弱,且对实训指导师的培养和引进不太重视,导致许多高职院校的实训人员缺乏基本技术功底,缺乏基本的操作和维护技能,对仪器设备的性质、规格、特点及使用方法缺乏足够的了解,无法起到对仪器设备的科学管理(使用、保养、维护)作用。再加上校企合作运行机制的不健全,很难吸引企业的一些能工巧匠到学校开展技术指导,弱化了实训基地的职能,导致实训基地不能满足高职院校培养高技能人才的需要。

第四,责任制度不健全,教学设施维修困难。教学设施各类型的设备操作使用人员普遍存在"只要会使用就行"的思想,忽视了对仪器设备的保养和维护,不能按操作规程使用仪器设备,影响了仪器设备的使用寿命,责任追究困难。制度不健全或制度不适合具体情况,使某些制度形同虚设,执行起来困难很大;或制度捆住仪器使用者的手脚,使人望而生畏,造成仪器设备的闲置。

与此同时,校际之间、校地之间、校企之间缺乏长效机制,共建共享实训基地的成效不明显,真正满足"边做边学,学做合一"的实践教学实训基地并不多,这些都极大地影响了高职高技能人才的培养质量,最终制约了高职院校的长效发展。因此,高职院校在规模扩大过程中,应做出科学的基础设施和实践教学设施建设规划,根据规划使基础设施和实践教学设施建设同步发展。此外,除了依靠高职院校自身实现对实践教学设施的科学管理,还需要政府、社会的广泛支持,引导社会力量积极参与实践教学,这样才能真正实现高职教学设施建设的持续性发展。

一、发挥政府的主导作用

高职教育所需经费的大部分来自地方政府和高职院校自己的创收,由于多数地方政府财力有限,高职院校办学效益不高,不断提升、更新实践教学设施所需的经费,确实是大多数高职院校自身无法承受的,这就使他们不可避免地面临实践教学的困境。虽然有部分高职院校在开办之初投入的教学设施能适应实践教学的需要,但随着社会高速发展,技术更新加快,他们拥有的教学设施没过几年就落伍了,若不能及时提升或更新实践教学设施,最终还是要陷入实践教学的困境。因此,教学设施建设是一项系统工程,其建设成本是要持续不断供给的,应按照"谁受益谁分担"的原则,建立高职院校实践教学设施建设多元化的资金筹措机制。政府作为社会的管理者、政策的制定者和执行者,首先应该呼吁全社会关注高职院校建设,宣传高职人才在现今社会中的重要作用,建立社会激励和制约机制,形成政府、企业、高校三位一体共建高职院校实践教学设施的机制;其次应该专门制定财政资金资助、补贴政策,以相应的制度来长效保障高职院校教学设施建设的资金来源,让高职院校发展没有后顾之忧。

二、发挥企业的助推作用

目前我国还没有健全的职业教育投入机制,虽然社会急需技能型应用人才,但企业经营者考虑自身经营效益,多数情况下只愿意为自己急需的技能型应用人才培养承担适当的职业教育经费,而不愿为自己可能要用的社会急需的技能型应用人才培养承担职业教育经费。即使有部分目光长远的经营者,愿意为自己可能要用的社会急需的技能型应用人才培养承担一定的职业教育经费,可由于缺乏社会激励和制约机制,他们的举措往往无济于事。因此,在高职院校实践教学设施建设的过程中,要实现"走出去"与"走进来"相结合,多创造学生下一线企业实习的机会,把实践教学场所移到企业真实环境中,既可以减少学校教学设施产生的成本,减轻高职院校实习教学的负担,也可以让学生直接地在实际岗位中锻炼和实习,培养一线岗位技能。同时,要多创造让企业走进高职院校的条件,企业是高职院校办学的强大后盾,高职院校是企业发展的重要源泉,企业可通过各种形式参与实训基地的建设,而实训基地则可为企业提供各种类型的科技服务,校企双方优势互补、资源共享。高职实训基地可以在运作过程中将理论与实践相结合,教学与生产相结合,开发与应用相结合。企业和学校合作,利用企业和学校的优势,联合承接工程或生产中的应用课题,以及新产品、新工艺和新技术的开发项目,大力开拓订单教育,充分利用企业资源,把企业工厂移到高校;或者企业与高校合作共建实训基地,鼓励用人单位承担必要的职业教育经费,始终保持实践教学设备与企业生产设备水平同步,从根本上解决实习教学与生产实际脱节的问题,使实践教学步入良性循环。

三、发挥高职院校的主体作用

企业愿意提供设备或给高职院校实践教学设施建设提供支持,是以高职院校能够培养出企业需要的技能型应用人才为前提的,高职院校的办学水平和教学质量是维持这种模式的基础。所以,高职院校教学设施建设的主体仍在于高职院校自身,要通过高职院校自身教学观念的转变,挖掘潜力,提高教学质量,才能为社会培养更多的合格的实用人才。

(一)实现教学设施建设的规范化

在高职院校教学设施设备的投入和配置中,应尽可能做到各种资源要素的均衡投入和配置,如果不能做到这一点,就会造成一部分资源供给相对过剩而被闲置,而另外一部分资源则相对不足,对正常教学活动产生不利影响。因此,在高校教学设施管理过程中要着力在管理部门设置、全面规划安排与管理制度完善上实现规范管理。

第一,设立教学设施独立管理部门。高职院校教学设施管理往往没有独立设置部门,或归口在教务处,或归口在各自院系分散管理,这样不利于高职院校教学设施的集中控制和管理。应建立统一的教学设施管理部门,统筹规划整个学校的教学设施管理,实行统一管理、统一采购、统一更新、统一淘汰、统一提供服务。各教学院系的教学设施的建设,由各系提出建设方案,由教学设施管理部门与提出建设的院系共同进行论证、评估和建设,在各类实训室建设完成后,由教学设施管理部门进行统一的管理和服务,包括各类实训室的维护人员也由教学设施管理部门统一指派,各教学院系对各类教学设施没有所有权,只有优先使用权。

第二,制订教学设施管理全面规划。完善校园教学设施总体规划,科学配置校园基础设施建设与实践教学建设的投入比例,结合院校实际,深刻透析制约学校教学设施建设的突出矛盾与根本问题,按照总体规划建设分步实施的要求,分步做好具体建设项目立项工作,打破制约学校教学设施建设的资金瓶颈,努力形成以政府投入、企业支持、院校自筹的多渠道筹集建设资金的格局,最大限度地做到教学设施各种资源要素的均衡投入和科学配置。只有这样,无论各个可变因素怎样变化,都能得到一个相对准确的教学设施设备的配置需求,投入才不会盲目,才能使教学设施设备的配置合理化,实现学校教学设施建设长效发展的目标。

第三,完善教学设施管理相关制度。教学设施管理制度是教学设施管理的前提和保障,是教学管理水平的体现,是稳定教学秩序、规范教学行为、提高教育教学质量和效益的重要保证。只有在教学设施建设过程中制定严格、科学的管理制度,才能实现整个教学工作的正常化。首先,要建立专人管理制度。教学设施设备和各个实践实训场地,都要实行专人管理、专人负责,要设立专职的教学设施管理人员作为教学设施设备安全管理和实践实训场地的具体责任人和安全排查、安全事件报告的第一责任人,并把教学设施管理工作纳入专职管理人员的工作量化考核,加强专职管理人员的定期培训,强化操作规程和安全管理知识,实现管理人员的专业化培养。其次,要建立设施使用管理制度。教学设施分很多类型,无论是基础设施建设,还是实践实训设施建设,都离不开对设施设备的合理化使用问题。因此,要根据设施类型制定针对性使用管理制度,如落实设施设备使用制度、定期检查制度、设施设备更新维修维护保养制度、师生进入实践实训场地的准入制度、安全事故报告制度等,做到层层分解落实,制度落地。此外,教学设施管理制度的制定要与学校教学设施的实际管理需要相切合,并在实际运用的过程中不断改进和完善。

(二)实现教学设施建设的科学化

如果要最大限度地提升教学设施资源的利用率,就必须实行一整套科学、合理的高职院校实践教学设施的科学化管理方法,目的是确保对实践教学设施进行科学、合理地管理,使实践教学设施的保存、使用、检查和维护都达到标准化管理的要求,保证师生的人身安全和实践教学的正常进行。

1.教学设施管理要智能化

随着现代科技的发展和进步,除了使用传统的列表法、记录法来管理教学设施,方便、快捷的智能化管理已经越来越普及。可以通过建设教学设施管理系统平台,实现教学设施的数字化管理。这一平台,将整个学校分散的教学设施虚拟到一个统一的管理平台下进行管理,并分为种类管理、使用管理和状况管理三大模块,每个大模块还分为若干专门功能的子模块。种类管理模块主要承担实践教学设施、仪器和材料的大分类管理、每种具体名称管理以及数量管理和统计等。使用管理模块主要包括实践教学设施、仪器和材料的发放、归还和记录管理,让管理者能够清楚明了地分类查找、统计使用情况。状况管理模块则是负责记录、统计和管理实践教学设施和仪器的现状以及检查维护情况等。当然也可以根据具体情况和管理需求来添加其他更多的功能,实现教学设施管理的智能化。

2.实训基地建设要标准化

近年来,我国加大了对职业教育的投入,有许多高职院校针对相关专业进行升级改造,建立了一大批各种专业的实训基地,为高等职业教育的发展创设了新的舞台。实训基地是高职院校人才培养的重要组成部分,是高职院校进行实践教学的重要场所,高质量地建设实训基地有利于提升学校的内涵和竞争力。针对前文提出的当前实训基地面临的问题与现状,应从以下几个方面着手改善:

第一,注重规划性,合理统筹实训基地。不仅整个教学设施建设需要前期规划,而且实训基地建设同样需要预先筹划。实训基地建设规划的制订是做好实训基地建设工作的一个至关重要的环节,它有利于保证学校投资效益的产出,有利于保障实训基地建设投资的准确性、科学性和超前性,实现最大的社会效益和经济效益。实训基地建设是为了满足培养高素质高技能人才的需要,促进学生职业技能和综合职业素质的发展,所以高职院校实训基地建设要本着仿真性、开放性、共享性、生产性的原则,根据市场调研和岗位实际情况,明确实训基地建设的总体目标和基本职能,确立实训基地分步建设的具体步骤,并制定实训基地管理的制度和实训师资发展规划,形成实训基地建设的中长期发展规划。

第二,注重现代性,优化教学资源建设。传统的实训基地功能较为单一,仅仅是为了学生的课堂教学实践,所以教学任务的完成就意味着实训基地使用的结束。教学任务的阶段性、周期性,导致实训基地会由于教学任务未安排而被闲置,造成资源的极大浪费。因此,除了满足学生学习需要外,还应该拓展实训基地的功能,按照基地建设企业化和实践教学生产化原则构建,大力拓展实训基地的生产功能,直接将教学成果引入生产,并充分发挥高职院校的人才优势、设备优势和开放办学的优势,辐射周边企业、中职院校等,实现区域共享,拓展实训基地的服务功能,提高实训基地使用率,形成集教学、生产、科研、社会服务等功能于一体的现代实训中心,增强高职院校为区域经济服务的能力。

第三,注重合作性,建立校企共育机制。实训基地建设如要实现长效发展,不能仅仅依靠高职院校的单方力量,而应发挥政府、行业、企业和学校四方联动的合力,形成实训基地使用和发展的良向循环。政、行、企、校四方联动合作机制要基于共同建设、共同教学、共同管理的愿景,形成互惠共赢的利益驱动机制,构建人才共育、过程共管、成果共享、责任共担的合作新机制。在这个合作过程中,校企双方是共育机制的主体,应着重把握以下三个要点:

一是做好行业需求调研。依托行业信息资源,调研和把握区域行业企业人才需求的特征、结构,为高技能人才培养提供第一手数据。

二是共同开发核心课程。高职院校要发挥自身办学优势,主动为合作企业服务,建立合作基础。企业要全程参与学校的专业设置、课程改革和实践教学,为学生提供校内外顶岗实习机会,将新技术、新设备引入实训基地建设中,参与实训基地的建设与教学管理工作,与高职院校共同制订核心课程体系,规划专业岗位工作任务和实训项目,完成以产促学、以学促研、以研促产的目标,发挥产学研一体的实训基地功能。

三是校企实现人员双向支持。这里的支持主要是学校的专业教师下企业。一方面教师可以到一线丰富自己的知识,锻炼实践能力,体验真实岗位;另一方面可以为企业提供智力支持,帮助企业解决难题。作为企业,经验丰富的企业人才和专家要走进高职院校,行业企业专家在院校兼职,指导专业建设、师资培养和学生教学,从而实现双向支持与双向合作。

（三）实现教学设施建设的共享化

教学设施建设是一项系统工程,要投入较大的财力、物力和人力去建设,尤其是实训场地的建设。有些学校虽引进了必要的教学设施,却大片闲置,利用率不高;有些学校则建设不足,严重缺乏教学设施,导致有些课程目标不能很好地实现。这些实训设施资源的短缺和浪费,造成高职学生无法享受到比较好的教学资源。在这样的情况下,在院校之间实施相关的教学设施资源的开发和共享,对教学设施资源进行优化整合,是十分必要的。

各个院校之间应该加强交流与合作,充分发挥自己的办学优势,通过签订相关的协议,共同开发和使用教学设施资源,在教育资源差异较大的情况下,进行一定的优势互补。在院校之间实现教学设施资源的共享,不仅可以有效地解决目前教育资源短缺和浪费的问题,节省了引进设备的开销,也提高了设备的利用率,保证教育资源的使用朝着集约化的方向发展,还可以通过资源的整合和利用,创造一个开放的学习空间,使学生最大限度地享受学习资源,并可以通过竞争的方式,促使每个院校形成具有自身特色的办学优势。

参考文献

[1] 包寒蕊.高校人才培养质量理论与实证研究[D].天津:河北工业大学,2005.

[2] 鲍威.未完成的转型——普及化阶段首都高等教育的人才培养与学生发展[J].北京大学教育评论,2010,8(1):27-44.

[3] 卜锡滨.高职实践教学的困境及对策[J].滁州职业技术学院学报,2004,3(2):16-18.

[4] 陈贺坤.高职院校校内实训基地建设研究——以邢台职业技术学院为例[D].保定:河北大学,2009.

[5] 陈金芳.知识素质和能力的辩证关系[J].广西教育,2006(1A):15-16.

[6] 陈利民.哈佛大学办学理念研究[D].武汉:华中科技大学,2005.

[7] 陈罗湘,刘钢.高职教育"以证待考"考核模式探微[J].职业教育研究,2008(5):60-62.

[8] 陈蓉.构建教育绩效指标的思考[J].中国成人教育,2006(9):57-58.

[9] 陈献礼.浅谈国家职业标准与高职高技能人才培养[J].天津职业大学学报,2006,15(3):8-12.

[10] 陈相明.中美大学绩效评价指标比较及启示[J].现代教育管理,2010(11):65-69.

[11] 陈小华.高技能人才培养与评定中的误区[J].金陵瞭望,2007(8):37.

[12] 陈宇.中国高技能人才开发[J].中国培训,2005(3):5-7.

[13] 陈祝林.职业教育研究与报告[M].上海:同济大学出版社,2001.

[14] 成晓利,张金芝.高职院校教师教学方法改革的自省与抉择[J].陕西工业职业技术学院学报,2015,10(2):46-49.

[15] 崔仁泉.国家高技能人才评价或取经"广州模式"[N].南方日报,2008-05-29(C02).

[16] 邓红珍.对高等职业教育课程综合化的思考[J].职教论坛,2005(27):4-7.

[17] 邓少华.高职院校现代教学设施集中控制与管理研究[J].中国校外教

育,2013(3):143.

[18] 丁安伟,黄海燕,朱亮.创新人才培养影响因素分析[J].药学教育,2010,26(6):1-3.

[19] 丁大建.高技能人才的短缺与价值评价错位[J].中国高教研究,2004(5):57-58.

[20] 钭志祥.绩效管理视角下高职院校实训基地建设研究[J].行政事业资产与财务,2013(23):24-25.

[21] 杜艾芳,李昌昊.高职院校生源危机难题对策探讨[J].贵州商业高等专科学校学报,2012,25(4):53-57.

[22] 杜栋,庞庆华,吴炎.现代综合评价方法与案例精选[M].北京:清华大学出版社,2015.

[23] 杜学元,周兰英.高职院校教师队伍建设研究综述[J].职教通讯,2007(10):13-15.

[24] 鄂甜.德国职业教育考试新模式研究[M].天津:天津大学,2008.

[25] 范柏乃,等.干部教育培训绩效的评估指标、影响因素及优化路径研究[M].杭州:浙江大学出版社,2012.

[26] 范柏乃,蓝志勇.公共管理研究与定量分析方法[M].北京:科学出版社,2009.

[27] 范柏乃.政府信用与绩效[M].北京:知识产权出版社,2012.

[28] 范启华,邱永渠,赖建辉.浅谈新时期高职教育的可持续发展[J].职教论坛,2005(31):19-20.

[29] 方向阳,孙学文,甘昭良.高职院校人才培养质量评价指标体系——高职院校人才培养质量评价研究之一[J].现代教育管理,2009(2):77-80.

[30] 冯晖,王奇.高等教育绩效管理体系探析[J].中国高等教育,2012(7):18-21.

[31] 冯晋祥.中外高等职业技术教育比较[M].北京:高等教育出版社,2002.

[32] 付泳,田庆锋.对当代中国农村教育绩效的若干思考[J].当代教育与文化,2006,19(4):37-39.

[33] 高海霞,李悦,边海娇.美国社区学院职业教育的特色研究[J].教育与职业,2010(27):89-91.

[34] 高楠楠,裴英,李宏博.高等学校实践教学设施的标准化管理研究[J].国网技术学院学报,2014,17(6):88-90.

[35] 高维春,谭旭,黄双龙,等.职业素质导向下高职学生能力评价指标体

系研究[J].现代教育管理,2011(7):58-61.

[36]高岩.高技能人才的界定与特征分析[J].中国科技信息,2008(15):152-153.

[37]耿金龙,刘卫萍.日本职业教育产学结合的应用及启示[J].职业时空,2007,3(3):51-53.

[38]顾海良.高校绩效评价是对中国高校评估模式的积极探索——兼评《高等学校绩效评价论》[J].教育研究,2013(3):148-149.

[39]管玲俐.略论"高技能人才"与"高职高技能人才"[J].江苏理工学院学报,2008,23(11):23-26.

[40]管平,胡家秀,胡幸鸣.知识、能力、素质与高技能人才成长模式研究[J].黑龙江高教研究,2005(10):153-155.

[41]郭芳芳,张男星.高深知识的生产变革与高等教育绩效评价[J].复旦教育论坛,2012,10(6):5-9.

[42]郭炯.职业能力研究的文献综述[J].天津职业大学学报,2009,18(2):17-20.

[43]何承金.人力资本管理[M].成都:四川大学出版社,2000.

[44]何慧星.美国高校本科教学质量给我们的启示——赴美国哥伦比亚大学培训学习有感[J].陕西师范大学学报(哲学社会科学版),2006(s2):34-40.

[45]何文明.现代职业技术教育教学方法体系的构建研究[D].长沙:湖南师范大学,2012.

[46]何应林,宋兴川.高技能人才概念研究[J].职教论坛,2006(01S):18-20.

[47]侯玮薇.工学结合模式下高职课程评价的研究[J].科技信息,2011(31):396,379.

[48]胡艳曦,官志华.国内外关于胜任力模型的研究综述[J].商场现代化,2008(31):248-250.

[49]胡晔,李志忠.对高职课程改革的探索[J].职教论坛,2004(21):50-51.

[50]花有清,成军,李浩波.形成性考核在高职学生学业评价中的应用[J].职业技术教育,2008(20):73.

[51]黄斌.以就业为导向构建高技能人才评价新体系[J].职业教育研究,2007(10):59-60.

[52]黄福涛.高等职业技术教育的变化和发展[J].清华大学教育研究,2014(3):9-20.

[53] 黄秋明.高职课程质量保证体系研究[D].上海:华东师范大学,2008.

[54] 黄志坚.层次分析法在高职学生工作评估中的应用[J].深圳职业技术学院学报,2007(02):85-87.

[55] 霍连明.高技能型人才能力建设研究[D].北京:中国地质大学,2010.

[56] 纪芝信.职业技术教育学[M].福州:福建教育出版社,1995.

[57] 加里·贝克尔.人力资本理论:关于教育的理论和实证分析[M].北京:中信出版社,2007.

[58] 贾品,李晓斌,王金秀.几种典型综合评价方法的比较[J].中国医院统计,2008,15(4):351-353.

[59] 贾新华.职业院校学生量化考核体系的构建[J].中职业技术教育,2007(32):58-60.

[60] 贾勇宏.论影响高等教育质量的学校相关因素——基于全国121所高校问卷调查的实证分析[J].中国人民大学教育学刊,2011(3):32-37.

[61] 姜大源.关于职业教育课程体系的思考[J].中国职业技术教育,2003(5):37-39.

[62] 蒋宗伦.论以职业能力为基础的高职教学方法[J].民营科技,2014(11):286.

[63] 焦孟洲.试论高职院校学生评价机制的构建[J].职教论坛,2009(07):590.

[64] 匡瑛.究竟什么是职业能力——基于比较分析的角度[J].江苏高教,2010,1:131-133,136.

[65] 兰文巧,邓丽丽.高技能人才内涵界定与队伍建设的理论透视[J].人才资源开发,2007(03):38-39.

[66] 蓝祥龙.澳大利亚TAFE教育模式探析[J].湖南科技学院学报,2011,32(7):172-175.

[67] 蓝欣.美国职业能力评价制度研究及其启示[J].职业技术教育,2004,25(19):66-69.

[68] 郎群秀.高技能人才内涵解析[J].职业技术教育,2006,22:18-20.

[69] 李秉德.教学论[M].北京:人民教育出版社,2001.

[70] 李春明,肖智.高职院校"高技能人才"内涵与特色的解读[J].成都电子机械高等专科学校学报,2009,12(4):37-40

[71] 李贵卿,陈维政.高技能人才的人力资本特性及其管理策略研究[J].改革与战略,2006,22(12):28-31.

[72] 李良华.现代物流人才职业能力评价体系与评价方法研究[D].西安:

长安大学,2009.

[73] 李湘健,徐少亚,顾德雯.高校创新人才培养质量的影响因素及其思考[J].大学教育科学,2004(3):30-33.

[74] 李小娟.高职毕业生距离高技能人才有多远[J].辽宁教育,2012(18):45-46.

[75] 李小娟.高职学生素质能力评价研究[J].教育研究,2013(5):96-103.

[76] 李小娟.高职院校高技能人才培养的理性思考[J].中国高教研究,2012(6):94-97.

[77] 李旭.刍议行动导向教学法在高职教育中的运用[J].中国管理信息化,2014,17(10):96-97.

[78] 李逸凡.高职学生核心能力要素及评价体系构建研究[J].浙江教育学报,2008(02):36-40.

[79] 李勇,陈建成.高校创新人才培养几个理论问题的探讨[J].高等农业教育,2008(9):11-15.

[80] 廖素清.借鉴国外学生质量评价方法 优化我国高职学生质量评价体系[J].中国科技信息,2009(11):249-250.

[81] 刘畅.影响高校人才培养质量的因素分析及对策研究[J].黑龙江教育(高教研究与评估),2013(3):66-67.

[82] 刘春生,马振华.高技能人才界说[J].职教通讯,2006(3):16-18.

[83] 刘春生,王莉华.建立高职教育课程标准的思考[J].河北师范大学学报(教育科学版),2004,6(4):80 83.

[84] 刘春生,徐长发.职业教育学[M].北京:教育科学出版社,2002.

[85] 刘合行.美国职业教育开放性办学的研究与思考[J].中国职业技术教育,2012,10(6):89-93.

[86] 刘金陵.正确认识知识、能力、素质之间辩证关系[J].常州工学院学报,1998(1):102-104.

[87] 刘莉,吕金海,李虎.高校生源质量评价体系研究[J].高教探索,2007(5):104-106.

[88] 刘盼.广东工程职业技术学院人才培养模式研究[D].兰州:兰州大学,2014.

[89] 刘庆唐.培养高技能人才之我见[J].北京市计划劳动管理干部学院学报,2005,13(3):25-28.

[90] 刘胜,李国新.服务区域经济发展做强实训基地建设——秦皇岛职业技术学院物流实训基地凸显示范辐射作用[N].中国青年报,2014-11-15.

[91] 刘胜.基于胜任特征的人力资源管理人员甄选体系研究[D].南京:河海大学,2007.

[92] 刘述礼,黄延复.梅贻琦教育论著选[M].北京:人民教育出版社,1993.

[93] 刘拓.国外高校教学质量监控体系分析及启示[J].高等理科教育,2006(1):83-86.

[94] 刘学方,王重鸣,唐宁玉,等.家族企业接班人胜任力建模——一个实证研究[J].管理世界,2006(5):96-106.

[95] 刘洋.高校教师绩效评价指标体系的研究与实践[D].哈尔滨:哈尔滨工程大学,2008.

[96] 柳连忠.高职课程内容开发研究[D].石家庄:河北师范大学,2012.

[97] 娄国栋.当前影响高校人才培养的五大因素及主要对策[J].江南大学学报(人文社会科学版),2002(1):87-90.

[98] 卢红学.高等职业教育教学方法发展与创新[J].职业技术教育,2010,31(13):49-52.

[99] 鲁菊华.高职课程改革研究[D].上海:华东师范大学,2011.

[100] 陆瑞德.影响高校人才培养质量的因素分析[J].江南大学学报(教育科学版),2007(4):24-27.

[101] 罗兴光.深圳市高技能人才评价体系的改革与实践[J].中国培训,2006(9):4-5.

[102] 闾晓兵.大众化背景下人才培养质量研究[D].南京:东南大学,2005.

[103] 吕凤军.高职院校高技能人才培养模式的构建要素研究[J].浙江交通职业技术学院学报,2011,12(1):66-69.

[104] 么新鹤,查永军.改革教育拨款制度提高人才培养质量[J].新乡师范高等专科学校学报,2007,21(5):149-151.

[105] 倪丽娟,陈辉.制约大学人才培养质量的因素分析[J].黑龙江教育(高教研究与评估),2007(9):40-41.

[106] 聂馥霖.浅谈统计综合评价中主成分分析法的应用[J].陕西综合经济,2007(5):46-48.

[107] 聂强,仇大勇.高职学生素质、能力结构及培养途径研究[J].中国成人教育,2010(10):100-101.

[108] 潘武玲.高校创新人才培养中的制约因素分析及对策思考[J].煤炭高等教育,2003,21(2):74-76.

[109] 潘玉进.教育与心理统计——SPSS 应用[M].杭州:浙江大学出版社,2006.

[110] 祁占勇.高校绩效管理的本质特征及其价值取向[J].教育研究,2013(2):92-96.

[111] 乔治·凯勒.大学战略与规划:美国高等教育管理革命[M].青岛:中国海洋大学出版社,2005.

[112] 邱丽霞,张伟炜.高技能人才的概念及工作特征分析[J].2009(12):75-76.

[113] 阙斌.借鉴与创新——简论国际视域下我国高职培养模式的改革[J].武汉商业服务学院学报,2008,22(3):79-82.

[114] 邵士权,别敦荣.我国高等学校教学方法创新研究[J].高等教育研究,2013(6):76.

[115] 申世英.影响新建地方本科院校人才培养质量的主要因素[J].丽水学院学报,2008,30(3):40-43.

[116] 时勘,王继承,李超平.企业高层管理者胜任特征评价的研究[J].心理学报,2002,34(3):306-311.

[117] 时萍.建构高职院校学生综合素质评价体系综论[J].深圳信息职业技术学院学报,2004,2(2):67-70

[118] 时庆洁,马娜.剑桥大学教学质量保证机制及启示[J].江苏大学学报(高教研究版),2006,28(1):26-29.

[119] 史秋衡,吴雪.高等教育大众化阶段质量保障与评价体系研究[M].广州:广东高等教育出版社,2012.

[120] 宋春燕.论澳大利亚 TAFE 的质量保障体系[J].广东农工商职业技术学院学报,2008(08):16-18.

[121] 孙波.高等职业教育教学方法刍议[J].学术探索,2012(3):176-179.

[122] 孙俊玲.高职教育教学改革的探索与思考[J].社科纵横(新理论版),2010(1):257-258.

[123] 谭旭,高维春,林泽玲,等.就业导向下的高职学生能力评价探析[J].职教论坛,2011(18):70-72.

[124] 唐进元,文伟军,向子华.知识、能力、素质内涵及其关系的研究[J].装备制造技术,1998(3):22-24.

[125] 陶行知.陶行知全集(第二卷)[M].成都:四川教育出版社,2005.

[126] 陶宇,来建良.制造业高技能人才关键能力与真实性评价[J].黑龙江高教研究,2008(7):105-107.

［127］田宝忠.关于高职学生评价体系的研究［J］.天津市财贸管理干部学院学报,2007(1):31-32.

［128］田敏.高职院校学生职业能力培养研究［D］.石家庄:河北师范大学,2009.

［129］田英伟.基于工作过程导向的高职课程实施困境与对策［J］.机械职业教育,2012(5):7-9.

［130］汪凤兰.高校园区教育资源开发和共享模式探索［J］.电子测试,2013(14):146-147.

［131］王策三.教学论稿［M］.北京:人民教育出版社,1985.

［132］王道俊,王汉澜.教育学［M］.北京:人民教育出版社,1999.

［133］王冀生.现代大学的教育理念［J］.中国高教研究,1999(2):11-12.

［134］王鲁捷,侯健.科技人才绩效评估指标体系探讨［J］.中国人力资源开发,2005(1):48-51.

［135］王前新,卢红学.高等职业教育学［M］.汕头:汕头大学出版社,2003.

［136］王小聪,郭岚.市场经济背景下高等职业教育课程目标价值取向探析［J］.职教论坛,2011(22):75-77.

［137］王小梅.中国高等职业教育研究精品文选［M］.北京:科学出版社,2010.

［138］王彦军.劳动力技能形成及收益模式分析［J］.人口学刊,2008,30(6):49-52.

［139］王占军.高等教育绩效评价历史考察［J］.教育理论与实践,2011(11):23-26.

［140］王重鸣、陈民科.管理胜任力特征分析:结构方程式模型的检验［J］.心理科学,2002,25(5):513-516.

［141］文辅相.中国高等教育目标论［M］.武汉:华中理工大学出版社,1995.

［142］沃尔夫风·布列钦卡,胡劲松.教育科学的基本概念:分析、批判和建议［J］.远程教育杂志,2003,21(4):63.

［143］吴爱琴,杨兰芳.浅析教学模式与教学方法［J］.文教资料,2007(9):181-183.

［144］吴冰,刘志民.技能形成制度对高职产学关系的影响——基于新制度经济学的分析［J］.教育发展研究,2014(z1):59-66.

［145］吴晓义.“情境—达标”式职业能力开发模式研究［D］.长春:东北师范大学,2006.

[146] 武任恒,杨国柱,万树魏.西方操作技能理论研究的新进展[J].教育学术月刊,2010(8):90-94.

[147] 西奥多·W.舒尔茨.论人力资本投资[M].北京:北京经济学院出版社,1992.

[148] 肖文芳.高职真实性学生评价研究[D].杭州:浙江工业大学,2009.

[149] 谢斌,姚利民.试析影响高校人才培养质量的因素[J].现代教育科学,1998(7):17-20.

[150] 熊斌,葛玉辉,陈真英.实施"国家高技能人才振兴计划"背景下的高技能人才培养策略研究[J].科学管理研究,2012,30(1):60-64.

[151] 徐国庆.职业教育课程论[M].上海:华东师范大学出版社,2008.

[152] 徐朔.关键理念在德国的起源和发展[J].外国教育研究,2006(06):67.

[153] 许明月,唐小恒.论高等职业教育的课程开发[J].化学高等教育,2006,23(4):53-54.

[154] 鄢高翔,沈兆梅.影响普通高校人才培养质量的自身因素探析[J].安徽农业大学学报(社会科学版),2002,11(5):104-106.

[155] 闫志军.六类人才培养迫在眉睫[J].中国人力资源社会保障,2010(7):25-27.

[156] 严薇,张国宾.提高培养质量促进学校发展[J].高等建筑教育,1999(s1):64-65.

[157] 杨琼.高职学生职业能力评价体系研究[D].金华:浙江师范大学,2010.

[158] 杨耀基.以科学人才观为指导 创新企业高技能人才评价与激励机制[J].中国职业技术教育,2007(9):17-19.

[159] 杨应崧.自源头开始的探索——高等职业院校人才培养工作评估方案导读[J].中国高教研究,2008(8):69-71.

[160] 杨志坚.中国本科教育培养目标研究(之二)——本科教育培养目标的基本理论问题[J].现代教育管理,2004(6):4-17.

[161] 姚翔,王垒,陈建红.项目管理者胜任力模型[J].心理科学.2004,27(6):1499-1499.

[162] 姚允柱.基于创新教育的知识、能力、素质关系辨析[J].黑龙江高教研究,2006(11):20-22.

[163] 叶权仪,等.论大学"校园文化"与"社会责任"[C].海峡两岸跨世纪大学文化发展学术研讨会,1999.

[164] 殷青伟. 员工绩效评价的理论与系统研究[D]. 天津:天津大学,2012.

[165] 尹宁伟. 以社会需求为导向的大学课程改革[J]. 现代教育管理,2011(10):71-75.

[166] 袁振国. 当代教育学[M]. 北京:教育科学出版社,1999.

[167] 张翠英. 能力本位高职学生质量评价研究[D]. 长沙:湖南师范大学,2007.

[168] 张大均. 教育心理学[M]. 2 版. 北京:人民教育出版社,2011.

[169] 张国初. 关于科技人才、高技能人才相关内涵的探讨[J]. 北京观察,2008(2):42-44.

[170] 张建华. 论试高技能人才的职业特点[J]. 高职论丛,2008(12):24-25.

[171] 张竟成,张甲华. 基于行为业绩的高技能人才评价[M]. 北京:清华大学出版社,2010.

[172] 张俊茹,沈冬,熊伟. 有感德国职业教育对学生学习的评价[J]. 中国现代教育装备,2009(06):160-162.

[173] 张男星,等. 高等学校绩效评价论[M]. 北京:教育科学出版社,2012.

[174] 张庆尧. 浅谈高技能人才的内涵及特征[J]. 职业,2009(6):109.

[175] 张守兴. 高职课程改革凸现的主要问题及对策思考[J]. 高等职业教育(天津职业大学学报),2010(4):46-48.

[176] 张颖杰. 影响高职教学质量的关键因素研究[D]. 天津:天津大学,2008.

[177] 张忠福. 知识能力素质三者关系和素质教育[J]. 教育与教学研究,2010(2):37-39.

[178] 张宗荫. 质量提升与建设高等教育强国[M]. 重庆:西南师范大学出版社,2012.

[179] 赵曙明. 绩效管理与评估[M]. 北京:高等教育出版社,2004.

[180] 赵志群. 职业能力研究的新进展[J]. 职业技术教育,2013(10):5-11.

[181] 郅能斯. 打造"金牌蓝领":高技能人才队伍建设综述[J]. 中国人才,2010(13):9-12.

[182] 仲理峰. 胜任特征研究的新进展[J]. 南开管理评论,2003(2):4-8.

[183] 周标,刘鲁平,叶赏和,等. 高职学生职业能力评价体系及建模的研究[J]. 金华职业技术学院学报,2007,7(6):69-73.

[184] 周廷勇,周作宇. 高校学生发展影响因素的探索性研究[J]. 复旦教育

论坛,2012,10(3):48-55.

[185] 周卫勇.走向发展性课程评价:谈新课程[M].北京:北京大学出版社,2002.

[186] 朱宝贵.高职教学质量评价体现现状研究[J].河北职业技术学院学报,2005(9):8-9.

[187] 朱惠倩.高等教育绩效评价研究[D].南昌:华东交通大学,2009.

[188] 左一鸣.台湾地区高校绩效评估机制研究[D].北京:中央民族大学,2013.

[189] Finch C R,Crunkilton J R. Curriculum Development in Vocational and Technical Education:Planning, Content, and Implementation [M]. 5th ed. Boston:Allyn and Bacon Inc,1984.

[190] Harris R,Lohmus M. Competency-based education and training: between a rock and a whirlpool[J]. Convergence,1997,30(4):74.

[191] Kuh G D,Kinzie J,Bridges B K,et al. Piecing together the student success puzzle:research,propositions and recommendations[J]. ASHE Higher Education Report,2007, 32(5):1-182.

索　引